Karoline Mayer mit Angela Krumpen

Das Geheimnis ist immer die Liebe

Karoline Mayer
mit Angela Krumpen

Das Geheimnis ist immer die Liebe

In den Slums von Chile

HERDER

FREIBURG · BASEL · WIEN

Gedruckt auf umweltfreundlichem, chlorfrei gebleichtem Papier

www.herder.de
Satz: Barbara Herrmann, Freiburg
Druck und Bindung: fgb · freiburger graphische betriebe 2006
www.fgb.de
ISBN-13: 978-3-451-29070-1
ISBN-10: 3-451-29070-7

Inhalt

Einmal Chile und zurück

Der Traum ist ausgeträumt

März 1973. Ich sitze im Flugzeug und Chile bleibt hinter mir zurück. Es ist ein schrecklicher Moment. Am chilenischen Himmel sind schwere Wolken aufgezogen. Das ganze Land ist in Aufruhr. Die politischen Unruhen sind schon bis in die Armenviertel gedrungen. Es liegt in der Luft: etwas ganz schlimmes wird passieren.

Schon auf dem Flughafen konnte ich mein Weinen nicht in den Griff bekommen. Ich habe immer weiter geweint: bei den Schwestern, bei der Gepäckabgabe, immer weiter. Maruja sagte mir: „Nun wein' doch nicht mehr. Du kannst im Flugzeug weiter weinen." Was sie nicht wusste, was niemand wissen durfte, weil ich im Gehorsam stand: Ich reiste nicht in einen Heimaturlaub, so wie ich es den Mitschwestern, meinen Freunden und allen Menschen in den Armenvierteln sagen musste. Niemand durfte wissen, dass ich für immer das Land verließ. Damals war das im Orden so.

Schon im November hatte ich Nachricht bekommen, dass irgendetwas nicht stimmte. Mit zwei Schwestern lebte ich in einem Armenviertel in Santiago. Die übrigen Schwestern lebten in einem Konvent in einem Viertel der Oberschicht. Ich hatte mehrmals an bestimmten Versammlungen der Ordensgemeinschaft oder auch an manchen Aktivitäten des Ordenslebens nicht teilgenommen. Einige Male war ich nachts über den Zaun des Klosters gestiegen, wenn ich die Türe nicht öffnen konnte, weil jemand den Riegel vorgeschoben hatte. Immer, wenn so etwas passiert war, hatte ich meine Entschuldigungen abgegeben und geglaubt, dass meine Begründungen angenommen wurden. Bis ich die ernüchternde Ansage der Provinzoberin erhielt, dass ich nicht mehr zum Orden in Chile passte.

Tausende Male hatte ich den Armen in meinem Wohnviertel

versprochen, sie nie zu verlassen. Ihre Zweifel aber waren immer geblieben: ob wir, die wir aus der Oberschicht kamen, die wir Ausländerinnen waren, ob wir es bei ihnen aushalten würden. Immer wieder hatten sie mir vorgehalten, wie unwahrscheinlich das sei. Menschen aus unseren Schichten hätten sich noch nie für die Armen engagiert. Dreieinhalb Jahre lang hatte ich versucht, ihnen klar zu machen, dass wir als Kirche bei ihnen bleiben und im Auftrag Jesu unser Leben mit ihnen teilen würden.

Nun aber sitze ich endgültig im Flugzeug und schreie vor Schmerz so laut wie die Turbinen. Eine der Stewardessen denkt, ich sei durchgedreht. Aber ich kann nicht aufhören zu schreien: vor Ohnmacht, vor Wut, vor Angst. Und immer wieder frage ich mich, ob ich in Chile nicht doch alles verkehrt gemacht habe. Es ist unfasslich für mich, dass ich von meinem Orden einfach ausgewiesen wurde. Ich habe die Menschen in den Armenvierteln im Stich gelassen. Alles ist zu Ende.

Im Altmühltal

Pietenfeld. Ein kleines Dorf mit damals 600 Einwohnern. Wenn man über den Berg vom Altmühltal her kommt, liegt das Dorf in einer kleinen Mulde, umgeben von Wäldern und Feldern. In der Mitte des Dorfes ist die Kirche. Neubarock, nicht elegant, sondern fest gebaut. Rund um den Dorfplatz stehen die Bauernhäuser. Und genau gegenüber der Kirche, am anderen Ende des Dorfplatzes, liegt das Großelternhaus: ein altes Jurasteinhaus aus dem 17./18. Jahrhundert. Über dem großen Hauseingang, einer grünen Eichentür steht, *„mane nobiscum Domine"*. Als Kind habe ich mir das immer angeschaut: „Bleibe bei uns Herr." In dieser Zeit war alles unter einem Dach, vorne das große Wohnhaus und gleich anschließend der Pferde- und der Kuhstall. Über den Ställen waren sogar noch Wohnungen.

Dort habe ich gewohnt, zusammen mit den Großeltern – der

Vater meiner Mutter war der ehemalige Bürgermeister von Pietenfeld –, meiner Großmutter, einem Onkel, zwei Tanten, einem Knecht, einer Magd und meiner Familie, bis ich zehn Jahre alt war.

Mein Großvater war für mich ein Patriarch. Eine große Persönlichkeit, die ich sehr achtete. Er dachte viel nach. Ein großer Sekretär stand in seinem Zimmer, der mich immer faszinierte: darin waren viele Dokumente über das Dorf.

Ich hörte oft, wie politisch diskutiert wurde. Sehr leise. Die Nazizeit steckte allen noch in den Gliedern. Genauso wie mein Urgroßvater vor ihm, wurde mein Großvater als Bürgermeister geschätzt: Er kümmerte sich um die Leute.

Manchmal hatte er auch für Menschen in Not gebürgt und dabei Geld verloren. Darüber gab es im Haus einige Diskussionen. Bis 1933 war er Bürgermeister gewesen: Die Kommunalwahlen 1933 hatte er auch gewonnen. Von den Nazis wurde ihm aber ein Verwalter zugeordnet und später wurde er ganz abgesetzt. Mein Großvater war ein ganz offener Nazigegner. Nur wenige Familien im Dorf waren Nazis. Weil sie so in der Minderheit waren, wurden sie später natürlich enorm stigmatisiert. Einmal ist Hitler durchs Dorf marschiert. Die meisten hatten wie meine Großeltern keine Fahnen gehisst. Meine Tanten, meine Mutter, meine Onkel waren nicht in der HJ oder beim BDM. Das war ihre Form des Widerstandes, die Form, die sie leisten konnten. Ich selbst habe später, mit zehn oder elf Jahren, ein Buch über Dachau gesehen. Einen Bildband mit großen Fotos. Mit all den Gräueln. Den ausgehungerten Menschen, mit den Gasöfen und den Bergen von Toten. Das Buch muss von Amerikanern gemacht worden sein; diese Bilder haben mich für immer geprägt. Da habe ich gefragt: „Warum habt ihr nicht mehr gemacht? Ihr wusstet, dass es Dachau gab.“ Ein Taufpate meines Großvaters war im KZ in Dachau gewesen. Als er zurückkam, ist er direkt zu meinem Großvater gegangen und hat ihm von den Gräueln erzählt. Meine Mutter hat mir damals gesagt: „Kind, das verstehst du nicht. Wir waren acht Geschwister. Wir konnten nicht mehr tun.“ Der

Großvater hat mir geantwortet: „Ja, das war eine harte Zeit. Wir standen unter Verdacht. Mehr ging nicht.“

Mein Großvater mochte mich, weil ich sehr lustig war und mich für das interessierte, was er zu erzählen hatte. So lud er mich ab und zu ein, mit dem Karrella, der kleinen Pferdekutsche, durch Felder und Wiesen zu fahren. Was mich vor allem faszinierte, waren die Wälder, die er gepflanzt hatte. Da waren die eigenen wie auch der Gemeindewald, für den er zu sorgen hatte. Er erklärte mir, warum manchmal Mischwald und manchmal Fichtenwald gepflanzt wurde. Er nahm mich ernst als kleines Mädchen. Er starb im selben Jahr, in dem wir ausgezogen sind. Ich war zehn Jahre alt. Am Abend zuvor war ich noch bei ihm gewesen und hatte ihm erzählt, wie viel Sack Weizen an dem Tag gedroschen worden war: Ich wollte ihn immer über alles genau informieren.

Mein Vater, Josef Mayer, stammte aus Grösdorf, war also ein Eingeheirateter in Pietenfeld. Außerdem hatte er als Arbeiter nicht denselben Stand wie meine Mutter. Das spürte ich als Kind sehr deutlich. Aber ich spürte auch sein Selbstbewusstsein. Jeden Morgen ging er in den Steinbruch, wo er als Sprengmeister arbeitete.

Karolina Hofbeck, meine Mutter, war die Frau seines Herzens. Aber mein Vater hatte es sehr schwer gehabt, sie zu erobern. Er lernte sie kennen, als sie mit 19 auf dem Hof ihrer Schwester war. „Auswarten“ nannte man das damals. Die Schwester meiner Mutter bekam ein Baby – und meine Mutter half deshalb auf ihrem Hof aus. Mein Vater arbeitete zur selben Zeit als Knecht auf dem Hof. Er verliebte sich sofort in sie. Aber ihm war auch klar, dass er als Knecht kaum Aussichten hatte, diese Bauerntochter zu heiraten. Er befürchtete, sie niemals heiraten zu dürfen. Deshalb beschloss er, sie zu „verführen“ und so eine Heirat zu erzwingen. Dieser Plan funktionierte nur zum Teil: Meine Mutter wurde schwanger. Aber an Heiraten war trotzdem nicht zu denken.

Daraufhin riss mein Vater mit meiner Mutter nach Würzburg aus. Er brachte sie dort in einer Familie unter und arbeitete selber in der Nähe. Aber meinem Großvater gelang es durch seine Beziehungen, die immer noch minderjährige Karolina aufzuspüren und wieder nach Hause zu bringen. Sie musste dann weit weg bei einer Tante ihre Schwangerschaft austragen und das Kind zur Welt bringen. Doch mein Vater gewann das Herz dieser Tante: Sie erlaubte ihm, seine Geliebte jedes Wochenende ein paar Stunden zu besuchen. Er fuhr dafür 100 Kilometer weit mit dem Fahrrad. Deshalb nannten wir unseren erstgeborenen Bruder Josef immer „das Liebeskind".

Die beiden haben auf die Heirat lange warten müssen. Geheiratet haben sie schließlich im Dezember 1941, als mein Vater als Sanitäter an die Ostfront verpflichtet worden war. Ich vermute, dass sie nur aus diesem Grund überhaupt die Erlaubnis bekamen, zu heiraten. Bis zur Hochzeit durfte unser Bruder auch nicht bei der Mutter leben. Ein „lediges Kind" schädigte den Ruf der Familie sehr und brachte viel Leid über sie. Für unsere Familie war das damals alles sehr schwer zu akzeptieren. Aus dem Gefühl, dieses Leid, das sie der Familie zugefügt hatte, wieder gut machen zu müssen, hat meine Mutter später noch einmal einen sehr hohen Preis bezahlt: Als wir aus dem Haus der Großeltern auszogen, hat meine Mutter meinen Bruder bei den Großeltern als Hilfe auf dem Hof gelassen. Unser Bruder kam natürlich häufig zu uns, aber wir haben ihn alle sehr vermisst.

Innerhalb der Ehe war ich dann das erste Kind. Vater war so verliebt in seine Frau Karolina, dass auch seine erste Tochter Karolina heißen musste. Mama bestimmte den zweiten Namen: Maria.

Von meiner Geburt erfuhr mein Vater im Krieg in Russland, 70 Kilometer vor Moskau.

Ich war schon groß, als er mir von diesem Tag in einem Brief zum Geburtstag erzählte:

„Mein geliebtes Töchterchen!

(...) Ich feierte die Nachricht, dass Du auf die Welt gekommen warst, zusammen mit einem Freund. Jeder von uns, der Vater geworden war, bekam damals frei, dazu eine Flasche Schnaps und einen

Extraproviant. Die Sonne schien, wir hatten die Uniformen ausgezogen und saßen in einem Unterstand. Obwohl ich Deiner Mutter fast täglich per Feldpost schrieb, wollte ich diesmal besonders schöne Glückwünsche auf Papier bringen. Auf einmal hörte ich ganz deutlich ihre Stimme. Oder war es Deine? Das weiß ich bis heute nicht. Ich wusste nur, dass ich diese innere Stimme hörte, die mir voller Angst und Dringlichkeit zurief: ‚Du musst da raus, sofort. Geh raus!' Mein Freund lachte mich aus. Aber ich hatte diese Stimme so klar gehört. Ich schrie nur: ‚Komm raus!' Zum Glück ließ er sich mitziehen! In dem Moment, als wir aus dem Unterstand raus waren, schlug hinter uns eine Granate ein. Alles, was wir besaßen, unsere ganze Ausrüstung als Sanitäter, ging in Flammen auf.

Wir aber lebten! Ihr habt uns gerettet. Niemals habe ich diesen Moment vergessen. Für mich war es immer so, dass wir drei zusammen in diesem Moment das Leben neu geschenkt bekommen haben. (...)"

Meine Schwester Hilde ist 1944 geboren, ein Jahr nach mir, 1950 bekamen wir das dritte Schwesterchen, Maria. 1953 war meine Mutter wieder schwanger. Diese Schwangerschaft war sehr schwierig. Meine Mutter hatte damals eine schwere Herzkrankheit. Monatelang musste sie liegen, dann starb das Kind bei der Geburt. Meine Mutter selbst ist dabei fast gestorben und war noch viele Monate schwer krank. Diese Zeit hat mich sehr geprägt. Ich war zehn Jahre alt. Während meine Mutter im Krankenhaus lag, zogen wir auch noch aus dem Haus der Großeltern weg- und ins eigene Haus ein. Mein Vater hatte es unbedingt für meine Mutter bauen wollen, damit sie, wenn sie ihn schon unter ihrem Stand geheiratet hatte, wenigstens standesgemäß wohnen konnte. Dafür hat er direkt nach seiner Rückkehr aus der Gefangenschaft unglaubliche Mühen auf sich genommen. Wir Kinder mussten alle mitarbeiten, das war selbstverständlich. Der Hausbau und dann auch noch der Umzug gingen weiter, während meine Mutter im Krankenhaus lag. Jeden Morgen fuhr mein Vater um sechs Uhr ins Krankenhaus, um wenigstens eine Stunde bei ihr zu sein. Dann ging er zur Arbeit und kam nachmittags noch mal für eine Stunde. Die Ärzte sagten immer, dass meine Mutter nur durch diesen liebevollen Beistand meines Vaters am Leben geblieben sei. Sie hatte wirklich wenig Aussicht, zu überleben.

Die Zeit des Bangens um das Leben meiner Mutter hat mich enorm geprägt: Mir war meine Verantwortung als Älteste der drei Mädchen sehr bewusst. Mir war Mamas Leben damals wichtiger als mein eigenes. Ich erfuhr, wie sehr man um das Leben kämpfen, bitten und beten muss. Diese Not, diese Angst, Mama zu verlieren, hieß für mich, alles, alles zu tun, damit das nicht passiert. Ich verstand, wie sehr wir alle zusammenhalten mussten. Nur durch diesen Zusammenhalt hatten wir Kraft. Und nur wenn wir Kraft hatten, konnte Mama Kraft haben, damit sie um ihr Leben kämpfen konnte. Und sie hat es ja auch geschafft. Es war wichtig für mich, meinen Vater zu erleben, der nur für sie lebte. Als meine Mutter dann aus dem Krankenhaus kam, haben wir sie alle gepflegt, gehütet, haben das neue Haus versorgt, in dem es ihr nur gut gehen sollte. Kein Leid sollte ihr geschehen. Wir waren ganz brav.

Die schreckliche Angst um Mama aber blieb noch eine ganze Weile. Jeden Tag lief ich in jeder Pause von der Schule nach Hause. Vor lauter Angst betete ich den ganzen Weg unentwegt: „Bitte, lieber Gott, lass meine Mama noch am Leben sein." Erst wenn ich sie durchs Fenster lebend im Bett sah, konnte ich mich ein wenig beruhigen.

Dieses Bangen und Ringen ging den ganzen Herbst bis in den Winter hinein. Aber dann haben wir auch das Glück erlebt, dass sie gesund wurde. In unseren Kinderherzen aber hat die Angst noch lange nachgebebt.

Mein Vater blieb sein ganzes Leben lang in meine Mutter verliebt. Freitagabend kam er immer mit einer Überraschung von der Arbeit. Gab es die ersten Kirschen, brachte er ihr ein Tütchen roter Kirschen mit. Er steckte sie ihr vorne in den Ausschnitt: dicke, rote Herzkirschen. Wir wussten: Diese Kirschen waren nur für sie, die Frau seines Herzens. (Aber wir wussten auch: Wir waren auch wichtig und wir bekamen auch jeder eine Kirsche.)

In der Nähe meines Vaters fühlte ich mich immer sehr, sehr ernst genommen. Wir konnten alles miteinander besprechen. Schon als Kind habe ich mit ihm über seiner Arbeit, Politik, das Dorf, oder Bücher, die ich gelesen hatte, oder was mich sonst im Herzen bewegte, gesprochen.

An manchen Augenblicken spürte ich, dass ich ganz und gar sein Vertrauen besaß. Wie an jenem Heiligabend: Die Eltern waren nach Eichstätt gefahren, um die letzten Einkäufe zu besorgen. Ich war mit dem Hausputz fertig. Alles war gebohnert und sauber. Da klopfte, wie damals noch öfters, ein Bettler an die Tür. Ich war alleine zu Hause, hatte kein Geld und wusste auch nicht, was ich ihm schenken sollte. Da sah ich den großen Korb mit ganz normalen Straßenäpfeln auf dem Tisch. Ob er die mochte? Ich nahm den Korb und fragte ihn. Er war so erfreut, dass ich den halben Korb in seinen Sack schüttete. Weil er sich so freute, wollte ich ihm am liebsten den ganzen Korb schenken, tat das aber nicht. Dann kamen meine Eltern nach Hause: „Papa, ich wusste nicht, ob ich das darf, aber ich habe den halben Korb Äpfel einem Bettler geschenkt. Er war so glücklich, dass ich ihm eigentlich alle Äpfel schenken wollte." – „Und warum hast Du das nicht getan?", lachte mein Vater mich an. Seit diesem Moment weiß ich, dass ich immer meinem Herzen folgen kann, wenn ein innerer Impuls mich drängt, etwas zu tun oder zu verschenken.

Mein Vater hat in der ganzen Nachkriegszeit das Dorf als Sanitäter versorgt. Er hat häufig die Kranken besucht, Spritzen gegeben, Krebspatienten Morphium gespritzt. Es war eine Zeit, in der viele Familien nicht genug hatten. Nun war es so, dass meine Mutter als Bauerntochter immer viele Konserven im Haus hatte. Im Keller standen hunderte Gläser mit eingemachtem Obst, Gemüse und Fleisch. Bei Großmutter war es so – und die Mutter machte es auch so. Irgendwann hat dann mein Vater angefangen, Konservengläser zu seinen Besuchen mitzunehmen und zu verschenken. Meine Mutter hätte es nie gemerkt, wenn die Leute nicht so freundlich gewesen wären und die schön gewaschenen Gläser zurückgebracht hätten. Da gab es dann irgendwann einen ordentlichen Krach.

Meine Mutter hat viel mit uns gespielt. Sie war dann wie ein Kind. Und sie war unglaublich begabt im Rechnen. Mein Vater sang und schrieb gerne. Er schrieb Aufsätze für die Zeitung und später auch für die Gewerkschaft.

Es war mein Vater, dem ich als erstem und einzigem mit elf Jahren erzählte, dass ich Missionarin werden wollte. Er kannte die große Welt, war in jungen Jahren viel gereist. Und ich spürte: ich wollte in die weite Welt. Im Dorf hatte ich immer schon die Hefte „Weltmission" ausgetragen und viel darin gelesen. Mein Vater hat sich sehr gefreut – und bald bekam ich von ihm die Adresse vom Steyler Missionsorden in Holland.

Klopfenden Herzens habe ich meinen Bewerbungsbrief für das dortige Internat geschrieben. Ich sehe den Brief noch vor mir, über und über mit Blumenranken verziert. (Die Schwestern sollten auf jeden Fall verstehen können, wie wichtig es mir war!) Schnell war die Antwort da: Ich sei zu jung. Mindestens 14 Jahre müsste ich alt sein. Oh wie war ich enttäuscht und böse! In meiner kindlichen Vorstellung lagen die drei Jahre in unendlicher Ferne. Aber irgendwann rückte dieser Geburtstag doch näher. Mit 13 Jahren habe ich also wieder geschrieben. Und wieder war die Antwort „Du musst erst 14 Jahre alt sein, um aufgenommen zu werden." Diesmal habe ich auch meiner Mutter verkündet, dass ich in die Mission gehen werde. Was hat sie sich erschrocken: „So weit weg von zu Hause, weg in ein anderes Land? Unmöglich für so ein kleines Mädchen. Dort gehst du verloren."

Fieberhaft sann Mutter nach einem Ausweg, damit ich nicht so weit weg müsste. Endlich fiel ihr eine Tante ein, die in Mallersdorf bei Regenburg im Kloster lebte: „Dort ist eine Klosterschule, das ist die Lösung." Über Ostern sind wir zu dieser Großtante gefahren und wurden liebevoll aufgenommen. Meine Tante freute sich sehr, dass ich diesen Weg gehen wollte.

Ich konnte alles anschauen. Nachforschen wollte ich vor allem ganz genau, wo der Orden seine Missionen hatte. Die Mallersdorfer waren hauptsächlich ein Schulorden, der auch in Afrika tätig war. Aber das war nicht in aller Welt und auch nicht China, wohin ich unbedingt wollte. Mir war klar, *das* ist nicht der Ort für mich – obwohl sich meine Tante so sehr gefreut hätte und nun traurig sein würde.

Ostermontag habe ich es meiner Mutter mitgeteilt: „Das ist kein richtiger Missionsorden hier. Ich muss nach Steyl, die gehen in die ganze Welt." Ärgerlich hat meine Mutter die Sachen gepackt, und noch am gleichen Tag sind wir abgereist.

Ich wollte zu einem richtigen Missionsorden, und nichts konnte mich davon abhalten. Auch nicht der Kampf, der jetzt mit meiner Mutter begann.

Sie war dagegen. Es war für sie ganz schlimm, ein Kind zu verlieren. Der Kampf dauerte bis Juni. Ich schrieb weiter nach Steyl, aber meine Mutter unterschrieb nicht die nötige Erlaubnis, dass ich dort auch hingehen dürfte. Mein Vater unterschrieb zwar, stellte aber zugleich klar: „Ich werde nicht für Mama unterschreiben. Wenn du gehen willst, musst du sie davon überzeugen. Das ist deine Aufgabe." Meine Mutter war schrecklich wütend auf meinen Vater: „Du willst Lina abschieben." Sie fühlte sich so verbunden, so existentiell verbunden. Es war ein unendlicher Schmerz für sie, mich zu verlieren, mich abzugeben. Ich fühlte mich bedrängt von der Situation. Ich wollte nicht, dass meine Mama leidet, aber ich wusste auch nicht, wie ich ihr Leid hätte wegnehmen können. Ich musste meiner Berufung folgen.

Gleichzeitig liefen die Vorbereitungen. Mein Vater kaufte einen großen Lederkoffer, um alle Dinge zu verstauen, die für das Internat gekauft werden mussten: vom Federbett bis hin zu Damastbezügen. Die Schneiderin kam, ich brauchte ein schwarzes Kleid, die Nummer 1211 musste auf alle Wäsche- und Kleidungsstücke genäht werden.

Die große Auseinandersetzung gab es bei Tisch, sonntags, bevor die Reise losgehen sollte. Meine Mutter warf meinem Vater vor, er sei Schuld, dass ich wegging. „Nein, das ist nicht wahr. Papa ist nicht Schuld", verteidigte ich ihn. Aber mein Vater verließ schon weinend erst den Tisch und dann das Haus. Jetzt fing auch meine Mutter an zu weinen. Meine Geschwister hatten sich schon irgendwie versteckt.

Ich war ganz alleine mit meiner Mutter. Sie hatte mehrere Kilo abgenommen, ich sah, ich fühlte mit jeder Faser, wie schlecht es ihr ging. Der Moment wurde zu einer Zerreißprobe für mich. Schließlich habe ich mich durchgerungen: „Wenn es wirklich so schlimm ist für dich, dann gehe ich halt nicht." Sie schaute mich lange an: „Geh. Geh, auch wenn ich nicht einverstanden bin. Aber eins sage ich dir: Ich werde dir nicht schreiben."

Tatsächlich hat sie mir in den ersten Jahren nicht geschrieben und keinen meiner Briefe beantwortet.

Wir fuhren in aller Herrgottsfrühe los. Mein Vater begleitete mich im Zug nach Köln. Dort mussten wir übernachten. Am nächsten Tag ging es weiter nach Venlo. Wir haben unsere Koffer untergestellt und sind die ganze Nacht durch Köln gelaufen: ich an seiner Seite, das große Mädchen, das sich traut, in die weite Welt zu gehen.

Steyl

Wenige Kilometer hinter der holländischen Grenze in der Nähe von Venlo liegt das kleine Klosterdorf Steyl wie eine eigene Welt. In den Auen der Maas, nahe der Fähre nach Baarlo, sind die Klostergebäude eingebettet in große Parkanlagen. Vom Kloster sieht und hört man die schweren Lastkähne auf dem breiten Fluss.

Seit über 50 Jahren stehen die Gebäude hier: Zuerst gab es das Kloster für die *Steyler Patres,* dann wurde, etwas entfernt, das Kloster für die *Blue Sisters*, die Missionsschwestern in der blauen Tracht, gebaut. Dem neugotischen roten Backsteinbau mit vielen hunderten kleinen Türmchen auf dem Dach hat der Architekt die Form einer Taube gegeben. Auf diese Weise wollte er schon im Grundriss des Gebäudes den „heiligen Geist" sinnlich erfahrbar machen: Die Schwestern nennen sich „Dienerinnen des Heiligen Geistes". In der Gebäudemitte die Kirche der *Blue Sisters*, im linken Flügel die Noviziatskirche – die Kirche für die jungen Frauen, die noch in den Vorbereitungen auf das Schwesternleben sind –, und als rechten Flügel der „Taube" die Kirche für die Besucher. Das Kloster der „Rosa Schwestern", die auch die Schwestern der ewigen Anbetung genannt werden, befindet sich auf der anderen Seite der engen Gasse. Die Rosa Schwestern widmen ihr ganzes Leben der Kontemplation und verlassen ihr Kloster nie.

Wie eine Burg sind alle Gebäude zueinander geschlossen gebaut. Endlose Gänge unter unzähligen neugotischen Spitzbögen führen über kunstvolle Bodenmuster aus Mettlacher Fliesen durch die verschiedenen Teile der Klosterwelt.

Im so genannten Erinnerungsraum und an vielen Stellen in den Fluren stehen Vitrinen, in denen Edelsteine, Stoffe, Kerzen, Musikinstrumente oder auch Gegenstände anderer Religionen aus der ganzen Welt ausgestellt sind. Eben von überall dort, wohin Steyler Patres und Schwestern in die Mission aufgebrochen sind: zunächst nach China und dann in alle Erdteile.

Heute würde die niederländische Regierung das Klosterdorf Steyl gerne stärker touristisch nutzen, was die Klosterleitung aber zurückweist.

Später habe ich das Kloster geliebt. Aber als ich als Kind dort ankam, war es schrecklich für mich: Diese hohen Räume! Riesige Speisesäale, dreimal so hoch, wie ich groß war … wie habe ich mich im Winter an den Heizungen entlang gedrückt, um ein bisschen Wärme zu bekommen. Das war wirklich schrecklich: Ich kam doch aus einer Familie mit vielen Umarmungen, es war so heimelig bei uns. Außerdem hingen hier an den hohen Wänden so ernste Bilder. Die waren mir fast unerträglich. Ich wollte gar nicht hochgucken. Für uns Kinder – und wir waren noch ganz kindlich – gab es damals keine Räume, in denen wir uns hätten „daheim“ fühlen können.

Ganz gespannt war ich auf neue Freundinnen. Aber schnell musste ich lernen, dass im Internat „Privatfreundschaften“ streng verboten waren. Zu zweit im Garten spazieren gehen oder auf einer Bank sitzen – schon das war verboten. Warum, wusste ich nicht. Heute denke ich, die Schwestern hatten Angst vor Liebesbeziehungen unter uns Mädchen. Aber damals hatte ich keine Ahnung, warum es diese Regel gab.

So musste ich mich in der Gruppe zu Recht finden. Wir waren um die 110 Mädchen zwischen 14 und 20 Jahren. Bald habe ich mich trotz meines bayerischen Dialektes wohl gefühlt mit den Mädchen: Die Spiele, zusammen lernen, die Schule – das war alles so, wie ich es mir gewünscht hatte. Unsere Lehrerinnen, alles Schwestern, waren sehr kompetente Frauen. Der Klostergarten war wunderschön, mit vielen Sträuchern und Bäumen. Gewöhnen musste ich mich an das Flachland. Oft saß ich im vierten Stock, schaute mir den Sonnenuntergang an und träumte vom Meer …

Meine erste Leiterin war Schwester Ingonda. Sie war als Professorin von der Universität in Peking zurückgekehrt, nachdem die kommunistische Regierung alle Missionare ausgewiesen hatte. Schwester Ingonda, eine große Mathematikerin, faszinierte mich sehr. Sie war sehr schweigsam und streng, hörte aber gerne zu.

Aber nicht nur Schwester Ingonda war streng – die ganze Führung des Internats war sehr, sehr streng. Das wurde erst anders, als wir einige Jahre später eine neue Leitung bekamen: Schwerster Bonegardia.

Wir mussten einen strammen Tag bewältigen: Jeder Tag fing früh an mit dem Morgengebet und dem Gottesdienst. Dann gab es Frühstück, danach Unterricht bis um halb eins. Es folgten Mittagessen und eine Zeit zur Erholung. Den ganzen Nachmittag Studium, Kaffeepause, wieder lernen bis sieben Uhr, Abendessen, kurze Pause, Abendgebet und Bettruhe. Die Älteren durften abends noch mal zum Lernen gehen. Dazu kamen noch die „Ämtchen“: Wir mussten im Haus mithelfen, auch am Samstag: Putzen und waschen, in der Küche spülen helfen, im Garten bei der Ernte mitarbeiten, Beeren und Obst pflücken, Gemüse einholen – was auch immer anfiel.

Aber von uns wurde nicht nur Leistung erwartet. Wir sollten umfassend ausgebildet werden. Wir hatten viel Sport, Kunst und Musik. Ich habe immer im Chor gesungen und durfte malen. Den Schwestern lag sehr viel daran, dass wir eine gute Bildung, eine solide Grundlage für unser Leben und unseren späteren Beruf bekamen.

Innerhalb dieses Tagesablaufes gab es viele Regeln einzuhalten. Zwischen den Mahlzeiten durften wir zum Beispiel nichts essen, nicht mal einen Brotkrümel. Auch dann nicht, wenn wir Kekse oder ähnliches im eigenen Fach hatten. Das war verboten und galt fast als Sünde. Es gab Zeiten am Tag, in denen wir nicht sprechen durften. Wir wurden angewiesen, still und ohne Aufhebens, „Liebesdienste“ zu tun: Wenn jemand seine Haare im Waschbecken hinterlassen hatte, jemandem etwas heruntergefallen war, dann sollten wir uns verantwortlich fühlen: die Haare entfernen, den heruntergefallenen Gegenstand aufheben und so weiter. Ich habe das alles so bitter ernst genommen: Ich nahm alles wörtlich und versuchte in allem, was getan werden musste, vorbildlich zu sein. Alle Regeln zu erfüllen – das war mein höchstes Ziel. Weil ich mich selbst so anstrengte, wurde ich ärgerlich auf die, die sich einfach nicht an die Regeln hielten. Ich wurde richtig „pharisäisch“, wie wir sagten, hielt mich für besser als die meisten anderen. Als mir eine Mitschülerin dazu einmal ihre Meinung sagte, dachte ich nur: „Ist die aber schlimm!“

Erst mit dem Tag, an dem Schwester Bonegardia, die „gute Hüterin“, unsere Leiterin wurde, konnte ich langsam von meinem hohen Ross absteigen.

Schwester Bonegardia brachte Leben mit – sie überraschte uns mit Blumen, Liedern, Poesie und Spielen. Plötzlich überstrahlte etwas Neues die Schule: Sie setzte auf eine Erziehung zur Freiheit der Einzelnen. Sie ging mit uns durch den Klostergarten auf Entdeckungsreisen oder nachts in die Kirche zu innigem Gebet und tiefer Kontemplation. Und sie hatte immer Zeit für uns. Wir konnten zu ihr gehen, wann immer wir etwas auf dem Herzen hatten. Ich klopfte oft an ihre Tür, um ihr mein Herz auszuschütten.

Wenn ich ihr „Ave" hörte, durfte ich eintreten.

„Das geht doch nicht, dass sich die meisten nicht an die Regeln halten. Es wird immer schlimmer: Plötzlich halten sich viele nicht mehr an das Schweigen. Manche essen sogar zwischen den Mahlzeiten!" Ich habe angeklagt und angeklagt. Alles durfte ich sagen, ich spürte das Wohlwollen, mit dem Schwester Bonegardia mich anhörte. Dann antwortete sie mir ... nichts! Hinterher war ich wütend: Sie redete mit niemandem. Sie wies niemanden zurecht, dass sich alle an die Regeln zu halten hätten. In meinen Augen ging es bergab mit der guten Ordnung.

Irgendwann begriff ich Schwester Bonegardias Lehre: Alle diese strengen Regeln, die wir vorher hatten, waren schlicht überflüssig. Im Gegenteil: Das Leben wurde so viel besser, wenn der Zwang wegfiel! Ich *musste* die Haare im Waschbecken nicht mehr schweigend rausholen – aber ich *konnte*. Es gab keinen Zwang mehr gut zu sein, Regeln zu erfüllen und dem lieben Gott gefallen zu wollen, sondern ich konnte in eigener Freiheit und Verantwortung entscheiden. Damals habe ich einen Vorgeschmack bekommen, wie wunderbar es ist, frei aus Liebe zu handeln.

Sechseinhalb Jahre war ich im Internat, dann hatte ich das Abitur glücklich hinter mir. Vor allem in den letzten drei Jahren habe ich tiefe Freundschaften geschlossen und viel Fröhlichkeit, Geschwisterlichkeit, Vertrauen erlebt. Begeistert habe ich die Berichte und Erfahrungen vieler heimgekehrter Missionarinnen gehört.

Immer noch wollte ich in den Orden aufgenommen werden. Ich bat um Aufnahme – und wieder musste ich warten: Ich war noch keine 21 Jahre alt, also wieder einmal zu jung.

Und so musste ich erst einmal dahin zurück, wo ich her gekommen war – nach Pietenfeld ins Altmühltal.

Intermezzo: Tanzen

Zuhause habe ich viele Nächte getanzt, bis die Musik aufhörte. Ausgegangen bin ich meist mit meinem Bruder Josef. Wenn ich nicht tanzte, habe ich Bier und Wein in der Gaststätte meiner Tante Mathilde serviert.

Eine große Frage beherrschte in dieser Zeit mein Denken und Fühlen: Kann ich ins Kloster gehen, wenn ich mich noch nie richtig verliebt hatte? Wie soll ich wissen, ob ich einer Liebe, einer plötzlichen Verliebtheit würde widerstehen können, wenn ich das noch niemals erfahren hatte?

„Du kennst die Welt nicht, wie kannst du ins Kloster gehen?“, warf mir nicht nur, aber vor allem meine Mutter vor. Sie hatte sich immer noch nicht mit dem Gedanken angefreundet, dass ich nun wirklich eintreten wollte. Die Leute hatten ja Recht – ich kannte die Welt nicht. Wie auch, nach so vielen Jahren im Internat, im schwarzen Kleid und mit strengsten Regeln.

Deswegen tanzte ich ja soviel ich nur konnte. Ich hatte viele gute Freunde, ließ es aber nicht zu einer Liebschaft kommen. Für Monate wurde es zu einer inneren Frage für mich: Was wird, wenn die Liebe in mein Leben einbrechen wird? Könnte ich dann widerstehen? Wäre dann meine Liebe zu Gott stark genug? Ich konnte die Frage nicht beantworten, ich musste sie offen lassen.

Erst viele Jahre später, als ich schon lange Schwester war, wurde aus der theoretischen Frage eine Frage, die vom Leben an mich gestellt wurde. Durch einen Mann, der mich und den ich sehr liebte. Dann erst sollte ich die schwere Antwort auf diese Frage finden. Bis dahin musste ich mit der Unsicherheit leben und mit ihr meine Entscheidung treffen.

Mein Vater hatte alles vorbereitet, so dass ich in diesen Monaten des Wartens und des Prüfens neben der Arbeit das machen konnte, was ich mir wünschte: Führerschein, Schwimmkurs, Schreibmaschinenkurs, Urlaub mit der Familie in den Alpen.

Meine Zweifel wurden nicht kleiner, als ich auch noch überraschend die Gelegenheit bekam, in München mit dem Medizinstudium anzufangen. Ärztin zu werden war mein Herzenswunsch. Ich entschied mich dann doch dagegen.

Während ich also zweifelte und tanzte, füllte sich meine schöne Brautkiste aus Holz mit dem, was meine Aussteuer hätte werden sollen: Ein Federbett, eine Wolldecke, Handtücher, Damastbettwäsche, die ein Leben lang halten würde und die ich wie so viele bayerische Mädels über die Jahre zum Geburtstag und zu Weihnachten geschenkt bekommen hatte, meine Schreibmaschine, der Dualplattenspieler, meine Bücher – alles wanderte in die Kiste.

Am 6. September 1964, einen Tag vor der Abreise, war die Kiste fertig gepackt. Meine Eltern hatten mir einen kleinen Teil des Erbes übergeben. Es war ernst, wenn sich jemand entschied, in einen Orden einzutreten.

Meine Mutter klappte den Deckel zu:

„So, meine Liebe. Das schicken wir jetzt alles nach Bombay zu den Schwestern, die du so gerne hast. Und morgen gehst du nach München und studierst Medizin."

„Mama, der Jesus braucht nicht meine Sachen. Der Jesus braucht mich. Das spür' ich einfach. Das ist mein Ruf – und ich muss ihm folgen", war alles, was ich so viel mütterlichem Unglück entgegen zu setzen vermochte.

Die Zugverbindung hatte sich in den Jahren seit meinem 14. Lebensjahr verbessert. Am nächsten Tag konnte ich mit meinem Vater direkt bis nach Venlo reisen. Er war glücklich über meinen Entschluss, Schwester zu werden, und blieb noch ein paar Tage bei mir. Für ihn war es wichtig, sehr wichtig, dass ich es wagte, diesen Weg zu gehen. Das zweite vatikanische Konzil mit seiner Aufbruchs- und Freiheitsstimmung hatte ihn beflügelt. Als Kind war ich immer mit den Großeltern und der Mutter zur Kirche gegangen. Vater fehlte beim Kirchgang. Aber seit einigen Jahren nahm er begeistert an den Erneuerungen teil, die das Konzil bewirkt hatte, und an einer Bewegung, die sich „geistliche Zelle“ nannte. Mein Vater war ganz verändert, froher und glücklicher in der Kirche. In vielen, langen und innigen Gesprächen erzählte er mir von seiner Suche, aber auch von seinen Gotteserfahrungen. So kannte ich meinen Vater nicht – und sein Glück machte mich glücklich.

Am Ziel und alle Fragen offen

Ich war eine der Letzten, die nach dem Einkleidungsgottesdienst aus der Kirche kamen. Im Festsaal warteten ein paar hundert Besucher auf uns. Verwandte und Freunde wollten unseren Eintritt in das so genannte Noviziat, einer weiteren Zeit der Vorbereitung auf das Ordensleben, mit uns feiern.

Fast ein Jahr war vergangen, seit ich mit meinem Vater und meiner „Brautkiste“ zurück ins Kloster gereist war. Es war geschehen, womit ich überhaupt nicht gerechnet hatte: Die ganze Begeisterung, die ich all die Jahre immer mitgebracht hatte, innerhalb weniger Wochen war sie weg. Einfach verschwunden.

Ich fiel in ein tiefes Loch. Ich hatte mir eine geistliche Gemeinschaft und geistlichen Austausch vorgestellt und konnte plötzlich viel zu wenig davon spüren. Es war eine große Enttäuschung: Ich sehnte mich nach Gemeinschaft, Geschwisterlichkeit und Idealismus. Gleichzeitig war es natürlich der Beginn eines Suchens: nach dem Sinn des Ordenslebens und auch meiner eigenen, tieferen Berufung, es war der Anfang der Auseinandersetzung mit mir selbst. Das Konzil ging gerade zu Ende. Es weckte in mir Hoffnung auf Reformen in den Orden, auf Neues innerhalb der Gemeinschaft. Dabei ging es nicht einfach um Lockerungen der vielen strengen Regeln – wir wollten vor allem anderen Beziehungen in der Schwesterngemeinschaft leben.

Als ich an diesem Tag aus der Kirche trat, war ich zwar eine „Schwester" geworden, aber der innere Prozess des Suchens war noch nicht bis zum Ende durchgestanden. Innerlich war ich immer noch abwartend, wohin das ganze führen würde. Aber äußerlich trug ich Ordenskleider und führte einen neuen Namen: Schwester Paulina, nach dem Apostel Paulus.

Niemanden aus meiner Familie hatte ich bis dahin gesehen. Ich wusste, sie waren aus Bayern angereist und warteten im Festsaal auf mich. Als „Schwester Paulina", hatte man mir strengstens eingeschärft, musste ich mich anders verhalten: endgültig durfte ich nicht mehr umarmen und küssen. Ich ging auf meine Familie zu. Alle Augen waren auf mich gerichtet: Mein Vater stand auf, kam auf mich zu, umarmte mich und gab mir einen dicken Kuss auf die Stirn. Meine Mutter spürte meine Überraschung, sie strich mir nur zärtlich mit der Hand übers Gesicht. Erst später, beim Spaziergang im Klostergarten, und auch da nur hinter einem blühenden Busch, umarmte meine Mutter mich stürmisch. Dabei wurde mir klar: „Darauf kann ich unmöglich verzichten." Vielleicht küssen sich die Menschen in Westfalen nicht, aber in Bayern tun sie das. Zumindest in meiner Familie.

Meine Familie reiste ab und lebte wieder weit weg von mir. Das Noviziat begann.

Aber nur sechs Wochen später bekam ich eine Nachricht, die es mir unendlich schwer machte, so weit von meiner Familie entfernt zu sein: Mein Vater wurde krank. Todkrank. Es war für mich unvorstellbar. Er war doch erst 48 Jahre alt! Ich hatte ihn immer als stark und einsatzbereit erlebt. Ich verstand sofort: Die Diagnose „Lymphogranulomatose", eine schwere Pseudoleukämie, kann seinen Tod bedeuten. Wir kämpften um das Leben des Vaters. Der Weg durch die Diagnosen und Krankenhäuser begann. Wir gingen bis zur Mayo-Klinik in die USA, um zu sehen, ob es dort noch eine Möglichkeit der Behandlung gäbe. Deren Antwort machte unsere Hoffnung zunichte: Eine bessere Therapie als in der Universitätsklinik in Erlangen könnten sie auch nicht anbieten.

Jede Woche bekam ich von meinem Vater einen Brief. Aber er verheimlichte mir seinen Zustand. Zu Anfang des Advents schrieb er: „... *für mich wird es auch Advent. Mein Lebensadvent ist gekommen. Ich warte, dass Gott zu mir kommt.*"

Er wünschte sich, dass ich ihn zu seinem 49. Geburtstag besuchen käme. Im Noviziat durfte man seine Familie nicht sehen: aber das Konzil hatte gerade beschlossen, dass auch im Noviziat ein Familienbesuch von drei Tagen möglich sei. So bekam ich die Erlaubnis, meinen Vater in der Klinik zu besuchen.

Ich fand ihn in seinem Krankenzimmer. Und ich fand ihn in Sorge um mich: Er nannte mich gerne „Schwester Paulina", sagte mir aber jetzt: „Karoline, lass deinen Charakter vom Orden nicht verbiegen. Geh deinen Weg, bleibe die, die du bist. Du musst dir treu bleiben. Wenn dein Weg nicht durch den Orden geht, dann geh ihn alleine weiter. Aber du musst deinen Weg gehen."

Ich war völlig überrascht: Ich hatte meinem Vater nichts von meinen Zweifeln und Schwierigkeiten erzählt.

Er schenkte mir die Bücher zweier großer Chirurgen: Professor Sauerbruch und Dr. Hans Kilian. „Verlier dein Ziel nicht aus den Augen, den Menschen als Ärztin zu dienen."

Es war eine schwere Zeit für meine Familie. Zurück im Kloster konnte ich wahrscheinlich nicht ermessen, was Papas Krankheit wirklich für meine Familie, vor allem für meine gebrochene Mutter, bedeutete. Mein Vater schrieb mir, er wünsche sich zu Ostern, dass ich ihn noch einmal besuchen käme. Noch einmal eine Erlaubnis zu bekommen für einen Besuch – daran war überhaupt nicht zu denken bei den Vorgesetzten, wo ich schon einmal drei Tage bewilligt bekommen hatte. So schrieb ich meinem Vater zu Ostern nur einen Brief: *„Ich bin ganz innig im Leiden und in der Auferstehung mit dir verbunden."*

Postwendend kam die am Ostertag geschriebene Antwort: *„Liebe Schwester Paulina, ich werde in jedem Moment Abschied nehmen müssen. Ich möchte das nicht, ohne dass du da bist. Ich* *möchte dich sehen. Es segne dich Gott, Vater, Sohn und Heiliger Geist. Dein Vater, dein Papa.*"

Also, das war ein Befehl für mich. Jetzt war mir alles andere egal, ob mit oder ohne Erlaubnis – was auch immer daraus werden möge für mich: Ich habe den Brief vorgelegt und bin am selben Abend gefahren. Wichtig waren mir einige Quittenknospenzweige, die mir meine Freundin, Schwester Maria, noch eilig aus dem Steyler Garten holte: Papa liebte diese Frühlingsboten!

In Eichstätt rannte ich zum Krankenhaus, stoppte nur am Dom für ein Gebet. Plötzlich hatte ich nur noch Angst, zu spät zu kommen.

Ich fand ihn dann in einem Krankensaal mit acht Betten. Fast habe ich ihn nicht wiedererkannt, so abgemagert und eingefallen war er. Da stand ich mit meinen Blumen in der Hand und kämpfte mit den Tränen. Er freute sich riesig, dass ich kam, war aber so schwach, dass ich kaum verstehen konnte, was er sagte. Er wollte mir sein Testament diktieren. Ich schrieb und verbarg meine Tränen vor ihm.

Meine Mutter hatten die Sorgen und die Angst um meinen Vater so krank gemacht, dass sie sich kaum bewegen konnte. Ich konnte mir nicht vorstellen, meine Familie wieder zu verlassen, sollte aber am Montag nach dem Weißen Sonntag zurückkehren nach Steyl. Am Abend des Weißen Sonntages waren wir alle beisammen, die Familie und weitere Verwandte und Freunde.

Als ich mich bei meinem Onkel, einem Cousin meines Vaters, verabschieden wollte, machte der mir heftige Vorwürfe:

„Das ist einfach unverantwortlich, was du tust. Dein Vater stirbt, deine Mutter ist so krank und du willst einfach wieder abhauen."

„Aber ich will doch nur Gottes Willen tun. Ich weiß nichts anderes, als ihm zu vertrauen und gehorsam zu sein."

Mein Vater hörte alles mit – und mir war elendig. Mein Herz verstand nichts von dem, was passierte.

Als wir uns am Abend von Papa verabschiedeten, wollte meine

Mutter bei ihm bleiben. Weil sie nicht ohne Hilfe gehen konnte, schickte mein Vater sie fort: „Also, du nicht." – „Papa, darf ich bei dir bleiben diese Nacht?" – „Ja, so Gott will in dieser Nacht."

Ich fragte mich: was soll Gott wollen in dieser Nacht?

Ich brachte meine Mutter und die Geschwister mit dem Auto nach Hause, packte meinen Koffer für die Reise ins Kloster am nächsten Tag und fuhr zur Nachtwache zurück ins Krankenhaus. Papa schlief.

Es war eine Frühlingsnacht, die ersten Bäume fingen an zu blühen und die Sterne leuchteten am klaren Himmel. Vom Fenster des Krankenhauses aus sah ich in den Nachthimmel und betete. Ich muss kurz über dem Tisch eingeschlafen sein, als ich auf einmal hörte, dass mein Vater schwer atmete. Ich umarmte ihn. Da setzte er sich ein wenig auf, breitete die Hände aus, lächelte und ging aus dieser Welt. Das war es, was ich spürte und was der herbeigerufene Arzt dann auch bestätigte.

Ich musste nach Hause fahren, den Berg hoch, und es allen sagen. Ich weckte die Familie – aber da wussten sie schon Bescheid. Ich wollte meine Mutter und die Geschwister so schnell wie möglich ins Krankenhaus bringen, ich wollte unbedingt, dass sie das Lächeln, dieses verschmitzte Lächeln meines Vaters sahen. Mir war, als hätte er uns einen letzten Streich gespielt und wollte uns so trösten.

Meine Mutter aber war untröstlich in den folgenden Tagen. Es war bei uns Brauch, dass die Leute zum Beten ins Haus kommen und dass abends in der Kirche und danach zu Hause gebetet wird. Meine Mutter wollte niemanden hereinlassen, und wir mussten sie überreden. Es waren graue Tage, die dem Tod meines Vaters folgten. Es regnete, es nieselte, der Himmel blieb immer grau. Das Wetter war trostlos, und alles sah hoffnungslos aus.

In einer dieser Nächte, als die Nachbarn nach dem Gebet gegangen waren, wandte ich mich an meine Mutter: „Du wirst sehen, der Herrgott wird uns mit dem Papa die Sonne schicken." Ich wusste nicht, warum ich das sagte.

Es kam der Tag der Beerdigung. Tatsächlich hat es genieselt. Wir gingen zum Gottesdienst und unsere ganze große Familie, die Leute vom Dorf und viele Arbeitskollegen und Freunde begleiteten uns. Am Grab stimmten wir das Benediktus an: „Die Sonne der Gerechtigkeit, die über uns aufgehen wird." In diesem Moment ging der Himmel auf – und ein breiter Sonnenstrahl fiel über das Grab. „Mama, die Sonne!", schrie ich, völlig unpassenderweise in meinem Ordenskleid neben dem Pfarrer am offenen Grab. Aber ich konnte nicht anders. Es gibt Fotos davon: In wenigen Minuten standen weiße Wolken am strahlenden Frühlingshimmel. Diese Erfahrung hat mir den in den nächsten Tagen viel Kraft gegeben und diese Sonne überstrahlt bis heute mein Leben.

An das Kloster hatte ich ein Telegramm geschickt: *„Mein Vater ist heimgegangen zu Gott. Schwester Paulina."* Ich wusste, ich musste bei meiner Mutter bleiben, um zusammen mit meinen Geschwistern alles Nötige zu regeln. Als dies getan war, nahm ich den ersten Zug nach Steyl. Kurz vor Köln habe ich noch ein Abschiedsgeschenk bekommen: einen Sonnenuntergang ohne gleichen.

Um halb drei in der Nacht bin ich dort angekommen. Fast rechnete schon keiner mehr mit meiner Rückkehr.

Ich gelobe Gehorsam

Juli 1968. An den Universitäten in Europa und den USA Ende fing es an zu brodeln. Die so genannte 68er Generation fing an, alles in Frage zu stellen, was ihren Eltern lieb und heilig war. In dieser Zeit der um sich greifenden Rebellion übte ich mich – im Gehorsam: Ich stand in Neapel an der Reling der *Donizetti*, die im Begriff war, nach Chile auszulaufen.

Nach Chile, nach Lateinamerika! Obwohl ich seit meinen Kindertagen immer von China und Indien geträumt hatte. Obwohl ich mich jahrelang mit der asiatischen Welt beschäftigt und mit vielen Freundinnen und Freunden aus der China- und

Indienmission ausgetauscht hatte. Erwartet hatte ich eine Aussendung in die USA, um dort zur Vorbereitung auf den Einsatz in Indien Medizin zu studieren.

Ich konnte kein Spanisch. Lateinamerika war für mich ein katholischer Kontinent und für mich waren Länder wie Argentinien, Brasilien, Venezuela und eben auch Chile auf dem besten Weg der Entwicklung. Warum sollte ich in ein katholisches Land in die Mission gehen? Und soviel war gewiss: Niemals würde ich irgendwelche katholischen Schüler aus der reichen Oberschicht an einer katholischen Schule unterrichten. Nein, so hatte ich mir das alles nicht vorgestellt. Das war nicht *mein* Traum, in den ich da aufbrach.

Mein Noviziat war mit genauso vielen Zweifeln zu Ende gegangen, wie es angefangen hatte. Der Geist der 68er hatte auch das Kloster ergriffen: Zusammen mit ein paar anderen Schwestern hatten wir die Gruppe *concordia* gegründet. Wir wollten vor allem freiere, geschwisterlichere und weniger hierarchische Beziehungen im Kloster untereinander pflegen dürfen. Wir waren in unseren Ansichten und Forderungen für viele Schwestern eine Provokation. Und für einige aus unserer Gruppe blieb die Klosterwelt auch nach dem Konzil zu eng: Annemarie, Maria und andere gingen weg.

Ausgerechnet ich blieb. Und das obwohl ich erst mal nicht zu den Gelübden zugelassen wurde. Ich war den Schwestern zu unreif und zu kritisch. Ich betete um ein Zeichen zu Gott: Am liebsten wäre ich auch gegangen. Ein Zeichen bekam ich nicht. So ging ich als letzten Ausweg zu meiner Novizinnenmeisterin, um ihr von meinen Zweifeln zu berichten:

„Ich kann die ersten Gelübde nicht ablegen. In der Regel steht, dass man sie nur mit der Absicht für immer ablegen darf. Ich bin mir aber nicht sicher, ob ich später im Orden bleiben werde."

„Schwester Paulina, ich kenne Sie jetzt so gut: Ich glaube, dass Sie ohne weiteres die Gelübde ablegen können. Sie brauchen keine Sorgen zu haben."

Meine Mutter und meine Geschwister kamen zur Feier der Gelübde. Als ich die Worte sprach, war alle Ungewissheit vorbei. Ja, ich wollte Jesus treu nachfolgen und in die Mission gehen.

Heute habe ich nichts mehr mit dem zu tun, was „Mission“ für mich damals bedeutete. In den 1950er und 1960er Jahren verstand man unter Mission wirklich noch: Jesu Botschaft muss verbreitet werden, die Menschen müssen als Christen getauft werden – nur darin liegt das Heil. Die Kirche proklamierte, dass es außer der Kirche kein Heil gäbe. Erst das Konzil hat 1964 diesen alleinseligmachenden Anspruch gemildert. Für mich hieß Mission damals noch: in die „heidnischen“ Länder gehen, wo es Not und Elend gab und wo die christliche Botschaft noch nicht verbreitet war.

Wie freute ich mich deshalb, als ich schon ein halbes Jahr nach Ende des Noviziates die Missionsbestimmung bekam. Entsendet zu werden war immer eine Auszeichnung. Als ich dann aber erfuhr, dass mein Missionsland Chile sein sollte, war das ein großer Schlag für mich. Ich fühlte mich betrogen. Aber ich hatte drei Gelübde abgelegt: Armut, Ehelosigkeit und eben auch – Gehorsam.

So fuhren wir drei Steyler Schwestern, Renate, Luise und ich, mit der Donizetti, einem Passagierschiff, von Neapel los, nachdem wir im Petersdom von Papst Paul VI. ausgesandt worden waren.

Es war sehr skurril: Weil wir die Sprache nicht konnten, hatte der Orden es besonders gut mit uns gemeint und uns in die erste Klasse eingeschifft. Mindestens noch zwanzig Ordensleute und einige Bischöfe waren mit an Bord. Sie reisten mit dem „Volk“, nur wir waren erster Klasse unterwegs. Ich war 25 Jahre alt, wollte mein Leben den Armen widmen und fand mich an Bord in der absoluten High Society wieder! Wir bekamen sogar einen kleinen Tisch gegenüber dem des Kapitäns inmitten des Kasinos. Also: Für mich war das alles wirklich sehr schwer zu verstehen. Welchen Sinn sollte das haben?

Unglaublich, wie schnell man sich an die Sonnenseite des Lebens gewöhnt! Heute kann ich auch eine gute Seite dieser Luxusreise sehen: Ich wollte den Kontakt zu den Reichen vermeiden, sah ich doch meine Berufung bei den Armen. An Bord lernte ich aber Gisela Albrecht kennen. Damals war sie die Frau des Geschäftführers von Schering in Santiago de Chile. Wir haben auf der Reise Freundschaft geschlossen, die bis heute anhält. In vielen tiefen Gesprächen habe ich durch sie und ihre Augen diese andere soziale Schicht kennen gelernt und konnte manches besser verstehen.

Als ich später im Armenviertel arbeitete, hat Gisela bald danach angefangen, dort mitzuarbeiten.

Es war eine faszinierende Zeit an Bord. Ein Offizier hat sich schwer in mich verliebt, was ich zugegebenermaßen lange, sehr lange nicht gemerkt habe. Viele Gespräche haben wir darüber geführt, dass ich „Menschenfischerin" werden wollte, wie Jesus es seinen Jüngern aufgetragen hatte.

Ein chilenischer Konsul war wochenlang beleidigt und würdigte mich nicht eines Blickes:

„Wo werden Sie denn in Santiago wohnen?"

„Der Konvent liegt in Las Condes."

„Na, da kann ich ihnen ja nur gratulieren!"

„Warum? Was gibt es denn bei einem Wohnort zu gratulieren?"

„Weil Sie dort im Viertel der Reichen leben werden: Sie werden sehen, dort ist es wunderschön und Sie brauchen auf nichts zu verzichten."

„So? Aber ich will mit den Armen leben."

Da drehte er sich um und ging.

Bezaubernd auch die Eindrücke während der Reise. Manchmal geradezu überirdisch schön, das unendliche Meer, Sonnenuntergänge auf See, und, schon fast am Ziel der Reise, Abendleuchten hinter dem Hafen von Antofagasta in den herrlichsten Farben: violett, rosa, türkis, blau.

Enttäuschung

Es war Winter in Chile, als wir am 8. August 1968 im Hafen von Valparaiso einliefen. Die Schwestern aus dem Konvent warteten am Pier auf uns, um uns nach den vier Wochen auf See einen lieben Empfang zu bereiten.

Aber erst musste ich 28 Kisten durch den Zoll bringen. Wir haben dabei viele Witze über die „armen Missionarinnen" gemacht.

Die Schwestern umlagerten uns, sobald wir raus kamen. Tausend und eine Variante der Frage: Wie geht es zu Hause? Die älteren Schwestern gingen ja für immer in die Mission – manche waren noch vor dem ersten Weltkrieg ausgesandt worden und nie wieder heimgekehrt. Es gab wenig Nachrichten aus der Heimat.

In der ersten Nacht, die ich in Chile verbrachte, bebte die Erde. Vielleicht hätte ich da schon gewarnt sein sollen. Zwar hatte ich erreicht, wovon ich als kleines Mädchen geträumt hatte, worum ich mit heißem Herzen im mit Blumen geschmückten Brief die Steyler Schwestern gebeten hatte und weshalb ich es ausgehalten hatte, mich meiner Mutter zu widersetzen: Ich war in der Mission. Aber ich war weiß Gott nicht am Ziel meiner Träume.

Stattdessen fand ich mich am nächsten Tag in Las Condes wieder. Hier wohnten damals die Reichen Santiagos. Hier lebte auch die reiche Kirche, die eng mit der Oberschicht verwoben war. Und jetzt sollte ich dazu gehören. Als Einzige der Schwestern besaß ich einen Führerschein. So fuhr ich bald den kleinen VW-Bus für den Konvent und lernte Santiago kennen. Das war interessant und manchmal machte es sogar Spaß – aber es beantwortete nicht meine Frage, welchen Sinn das Ganze haben sollte.

Und noch stand mir einer der größten Verzichte meines Lebens erst bevor.

Wieder hatte ich meine Vorgesetzten gebeten:

„Ja, Schwester Paulina?

„Ich möchte Medizin studieren."

„Nein, das ist nicht vorgesehen."

Ich war unendlich enttäuscht. Mein großer Traum, Ärztin zu werden – einfach abgelehnt.

Auf Reichtum, auf die Ehe – darauf hatte ich freiwillig verzichtet. Aber das Medizinstudium? Das war ein erzwungener Verzicht, der mich sehr schmerzte und der es mir noch schwerer machte, im Kloster in Chile eine Lebenserfüllung zu finden. Meine maßlose Enttäuschung habe ich im Gebet zu Gott getragen – und gehofft, dass Gott meinen Traum doch noch irgendwie erfüllen würde, auch wenn ich keine Idee hatte, wie das denn gehen könnte.

Aber dann zeigte sich das Chile, in das ich gekommen war, bald von einer ganz anderen Seite. Chile befand sich mitten in einem politischen und geistigen Aufbruch. Diesen Aufbruch spürte ich mit jeder Faser meines Körpers: Es ging um Gleichheit und um soziale Gerechtigkeit. Mehr Gerechtigkeit für alle im Land. Mehr Gerechtigkeit im Bereich der Gesundheit, der Arbeit, der Bildung. Es ging um nichts weniger als die harte Klassengesellschaft Chiles aufzubrechen. Seit 1964 regierte der Christdemokrat Eduardo Frei mit dem großen Ideal von sozialer Gerechtigkeit. Diesen Prozess wollte ich miterleben und zwar dort, wo er stattfand, unter den jungen Leuten, den Studenten.

Zusammen mit meiner Freundin Luise bat ich die Provinzoberin, das für uns vorgesehene Studium zur Universitätskrankenschwester an der Staatsuniversität absolvieren zu können.

Diesmal wurde die Bitte nicht abgeschlagen. Und so saßen wir bald im Ordenskleid, aber mit unseren zivilen Namen Karoline und Luise in der staatlichen medizinischen Fakultät. Viele von den jungen Leuten hatten große Ideale, nannten sich Revolutionäre, Marxisten oder folgten den Ideen Camillo Torres und Che Guevaras. Sie lasen Marx, Ho Tschi Minh, das rote Buch von Mao, und ihre Herzen waren erfüllt von deren Idealen.

Was mich aber noch viel mehr berührte, war, dass nicht nur heiß diskutiert, philosophiert und politisiert wurde. An den Wochenenden haben die jungen Mediziner ihre Ideen umgesetzt: Sie gingen in die Armen- oder Elendsviertel, um dort zu arbeiten.

Oft riss ihre Begeisterung auch die Professoren mit, die die Arbeit unterstützten oder sogar selber mitgingen.

Für mich war es eine große Herausforderung: Hautnah konnte ich diesen gesellschaftlichen Prozess miterleben. Hier wurde das verwirklicht, was ich im eigenen Herzen spürte. Immer noch kannte ich die sozialen Probleme nur vom Hörensagen, ich hatte noch kein Armenviertel gesehen. Von der konkreten Hinwendung zu den Armen hörte ich zum ersten Mal bei den Studenten.

Denen war ich in meinem Ordenskleid mehr als verdächtig.

„Seid ihr die neuen Kolonisatoren? Bringt ihr wieder Kreuz und Schwert? Welchen Sinn macht eure Mission überhaupt?“

„Was willst du hier? Lässt es dir in Las Condes als Missionarin gut gehen!“ Mit diesen Fragen und Vorwürfen musste ich mich auseinandersetzen – dabei wusste ich doch, dass ich gekommen war, um Menschen in Not zu dienen.

Mir war klar, dass der Orden daran dachte, uns in dem Krankenhaus einzusetzen, das dem Orden unterstand. Aber ich wusste, dass es inzwischen in Chile genug kompetente Mediziner gab, die das übernehmen konnten. Ich war nicht gekommen, um jemandem vor Ort den Platz wegzunehmen. Mein Herz brannte, dorthin zu gehen, wofür sich niemand interessiert, wo Menschen Hilfe brauchen.

Ich hatte einen Entschluss gefasst: In den ersten Semesterferien, also Ende 1969, wollte ich in ein Armenviertel arbeiten gehen. So sammelte ich meine ganze Kraft und meinen ganzen Mut und bat wieder einmal um eine Erlaubnis:

„Ich muss auch selbst in die Armenviertel gehen, sonst verliere ich als Schwester, die im reichen Las Condes wohnt, jede Glaubwürdigkeit bei den Studenten“, argumentierte ich bei meinen Vorgesetzten.

Diese Erlaubnis erhielt ich.

Areas Verdes. Grüne Weiden – so hieß einer der Abfallhügel der reichen Stadtgemeinde Las Condes am Rande der Voranden. Obdachlose hatten ihn besetzt und die grauen, hässlichen stinkenden Hügel mit ihrem schwarzen Humor in grüne Weiden, „Areas Verdes“, umgetauft.

Mit dem Segen des Ordens durfte ich in den Semesterferien in die Areas Verdes gehen. Die Provinzoberin hatte dafür gesorgt, dass ich am ersten Tag von Gabriela Prats, einer Schwester aus einem anderen Orden, begleitet wurde. Gabriela Prats war die Schwester des berühmten Generals Carlos Prats, der 1974 zusammen mit seiner Frau in Buenos Aires im Auftrag von Pinochet ermordet wurde.

Schwester Gabriela war Sozialarbeiterin und versuchte, mich ein bisschen unter den Menschen im Armenviertel bekannt zu machen. Dann war ich auf mich allein gestellt. Jeden Morgen ging ich hin. Jeden Morgen schlugen mir Misstrauen, Vorurteile und Desinteresse entgegen. Niemand verstand, was denn diese ausländische Nonne überhaupt bei ihnen, von ihnen wollte. Und ich war unbeholfen: Ich konnte noch nicht richtig Spanisch, geschweige denn die Umgangssprache der Menschen.

Da stand ich und sah jeden Tag neues, unbeschreibliches Elend.

In dieser wilden Siedlung gab es außer zwei Straßen nur enge Gassen, meist keinen Meter breit. Die Hütten waren Wand an Wand aneinandergebaut, um Bretter zu sparen. Die Ritzen in den Wanden waren so groß, dass ich in die Hütten hineingucken konnte. Überall Kinder mit dicken Bäuchen, dick von Würmern und anderen Parasiten. Alle mit Hautinfektionen. Welche Not, wenn ein Brand ausbrach und mehrere Hütten niederbrannten, was häufig geschah! Zum Kochen machten die Leute ein Feuerchen auf einem Blech auf dem Lehmboden, immer tanzten Kinder um die Feuerstellen …

Ich dachte, dass ich etwas für die Kinder würde tun können:

Läuse bekämpfen, Hautgeschwüre und Wunden behandeln, das traute ich mir zu. Aber dazu musste ich die Kinder kennen lernen und ihr Vertrauen gewinnen.

Um irgendwie anzufangen, ging ich zu einem staatlichen Gesundheitszentrum in der Nähe. Ich wusste, eigentlich sollten die Mitarbeiter hier die Menschen mitbetreuen – theoretisch zumindest. Praktisch fehlte es dazu an Zeit und Kapazitäten.

„Kann ich nicht als Freiwillige für euch arbeiten? Ich würde gerne in die Siedlung Areas Verdes gehen?" Sofort und freudig wurde mein Angebot angenommen.

„Ja, natürlich. Eines der größten Probleme sind die unterernährten Kinder. Manchmal kommen welche zu uns, aber wir haben weder die Möglichkeit, noch das Personal, um zu verfolgen, was aus den Kindern wird."

„Es gab da einen Jungen, Juanito Perez, der mal bei uns war. Wenn du willst – dann versuch ihn zu finden und schau, wie es ihm geht. Ob er überhaupt noch lebt und dann, ob du für das Kind etwas tun kannst."

Da stand ich mit meinem Zettel in der Hand auf der Straße.

„Ich suche den kleinen Juanito Perez. Wissen Sie, wo er wohnt?", fragte ich die erste Frau. „Ja was willst du denn mit Juanito Perez?" – „Ich komme vom staatlichen Gesundheitszentrum. Wir wissen, dass er krank ist. Ich habe vom Gesundheitszentrum den Auftrag ihn zu suchen."

Auf einmal war Interesse da. Andere Frauen kamen dazu. Alle überlegten miteinander, wo Juanito Perez wohl wohnen könnte. Mehrere Stunden lang kämmten wir das Armenviertel durch. Die Frauen freuten sich noch mehr als ich, als wir ihn tatsächlich fanden. Juanito Perez war fünf Jahre alt und wog zehn Kilo. Er hatte schrecklichen Durchfall. Er brauchte dringend Hilfe. Ich packte ihn mir unter den Arm und überredete die Familie, mit mir ins Gesundheitszentrum zu gehen. Dort konnte er Medikamente bekommen.

Aber es war nicht Juanito allein. Überall sah ich Kinder mit

Hungerbäuchen. Und Durchfall. Ich wusste, dass jedes Kind, das zwei, drei Jahre lang, unterernährt war, Schäden davontrug, die es, wenn überhaupt, nur schwer aufholen konnte.

Plötzlich sah ich, dass es überall am Nötigsten fehlte: In der einen Hütte schliefen vier Menschen in einem Bett. Was ich in der nächsten Hütte im Kochtopf sah, das konnte unmöglich ausreichen, um drei Kinder zu ernähren. Ich fragte nach dem Familienvater. Manchmal war er da und brachte Geld nach Hause. Wenn sie mir erzählten, was sie verdienten, war klar: davon kann keine Familie leben. Dabei arbeiteten die Männer oft mehr als 48 Stunden die Woche. Die Frauen versuchten als Zugehfrau in den Reichenvierteln dazu zu verdienen: Sie kochten, putzten, wuschen, bügelten. Während ihrer Abwesenheit mussten die größeren Kinder auf die kleineren aufpassen. Aber egal, wie viel Vater und Mutter auch arbeiteten – es reichte nicht, um eine Familie zu ernähren.

Zum ersten Mal in meinem Leben verstand ich, was Ungerechtigkeit bedeutet, was strukturelle Ungerechtigkeit ist. Es war offenbar, fühlbar, beweisbar: Wenn eine Familie rechtschaffen arbeitet und trotzdem ihre Kinder nicht ernähren kann, obwohl die Familie schon die billigste aller Wohnmöglichkeiten „wählt" und in einer Hütte im Elendsviertel wohnt – dann stimmt einfach mit der Gesellschaft etwas nicht. Ich hatte hunderte solcher Situationen vor Augen – und mir wurde deutlich wie nie, dass die politischen Reformen, die die Regierung anstrebte, notwendig waren. Die Arbeiter mussten sich organisieren, die Gesellschaft musste ein Bewusstsein für diese schreiende Ungerechtigkeit bekommen. Ich verstand auch, dass sich viele der Armen in linken Parteien organisierten. Am Anfang haben sie es mir verheimlicht, aber als sie nach und nach Vertrauen fassten und merkten, dass ich sie respektierte, erzählten sie mir davon. Meine Aufgabe sah ich darin, sie zu begleiteten und mit ihnen gemeinsam zu versuchen, ihre Situation zu verbessern. Das Erste, was mir dabei half, war die Medizin.

Es dauerte nur wenige Wochen – da kam ich morgens gar nicht mehr bis zum Gesundheitszentrum: Die Frauen warteten schon auf mich, um mich zu Kranken zu bringen. Ich hatte gerade noch die Zeit, Medikamente zu besorgen, vor allem brauchte ich Mittel gegen Infektionen – dann gingen wir zu den Kranken.

Nachts quälten mich die Sorgen um die unterernährten Kinder. Nebenher versuchte ich alles zu lernen, was ihnen helfen könnte. Ich trieb Vitamintabletten für sie auf und musste dann merken, dass Vitamintabletten den Hunger noch schlimmer machten! Meine Gedanken drehten sich im Kreis, und ich fand und fand keine Lösung.

Eines Morgens kam ich müde und abgekämpft ins Armenviertel. Nachts hatte ich gebetet und mich von der rechten auf die linke Seite gewälzt, immer in der Hoffnung, dass mir doch noch eine Lösung einfiele. Aber dem war nicht so. Die Frauen kamen schon auf mich zugelaufen:

„*Hermana* Karolina, *Hermana* Karolina! Wir haben die Lösung gefunden. Wir wissen, was wir tun müssen, damit die Kinder zu essen bekommen!"

„Wie, ihr habt die Lösung? Das kann doch gar nicht sein." In meiner Arroganz konnte ich mir überhaupt nicht vorstellen, wie diese armen Frauen eine Lösung finden konnten, wenn ich selber noch nicht mal eine Idee hatte. Nein, das schien mir unmöglich.

„Doch, *Hermana* Karolina. Wir werden kochen."

Mich durchfuhr ein furchtbarer Schreck. Kochen?

„Aber ich kann nicht kochen."

„Nein, du brauchst auch nicht kochen. Das machen wir. Aber du musst uns helfen. Wir brauchen einen großen Topf und du musst mit uns zu den großen Supermärkten und zum Markt gehen und um Lebensmittel bitten. Wir wollen einen *Comedor*, eine Suppenküche, aufbauen."

Die Leute hatten am Abend zuvor, nachdem ich in den Konvent zurückgekehrt war, zusammen gesessen und waren auf diese Lösung gekommen. Innerhalb der Siedlung gab es einen alten

Pferdestall, aus Lehm gebaut. Der stand leer und sollte uns dienen. Man könnte ihn weißeln und ein bisschen in Ordnung bringen.

Die Männer sollten die Ausläufer der Anden abgrasen, um Brennholz zu sammeln. Und als ich endlich den Topf hatte, zogen wir los, um in den Geschäften nach alten Lebensmitteln zu bitten, deren Verfallsdatum abgelaufen war. Tatsächlich bekamen wir jede Menge angefaultes Obst, Gemüse, schon etwas riechendes Fleisch. Die Frauen hatten kein Problem damit, sie wussten, wie man das Fleisch mit Salz einreiben musste, damit nichts passierte. Und es ist auch nie etwas passiert.

Die Menschen waren glücklich: Sie hatten schon so lange keine Gemüse- oder dicke Fleischsuppe mehr gehabt. Die Frauen hielten Wort: Mit dem Kochen hatte ich nichts zu tun. Sie brauchten mich, damit ich mit ihnen die Lebensmittel holte. Warum ich dazu wichtig war, habe ich erst verstanden, als ich einmal ins Armenviertel kam und sah, was die Frauen mitbrachten, nachdem sie alleine unterwegs gewesen waren: Ohne mich hatten sie nur einen Bruchteil der Lebensmittel bekommen. Danach blieb mir nichts anderes übrig, als so oft wie möglich mitzukommen.

Wir fingen an – und vor meinen Augen ereignete sich ein Wunder wie die biblische Brotvermehrung. Nach wenigen Wochen kamen jeden Mittag 150 Kinder mit einem Blechschüsselchen und einem Löffelchen angestürmt und aßen sich satt. Die Väter hatten nach und nach ein paar Tische und Bänke gezimmert.

Ich musste so viel lernen! Ich dachte, den Kindern müsste so schnell wie möglich auch Hygiene beigebracht werden. Sie sollten sich wenigstens vor dem Essen waschen. Ich dachte, das könne doch auf keinen Fall zu viel verlangt sein. Wie pedantisch war ich am Anfang! Und musste dann merken, dass es einfach nicht genug Wasser gab, um alle Kinder zu waschen. Die Menschen standen während des ganzen Tages Schlange, um einen Eimer Wasser an den öffentlichen Wasserhähnen zu bekommen.

Ich musste lernen, dass alles nur langsam gehen konnte, nach und nach. Und dass manches anders aussah, als es in Wirklichkeit war:

„Warum habt ihr eure Töpfchen nicht mit? Wo habt ihr eure Löffel? Warum seid ihr nicht drinnen bei den anderen?“, schimpfte ich mit den Kindern, die draußen vor der Suppenküche während der Essensausgabe spielten. Ich schimpfte, weil ich an die Mütter drinnen dachte, die das Essen ausgaben: Wenn die Kinder hier trödelten, würden sie länger arbeiten müssen. Alle senkten die Köpfchen. Kein Kind sagte etwas. Bis auf einmal Fernando aufschaute, mir in die Augen sah und trotzig erwiderte: „Zu Hause haben wir kein viertes Töpfchen. Ich muss hier warten, bis einer meiner drei Geschwister mit essen fertig ist.“ – „Entschuldige Fernando, das war mir nicht klar.“

Es war Pedrito, sieben Jahre alt, der mich in der Suppenküche lehrte, was die Liebe Gottes wirklich meint.

Den Hunger der Kinder zu stillen, sie von ihren Läusen und Würmern zu befreien und ihre Wunden zu heilen, das war mir nicht genug. Ich wollte ihnen auch beibringen, wie man sich bei Tisch benimmt, mit ihnen ein Lied singen, langsam auch an Bildung denken. Und im Hinterkopf hatte ich: Irgendwann erzählst du dann auch mal von der Liebe Gottes. Ich zerbrach mir den Kopf, wie und vor allem wann ich das machen konnte und entschied mich dafür, zu allen auf einmal in der Suppenküche zu sprechen. Extra hatte ich dafür Worte aus dem Dialekt der Kinder gelernt.

So vorbereitet stand ich im Eingangstor des *Comedors* und blickte in den alten, hohen Pferdestall: vor mir zwei Tischreihen mit 150 Kindern, die auf ihren rohen Bänkchen saßen, Hunger hatten und auf das Essen warteten. Die Mütter hatten sich mit dem Essen verspätet. Die ersten Kinder schauten zu mir. Ich holte tief Luft und wollte anfangen. Da nahm ein kleiner Junge seinen Löffel, klopfte auf den Tisch, schaute mich herausfordernd an und rief „Hunger!“ Sekunden später trommelten 150 Kinder mit ihren Löffeln auf den Tisch und skandierten: „Hunger, Hunger, Hunger!" Wut und Angst loderten wie eine Stichflamme in mir auf.

Angst, weil ich so oft gewarnt worden war, im Orden und von Bekannten, wann immer ich von meinen Erfahrungen im Armenviertel erzählte: „Du wirst noch dein Wunder erleben, mit dem Pöbel. Du hast ja keine Ahnung, wie das Pack wirklich ist. Du siehst nur die Sonnenseiten, warte, bis sie über dich herfallen!" Natürlich hatte ich die Menschen immer verteidigt – aber offensichtlich waren diese Drohungen doch bei mir angekommen.

Ich war wütend über diese unverhohlene, unverblümte Forderung. Da hatte ich vor den Kindern von Dankbarkeit reden wollen – und sie forderten! All das schoss mir durch den Kopf, während der Raum vom rhythmischen Trommeln und Rufen hallte: „Hunger, Hunger, Hunger!" Die Mütter waren nervös geworden. „Kinder, ihr habt kein Recht zu fordern", war das Einzige, was ich denken konnte. Gerade als ich den Kindern das entgegenschleudern wollte, fiel mein Blick auf Pedrito. Pedrito war sieben Jahre alt und fürchterlich unterernährt. Ich hatte ihn erst vor ein paar Tagen besucht und seine Haare geschert. Er hatte Wunden auf dem verlausten Kopf. Da saß er mit seinem dicken Bauch und schaute mich mit dunkel geränderten Augen aus seinem abgemagerten, grauen, greisenhaften Gesicht an. Ich erwiderte den Blick und begriff im gleichen Moment tief in mir: „Ja, Kinder, ihr habt ein Recht zu fordern. *Ich* bin im Unrecht! Ihr könnt euch das Essen nicht verdienen. Ihr habt ein Recht zu essen." Ich fing an zu weinen. Ein paar Kinder wollten mich trösten: „Wir haben dich beleidigt, verzeih!", andere trommelten weiter. Wichtig war nur, was in dem Moment in mir geschah: Ich schwor mir, mich ein Leben lang dafür einzusetzen, dass Kinder ihr Recht auf Essen, auf Leben bekommen. Dazu aber braucht es ein Dach über dem Kopf, genug sauberes Wasser, Ärzte, Schulen. Einfach einen menschenwürdigen Platz in der Gesellschaft. All das begriff ich in dem einen langen Moment, in dem ich in Pedritos Augen schaute. Ich wusste: Mein ganzes Leben lang würde ich ab jetzt darum kämpfen, dass Kinder genug zu essen haben. *Das* war der Kampf um die Liebe Gottes. Wie anders sollte ein Kind Gottes Liebe erfahren? Ich musste ihnen nicht von Gottes Liebe erzählen – ich musste dafür sorgen, dass Pedrito und alle Kinder Gottes Liebe spüren konnten.

Für mich war plötzlich etwas aufgebrochen. Mir war immer klar gewesen, dass es notwendig war, den Menschen zu helfen. Jetzt wurde mir jeden Tag deutlicher, dass Hilfe allein nicht genügte. Dieses Elend konnte nur durch politischen Willen und strukturelle Lösungen geändert werden.

Wollte ich mit Menschen in meiner Umgebung darüber sprechen, fühlten die anderen sich schnell angegriffen und beschuldigt. Ich wurde verdächtigt, kommunistische Ideen zu verbreiten. Sicher habe ich auch Worte gewählt, die die anderen nicht verstehen konnten: Ich war so zornig! Das Elend war für mich so gewalttätig. Die Menschen, denen es gut ging, lebten ganz unbekümmert. Ich interpretierte ihr Verhalten damals als fahrlässig. In meinen Augen, waren ihnen die Armen ganz egal. Oder schlimmer: Sie versuchten noch, die Armen, die sich ja nicht wehren konnten, auszunutzen. Es war Anfang 1970. Immer mehr Väter wurden arbeitslos. Im Land standen Wahlen an. Eine Stimmung lag in der Luft: „Lasst uns das Geld lieber jetzt außer Landes bringen, bevor der Kommunismus kommt und uns sowieso alles wegnimmt." Das hörte ich, wenn ich mit Menschen aus der besitzenden Schicht zusammen war.

Meine Fassade bricht zusammen

„Schwesterchen, da bist du ja – ich habe schon viel von dir gehört." Mit diesen Worten trat Pater Luis Chiotti in mein Leben. Er war um die sechzig, gut doppelt so alt wie ich. Mit seinem Stoppelkopf war er mir sofort sympathisch.

Mittags stand er eines Tages vor dem *Comedor* und schaute

den Kindern beim Essen zu. „Was du hier machst, Schwesterchen, das taugt nicht viel."

„Wenn das nichts taugt, Päterchen, was machst du denn Gewaltiges?"

„Du kannst ja mal kommen und schauen. Ich baue Basisgemeinden auf."

Das war meine erste Begegnung mit Pater Luis Chiotti. Pater Luis war ein Mythos in der Siedlung. Er war Arbeiterpriester: reparierte tagsüber Ampeln und war am Abend und an den Wochenenden für die Leute da. Pater Luis lebte in einer 18 Quadratmeter großen Hütte ohne Fußboden mitten in der Siedlung. Ich selber habe niemals so arm gelebt wie er. Die Ritzen in den Wänden seiner Holzhütte waren so groß, dass ich von außen hindurch schauen konnte. Er hat sich völlig entäußert. Und dabei war er Machist, ein Macho.

Natürlich wollte ich seine Arbeit kennen lernen, die „christlichen Basisgemeinden", die er aufgebaut hatte. Die Leute in der Siedlung schätzten ihn sehr, so ließ ich mich auf das Abenteuer ein. Er lud mich ein, zu einer Versammlung zu kommen. Ich stellte mir etwas Großartiges vor, eine Versammlung von mindestens so vielen Menschen, wie mittags in unsere Suppenküche kamen.

Zehn, vielleicht zwölf Leute saßen auf wackeligen Stühlen und Kartoffelkisten im Kreis in der Hütte einer Familie. Pater Luis saß zwischen ihnen: „Schwesterchen, du wirst nichts sagen, nur zuhören." Ein kleines Neues Testament wurde ausgeteilt. Zweimal wurde ein Stück aus dem Evangelium vorgelesen. Die Leute versuchten dem Text zu folgen, sie verrutschten mit dem Finger oder schauten auf die falsche Seite – aber sie versuchten zu lesen. (Über die Zeit habe ich beobachten können, wie viele Analphabeten durch diese Versammlungen lesen gelernt haben!)

An diesem Abend ging es um das Gleichnis vom Sämann, dessen Samen in unterschiedliche Erde fällt, auf dornigen, steinigen und fruchtbaren Boden. Mein Kopf war sofort voll mit allem

Wissen, das ich von diesem Text hatte, ich war bereit, anderen davon weiter zu geben.

„Jeder teilt jetzt mit den anderen, was Gottes Geist ihm sagt. Jeder von euch hat Gottes Geist. Denkt einfach darüber nach, welches Wort für euch wichtig ist, was euch wichtig ist. Aber nicht predigen, nicht denken, was für die anderen wichtig sein könnte. Nur was für euch wichtig ist“, wies Pater Luis die Menschen an.

Ich war enorm gespannt. Ich hatte ja schon oft erlebt, wie schwierig es war, Menschen zum Reden zu bringen. Würden die Leute überhaupt etwas sagen?

„Also“, fing Juan an, „dieses Erdreich mit den Dornen da, das bin ich. Jetzt komme ich schon seit zwei Monaten hierher und ich denke immer, dass da in mir was wächst. Und ich hatte es auch zwei Wochen lang geschafft, meinen Lohn am Samstag ganz nach Haus zu bringen. Aber letzten Samstag haben mir die Kumpels so zugesetzt, und ich habe wieder die Hälfte vom Lohn versoffen. Das Geld reicht jetzt nicht mehr für die ganze Woche. Das ist wie mit den Dornen: Es wächst was, und dann wird es wieder erstickt.“

Jetzt nickt Maria, „So geht es mir. Ich bin wie Stein. Es kommt nichts an bei mir. Ich verstehe das nicht, im Grunde höre ich es, aber ich kann nichts verändern. Mein Leben ist sehr hart.“

„Ich habe das Gefühl, dass etwas wächst, aber zu schnell“, fährt Aurelia fort. „Der Boden ist so dünn. Kaum kommt die Sonne, brennt alles ab. Ich hatte mir vorgenommen, mich mit der Nachbarin zu vertragen. Wir streiten uns immer. Letztes Mal hatte ich es mir fest vorgenommen. Und dann komm’ ich hier direkt nach unserer Versammlung um die Ecke, und da steht sie. Sofort läuft mir die Galle über, weil mir was einfällt, was sie gesagt hat und gleich geht der Streit weiter. Dabei hatte ich es mir so fest vorgenommen. Also, es hat nichts gebracht, aber ich will doch gutes Erdreich werden.“ –

„Ich hatte mir vorgenommen, nicht mehr die Kinder zu verdreschen. Das tue ich oft abends, wenn ich nach Hause komme und alles ist unordentlich und die Kinder ärgern mich.“

Unvergesslich ist mir bis heute Juanita, die die ganze Zeit mit weißem, verschlossenem Gesicht da saß und nichts sagte. Und dann: „Ich bin wie Stein. Ich habe das schon die ganze Zeit gemerkt, in der ich hierher komme. Ich müsste verzeihen, meiner Mutter verzeihen. Sie hat mich aus dem Haus geworfen, als ich mit 16 schwanger war. Ich musste das Kind bei fremden Menschen auf dem Boden zur Welt bringen. Das kann ich ihr nicht verzeihen. Ich hasse sie. Und ich weiß, dass Gott will, dass ich ihr verzeihe, aber ich kann nicht. Ich habe den Teufel in mir." Das sagte sie, stand auf und lief weg. Ich wollte ihr nachlaufen, aber die andern Frauen hielten mich zurück: „Nee, du bleibst hier. Wir kennen und verstehen sie. Wie kümmern uns später um sie." Wochenlang ist Juanita erst einmal nicht mehr zur Versammlung gekommen.

Ich saß schweigend da, wie in den nächsten Wochen noch so oft. Wie froh war ich, dass ich nichts sagen durfte! Kein Wort hätte ich herausgebracht. Ich war stumm geworden. Es war so unglaublich, was in dieser und noch vielen weiteren Versammlungen zutage kam. Was das Evangelium den Menschen sagte für ihr Leben! Das war so echt, so anfassbar, so greifbar. Was da passierte: Wachstum, Ermutigung, Stärkung oder auch Umkehr.

Wochenlang brauchte ich es für mich selbst, hinzugehen und zuzuhören. Es wurde zu einer Notwendigkeit, ohne die ich nicht leben konnte. Unablässig bewegte mich die Frage: „Was bin ich denn? Was sagt das Evangelium denn mir?" Nein, ich hätte gar nicht reden können, ich musste mich erst mal mit mir auseinandersetzen. *So* hatte ich das noch nie gesehen. Alle Exegese, die ich im Kopf hatte, war zwar nicht ungültig. Nein. Aber wenig brauchbar. In dem, was die Leute sagten, war alles drin. Das war das konkrete Leben, die wirkliche Wirklichkeit. Niemand brauchte für die Leute zu denken und ihnen durch Reduktion und Induktion, durch Analyse und durch Nachforschungen im griechischen Text, eine wunderschön erarbeitete Auslegung zu unterbrechen.

„Was sagt das Evangelium mir?" Nie hatte ich mir diese Frage so gestellt. Aber jetzt konnte ich nicht anders. Auf einmal spürte ich, dass ich mir eine Fassade von „Heiligkeit“ gebaut hatte. Ich spürte meine große Eitelkeit, die ich dahinter versteckt hatte. Meine Empfindlichkeit anderen gegenüber. Meine Rechthaberei, wenn ich meinte, die Wahrheit für mich gepachtet zu haben. Mein Neid auf andere, die etwas besser konnten als ich – und den ich so viele Jahre versteckt hatte. Immer empfand ich Neid, wenn andere etwas besser konnten als ich, genialer waren oder sympathischer. Da war auch meine Eifersucht, wenn andere bevorzugt wurden.

Und dann erfuhr ich in diesen Versammlungen, wie die Menschen, indem sie sich auf das Evangelium einließen, Dinge lassen konnten, die unnütz oder schädlich waren, wie sie sich von Fesseln und Ballast befreien konnten.

Damit musste ich fertig werden: Ich hatte gedacht, ich würde ausziehen, um die Armen zu bekehren. Und da saß ich unter ihnen und musste erfahren, dass sie mir zeigten, was wahre Jesusnachfolge ist. Wie es ist, sein Wort wirklich so aufzunehmen, dass es das Herz anspricht und der Mensch frei wird. Da saß ich und wurde selbst bekehrt.

Und es war nicht so, dass die Menschen nur das eigene Leben betrachteten, die eigene Familie und die Nachbarschaft. Was im Armenviertel passierte, war zwar vorrangig – aber irgendwann ging es dann auch darum, was in Chile geschah. Wie man mitwirken könnte, um in Chile mehr Gerechtigkeit für alle Menschen zu schaffen. Was können wir in der Gewerkschaft tun? Was können wir in der Partei tun? Dass das möglich war – das war für mich eine neue Offenbarung. Und ich spürte: Das ist Teil meines Lebens, oder ich bin ein Teil von diesem Leben hier.

Im März 1970 musste und wollte ich zurück an die Universität. Für die Provinzoberin, Schwester Refreda, war klar, dass ich damit meine Zeit im Armenviertel beenden würde.

„Schwester Refreda, es war so schwer, das Vertrauen der Menschen zu gewinnen. Bevor sie mir nicht ihre Herzen geöffnet hatten, stand keine Tür für mich offen. Aber jetzt haben wir die Suppenküche und schon den ersten Kindergarten. Und trotzdem glaubt immer noch niemand, dass ich es wirklich ernst mit ihnen meine und bei ihnen bleiben will."

„Nehmen wir einmal an, dass es so ist, wie Sie sagen. Wie wollen Sie dann alles bewältigen? Sie müssen Ihre Ausbildung beenden. Und Sie haben auch hier im Kloster Verpflichtungen!"

„Ich weiß. Aber ich kann am Wochenende und an den Abenden ins Armenviertel gehen. Ich weiß, dass ich es schaffen kann."

Nun, ich schaffte es erst mal, sie zu überzeugen.

Maruja und die Kinder

12 000 Menschen lebten in den Areas Verdes und der Nachbarsiedlung Vital Apoquindo. An beiden Orten gab es jetzt Basisgemeinden. Immer wieder trugen die Mütter ihren größten Wunsch vor: Wir brauchen eine Tagesstätte für die Kinder, deren Mütter arbeiten gehen. Wie viele schreckliche Unfälle, wie viele Brände hatte es gegeben, weil die Kinder alleine in der Hütte waren! Die Mütter gingen trotz ihrer Nöte und Ängste zur Arbeit. Wie sollten sie sonst ihre Kinder ernähren?

Bei den Treffen der Basisgemeinde wurde oft darüber gesprochen.

„Unsere Kapelle wird doch nur am Abend und am Wochenende gebraucht. Da können die Kinder doch hinkommen", schlug Pater Luis vor. Die Männer hatten in der Zwischenzeit eine kleine Holzkapelle gebaut, sechs mal sechs Meter groß. Der Pater hatte das Holz besorgt, und zusammen hatten sie den Zementfußboden gelegt.

„Aber wer soll auf die Kinder aufpassen?"

„Na, wir Mütter, die nicht arbeiten müssen."

Alle schauten auf mich.

„Also – ich bin keine Kindergärtnerin", wandte ich ein.

„Ach was, du hilfst uns nur beim Organisieren. Wir brauchen

einen Raum, die Eltern bringen morgens etwas zu essen mit für die Kinder, und wir passen auf sie auf, bis die Mütter am Abend wieder kommen."

Mein Widerstand half nichts. Es wurde beschlossen, in der nächsten Woche damit anzufangen. Und so geschah es.

Am ersten Tag brachten die Mütter etwa dreißig Kinder. Doch kaum waren die Mütter weg, waren es auch die Kinder! Wir kannten weder sie noch ihre Namen. Das Kirchlein hatte keine Fenster, nur Holzklappen. Und hopp, waren die Kinder hinausgesprungen. Wir waren den ganzen Tag über damit beschäftigt, sie wieder zu uns zu holen. Am nächsten Tag war es genauso und am übernächsten Tag auch. Auch nach ein paar Wochen hatte sich immer noch nicht viel geändert. Ich war am Ende meiner Kräfte. Diese Verantwortung, wenn ein Kind verloren ginge oder einem etwas zustieße!

Da traf ich Schwester Verena, eine deutsche Missionsschwester, und klagte ihr, wie schwierig es sei, was die Mütter da beschlossen hätten.

„Ich kann dir helfen." Am nächsten Tag schaute Schwester Verena sich das Ganze an – und dann hat sie uns eine Mitarbeiterin zur Verfügung gestellt, die mithelfen sollte, alles zu organisieren und aufzubauen: Señorita Jofré. Maria Jofré wurde später Schwester Maruja und ist bis heute meine engste Mitarbeiterin.

Die Señorita schickte uns der Himmel: Sie war Erzieherin, Lehrerin und hatte in der ersten Kindertagesstätte, die es in ganz Chile in einem Armenviertel gegeben hatte, schon viele Erfahrungen gesammelt. Maruja verstand ihre Sache mit den Kindern und den Müttern gut, und nach wenigen Monaten hatten wir wirklich einen Kindergarten.

Mit Maruja lernten die Mütter, wie wichtig die Erziehung der Kinder ist. In den Hütten wurden sie oft herum geschoben oder auch immer nur als störend, als Last empfunden. Oft waren die Mütter nach ihrer Arbeit so erschöpft und voller Sorgen, dass sie sich nicht mehr mit den Kindern abgeben konnten. Oft hatten sie auch wenig Vorstellung davon, was sie mit ihnen tun könnten.

Langsam lehrte Maruja die Mütter Kinderlieder und Spiele. Sie machten zusammen kleine Ausflüge. Die Eltern staunten, wie sich der Wortschatz, der Umgang und die Kreativität ihrer Kinder entwickelte. Auf welche Ideen die Kinder jetzt kamen!

Maruja war die Mütterarbeit wichtig – aber sie wollte mehr. Sie wollte Elternarbeit – und dafür brauchte sie auch die Väter.

Die Väter kümmerten sich kaum um ihre Kinder. Das war Frauensache. Die Männer fühlten kaum Verantwortung und gebärdeten sich als Machos. Wie oft sah ich morgens Mütter zum Kindergarten eilen, ein Kind auf dem Arm, eines an der Hand, ein drittes am Rock. Nicht selten schleppten sie noch einen Eimer Wasser – und der Mann spazierte stolz daneben.

Über Wochen erzählte Maruja den Kindern, wie wichtig ihre Väter zu Hause seien. Und sie schaffte es: Eines Tages war es soweit, dass die Kinder ihre Väter verpflichteten, zu einer Väterversammlung mit Maruja zu kommen.

60 Männer saßen in unserem Kirchlein. Außer Maruja und mir war keine andere Frau da. Für mich sollte es ein unvergesslicher Abend werden. Maruja fragte die Männer, was sie für eine Beziehung zu ihrem eigenen Vater hatten. Schreckliche Geschichten hörten wir: Viele erzählten, wie gewalttätig der Vater gewesen war, wie er die Mutter geschlagen hatte, dass er trank. Unglaublich tragische Geschichten waren das. Was für mich am schlimmsten war: Von den 60 Männern haben nur drei etwas Positives von ihren Vätern zu erzählen gewusst. Nur drei! Nach eineinhalb Stunden saß ich wie erschlagen auf meinem Stuhl. Nichts, gar nichts wusste ich von diesen Männern. Ich hatte das Bild meines Vaters vor Augen, der meine Mutter so geliebt hat und der nicht selten die Betten gemacht oder beim Putzen geholfen hat. Sicher, das haben damals nur wenige Männer gemacht, aber so kannte ich es eben.

Schließlich fragte Maruja die Männer: „Und was, stellt ihr euch vor, werden eure Kinder in zwanzig Jahren von euch sagen?"

Schweigen und Erschütterung im Raum. Die Männer verstanden. Sie wollten etwas anderes für ihre Kinder und auch für sich selbst, als sie es selbst erlebt hatten. Und wie Männer sind, fingen sie sofort an, sich zu organisieren: Noch am selben Abend haben sie einen Vätervorstand für den Kindergarten gegründet. Sie wollten sich einbinden in diese Arbeit. Und der eine oder andere wollte sogar mehr über Kinder erfahren.

Das war unser Einstieg in die Elternarbeit.

Die Hoffnung zieht Kreise

Maria, Rosa, Carmen und noch fünf weitere Frauen kamen aus einer Nachbarsiedlung. Morgens, als wir den Kindergarten aufschlossen, standen sie schon da. „Wir haben gehört, was ihr hier macht. Dürfen wir heute dabei sein und zuschauen?“ Natürlich durften sie. Ich sah, wie sich die Frauen immer wieder sprechende Blicke zuwarfen. Gegen Mittag fasste Rosa sich ein Herz: „Schwester Karoline, wir brauchen auch so einen Kindergarten. Auch unsere Kinder sind tagsüber alleine. Wollt ihr uns helfen, dass wir so einen Kindergarten aufbauen können?“ – „Schrecklich gerne“, antwortete ich, „aber lasst uns noch ein wenig Zeit, bis sich hier alles besser eingespielt hat.“ Da mischte sich Juanita von unserem Kindergarten ein: „Aber Schwester Karoline! Du hast uns geholfen, und jetzt haben wir einen Kindergarten. Es ist gut, wenn wir auch helfen.“ Das fanden auch die anderen Frauen und ein paar Männer. Und so haben wir es gemacht. 1975, fünf Jahre später, gab es dann schon fünf Tagestätten, die alle auf diesem Weg entstanden sind: Mütter aus einer Nachbarsiedlung sahen, was wir machten, kamen, lernten mit uns, bauten mit dem Siedlungsvorstand und ihren Männern eine Hütte und richteten einen Kindergarten ein.

Aber nicht nur in den Armenvierteln wurden es immer mehr Menschen, die mit uns zusammen arbeiteten. Auch Menschen aus anderen Schichten unterstützten uns.

Es war bei einem Vortrag von Pater Leppich, den ich seit vielen Jahren sehr verehrte und auf dessen Kommen nach Chile ich mich sehr gefreut hatte. Ich war gespannt von ihm eine Einschätzung der politischen Situation in Chile und eine Orientierung zu den bevorstehenden Wahlen zu bekommen. Er sprach über Bibelarbeit und über das Verteilen von Bibeln im Hotel. Am Ende des Vortrags gab es die Möglichkeit, Fragen zu stellen. Ich hob den Finger.

„Pater Leppich. Die Angst vor dem Kommunismus ist hier in Chile sehr groß. Diese Angst hindert viele daran, sich für Reformen einzusetzen. Aber Reformen sind so nötig – das Elend der Armen ist unvorstellbar groß. Ohne gerechtere politische Strukturen, ohne mehr soziale Gerechtigkeit, wird es nie Frieden geben. Wir brauchen neue Wege. Woran sollen wir uns orientieren?"

Vor allen Zuhörern bekam ich eine schallende Abfuhr:

„Das ist heute nicht das Thema, Schwester!"

Ich verschwand danach wütend in eine Ecke des Raumes, ich fühlte mich blamiert und versuchte mich zu sammeln. In diesem Winkel entdeckte mich eine fremde Frau: „Schwester, ich bin völlig einverstanden mit ihnen. Ich glaube, Pater Leppich war gar nicht auf ihre Frage eingestellt und hat sie deswegen so abgebügelt. Ich selbst bin erst seit kurzem im Land, aber ich habe schon von ihrer Arbeit gehört, und sie interessiert mich sehr und ich würde sie gerne kennen lernen." Ich war dankbar für die liebevolle Aufmunterung in diesem Moment – aber es war schon so oft vorgekommen, dass Menschen mir Hilfe versprochen hatten und dann nie mehr etwas von sich haben hören lassen. Ich glaubte nicht, dass es Hildegard Haberkorn ernst war.

Am nächsten Abend drückte mir die Schwester an der Klosterpforte einen Zettel in die Hand: *„Frau Hildegard Haberkorn hat angerufen und wollte dich treffen."* Das wiederholte sich dann noch ein paar Mal: Ich war tagsüber an der Uni, am Abend im Armenviertel und schwer zu erreichen. Aber sie blieb hartnäckig, und irgendwann vereinbarten wir tatsächlich einen Termin, um miteinander ins Armenviertel zu gehen.

„Das kann nicht sein, das kann ich nicht glauben. Das ist ja ein unfassbares Elend." Bis ins Innerste erschüttert stand Hildegard Haberkorn in den Areas Verdes zwischen dem Meer von wackeligen Hütten, schaute auf die verwurmten Hungerbäuche der Kinder und kämpfte mit dem Gestank der Plumpsklos, der in der Luft hing. Und dann begann sie sofort zu helfen: bald kam sie mit Wäschekörben voller Kleider wieder. Mit ihrem Feingefühl fügte sie sich rasch in unsere Müttergruppe im *Comedor* ein. „Wir müssen mehr werden! Wir alleine sind zuwenig für so viel Not!" Hildegard Haberkorn war mit dem Leiter der Thomas-Morus-Schule verheiratet und hatte so Kontakte zu den Lehrern, die in Chile an deutschen Schulen unterrichteten. Sie sprach sie an – und kurz danach saßen wir alle zusammen. Die Lehrer wollten mitarbeiten und kamen zu uns ins Armenviertel. Damals waren schon 90 Kinder im Kindergarten, der immer noch in dem kleinen Kappellchen stattfand. Die Lehrer fingen sofort an: Sie sammelten Geld und bauten mit den Vätern neue kleine Hütten, damit die Kinder mehr Raum zum Spielen hatten. Das war eine Fügung: Ich selbst stand ja als Schwester im Gehorsams- und Armutsgelübde, ich durfte also eigentlich nicht auf eigene Faust irgendetwas aufbauen. Die Lehrer haben das Bauen in die Hand genommen, ganz eigenständig. Viele von ihnen waren nicht kirchlich gebunden oder standen der Kirche sogar kritisch gegenüber. Aber hier fanden sie einfach einen Platz, sich sinnvoll einzusetzen. Ich konnte die Arbeit begleiten und mich freuen, wie die *Pobladores* und die deutschen Lehrer zusammen arbeiteten und miteinander Neues anpackten.

Die Menschen im Armenviertel rieben sich immer aufs Neue die Augen, dass diese deutschen Lehrer immer wieder kamen, um mit anzupacken. Herbert Bruns, Werner Blieske, Jürgen Clausen, Elmar Manhardt und Siegfried Möbius, wie auch ihre Frauen, die alle unserer Arbeit bis heute treu geblieben sind und uns später von Deutschland unterstützen, nahmen den Frauen die harte Arbeit ab, in die Supermärkte zu gehen und dort zu betteln. Dass die deutschen Lehrer oft, wenn die Lebensmittel, die sie bekamen, nicht ausreichten, einfach Essen dazu kauften, habe ich erst viel später erfahren. Wir sind Freunde geworden und all die Jahre geblieben.

Ich habe mich immer gefreut, wenn die deutschen Lehrer Kinder und manchmal sogar deren Eltern von ihrer Schule aus den Reichenvierteln mitbrachten: „Warum leben die Menschen so?" – „Warum haben die Kinder nicht genug zu essen?" – „Warum ist es hier so schmutzig?" – die Kinder stellten ihre Fragen, sie hatten keine Hemmschwellen. Ich war überzeugt, dass mit jeder einzelnen dieser Begegnungen die tiefe Spaltung der Gesellschaft in zwei sich nie berührende Welten, die unbarmherzige Aufteilung Chiles in arm und reich, ein winziges Stückchen kleiner wurde.

Keine halben Sachen mehr

Für mich wurde es immer schwieriger, mich zugleich in diesen beiden Welten Chiles zu bewegen: Wann immer ich neben der Universität und dem Kloster Zeit hatte, verbrachte ich sie in den Armenvierteln, vor allem die Abende und die Wochenenden. Es gab mittlerweile mehrere Basisgemeinden, und jede traf sich einmal die Woche zu einer Versammlung. Ich besuchte im Wechsel alle Gemeinden und war von daher fast jeden Abend in einer Versammlung. Sie dauerten meist bis 23 Uhr, vor halb zwölf schaffte ich es selten nach Las Condes, dem Reichenviertel, in dem sich unser Kloster befand. Das war für alle ein Problem. Einerseits war es für den Konvent problematisch: Zwar hatte ich einen Hausschlüssel – aber meine späte Heimkehr störte natürlich trotzdem. Andererseits war es aber auch im Armenviertel schwierig: Ich gehörte weiter in die Welt der Reichen, ich gehörte nicht wirklich zu ihnen.

Ich spürte: Ging es mir wirklich darum, den Menschen im Armenviertel Gottes Nähe, seine Liebe, erfahrbar zu machen – dann durfte ich nicht länger zur Welt der Reichen gehören. Dann musste ich auch unter ihnen leben. Jesus war in Bethlehem in einem Stall in tiefste Armut hineingeboren worden. Das Predigen wir immer so romantisch. Wie sollte, wie konnte man das den Menschen anders zeigen, als sich wirklich und ganz auf ihre Seite zu begeben? Bei ihnen zu leben, würde ihnen wortlos und ganz selbstverständlich zeigen, dass die Armut keine Verdammnis ist, dass auch sie ein Recht auf Glück und Liebe und Würde haben. Mir wurde immer klarer, was es für die Menschen bedeuten würde, und ich wusste, dass andere Schwestern und Priester wie Pater Luis bereits unter den Armen lebten.

Ich schrieb nach Rom, an die Generalleitung meines Ordens. Ich bat, unter den Menschen leben zu dürfen.

Die Antwort aus Rom kam bald, und sie kam von einer Schwester, die ich sehr schätzte:

„*(...) Ich freue mich sehr über Ihre Arbeit mit den Armen, Schwester Paulina. Wir bitten Sie aber, sich ein Beispiel an der Arbeit von Mutter Theresa in Kalkutta zu nehmen. Auch Mutter Theresa arbeitet mit den Ärmsten der Armen. Aber sie und ihre Schwestern leben im Kloster. Dreimal die Woche gehen die Schwestern in die Slums. Im Kloster tanken sie auf. So behalten sie die Kraft, geraten nicht in Bedrängnis und können ihrem Dienst treu bleiben. (...)*“

Ich war nicht verstanden worden. Diese Antwort hatte nichts mit dem zu tun, was ich geschrieben hatte. Ich hatte meine Bitte mit einem Satz aus dem Neuen Testament begründet: *„Jesus, der sich ganz entäußert hatte, um einer von uns zu werden.“* (Philipper 2,7) Ich war zornig und enttäuscht und erdreistete mich, noch einmal zu schreiben:

„*(...) Es ist für mich schlimm, überhaupt nicht verstanden worden zu sein. Wenn es richtig ist, dreimal die Woche zu den Armen zu gehen, wie es Mutter Theresa macht, warum hat unser Gott das dann nicht auch so gemacht? Dann wäre Jesus dreimal die Woche vom Himmel herabgestiegen, um anschließend beim himmlischen Vater wieder aufzutanken? (...)*“

Natürlich wusste ich, dass das frech und herausfordernd war: Ich bekam keine Antwort aus Rom.

Kurz darauf war Provinzkapitel in Chile. Ein Kapitel ist eine Versammlung, an der Schwestern der Ordensprovinz teilnehmen, die ihre ewigen Gelübde abgelegt haben – ich hatte nur die zeitlichen. Auf dem Kapitel werden wichtige Entscheidungen für die Provinz getroffen und geistliche Themen behandelt.

Wie überrascht und froh war ich, als mich die Generalrätin, die aus Rom kam, einlud: Ich durfte dem Kapitel mein Anliegen vortragen.

An den Überlegungen durfte ich nicht teilnehmen, hörte aber am Abend das Ergebnis: *„Wir haben beschlossen, im Armenviertel Areas Verdes ein kleines Haus der Steyler Missionsschwestern (SSpS) zu gründen.“*

Ich war glücklich – auch wenn mir klar war, dass ich zunächst keine Erlaubnis bekommen würde, in diesem Haus zu wohnen. Um bei einer Neueröffnung dabei sein zu dürfen, musste man erst die ewigen Gelübde abgelegt haben. Aber ein Anfang war gemacht, ich brauchte nur noch zwei Jahre zu warten. „Sicher wird sich die Hälfte der Schwestern hier in der Provinz für das neue Haus bewerben. Was werden wir bewegen können!“, dachte ich in meinen hochfliegenden Plänen und platzte fast vor Freude. Es war dann ein ziemlicher Schock für mich, als sich nur zwei Schwestern meldeten: Schwester Cäcilia, eine Holländerin, Küchenschwester bei den *Steyler Patres* und gut über die fünfzig. Und Schwester Elvira, die damals noch Lehrerin auf dem Gymnasium der *Steyler Patres* war, auch schon um die sechzig. Ich war sehr ernüchtert!

Für die beschlossene Neugründung brauchte man aber drei Schwestern. Also wurde eine dritte Schwester berufen. Diese dritte Schwester war ich – was für ein Glück!

Schwester Cäcilia wurde bald freigestellt. Unser erstes Ziel: eine Hütte.

Die Siedlung war als Landbesetzung errichtet worden – so gab es niemanden, dem der Platz gehörte. Die Bewohner hatten sich einen Vorstand gewählt. Diese Siedlungsleitung wies uns einen

Platz am Rande eines Hügels zu. Direkt hinter dem Haus fiel der Hügel ab. Es reichte genau für eine kleine Hütte: sechs mal sechs Quadratmeter groß: ein Wohnzimmer, das zugleich Esszimmer und Empfangszimmer war, eine kleine Küche und zwei Zimmer. Jedes Zimmer war drei mal drei Meter groß. Das eine teilten sich die beiden Schwestern, das andere war zur Hälfte Hauskapelle und Gebetsraum und zur anderen Hälfte mein Zimmerchen, ein Meter fünfzig mal drei Meter groß. Wir kauften Holzwände und bauten sie zusammen mit einem Steyler Bruder auf. Sogar eine kleine Klärgrube hoben wir für unsere Toilette aus.

Am 12. Oktober 1971 zogen wir um. Es war wirklich der glücklichste Tag meines Lebens. In Schachteln hatte ich Wäsche und Bücher gestapelt, die zugleich als Nachtschränkchen dienten. An Nägeln in den Wänden konnte ich Kleider und Dinge aufhängen und mein Bett, siebzig Zentimeter mal zwei Meter, wurde Untersuchungsliege für alle Kranken, die in unsere Hütte kamen.

Ich war angekommen. Ein Traum war in Erfüllung gegangen.

Chiles politischer Frühling

Während der Jahre, die ich in den Armenvierteln arbeitete, brodelte und gärte es in Chile. Was die „richtige“ Politik war, war heiß umstritten.

Am 4. September 1970 ging ich abends ins Armenviertel. Ich wollte bei den *Pobladores* sein. Chile hatte gewählt, und gegen Abend war ziemlich sicher, dass Salvador Allende knapp gewonnen hatte. Mit 36,3 % lag er nur um 39 000 Stimmen vor dem konservativen Kandidaten Allessandri, der 35,3 % der Stimmen erhalten hatte. Allende war der Kandidat des Linksbündnisses: Sozialisten, Kommunisten und einige kleinere linke Parteien hatten sich 1969 zur *Unidad Popular* zusammengeschlossen. Als Medizinstudent hatte Allende früh begonnen, Politik zu machen, und war schon dreimal zuvor Präsidentschaftskandidat gewesen.

Als die Wahlen stattfanden, war der promovierte Arzt Allende 62 Jahre alt.

Seine Nichte Isabelle Allende hat diesen historischen Wahlabend so beschrieben:

„In den hochherrschaftlichen weißen, blauen und gelben Residenzen im Barrio Alto begann man die Jalousien herunterzulassen, die Türen zu verrammeln und eilig die schon im voraus auf den Balkonen aufgepflanzten Fahnen und Bilder des konservativen Kandidaten hereinzuholen. Unterdessen strömten aus den Stadtrandsiedlungen und den Arbeitervierteln ganze Familien, Eltern, Kinder, Großeltern, in ihrem Sonntagsstaat jubelnd in die Innenstadt. Sie trugen Kofferradios, um die letzten Ergebnisse zu hören. Im Barrio Alto schlugen ein paar von Idealismus entflammte Studenten ihren mit Leichenbittermienen um das Fernsehen versammelten Familien ein Schnippchen und liefen ebenfalls auf die Straße. Aus den Industriebezirken kamen die Arbeiter in geordneten Kolonnen, die Fäuste hochgereckt und Wahlkampflieder singend. In der Innenstadt vereinigten sie sich und schrieen wie ein Mann, dass ein geeintes Volk niemals besiegt werde. Sie zogen weiße Taschentücher hervor und warteten. Um Mitternacht wusste man, dass die Linke gewonnen hatte. Im Handumdrehen vergrößerten sich die verstreuten Gruppen, schwollen an, dehnten sich aus, die Straßen füllten sich mit einer euphorischen Menge, die hüpfte und schrie und sich lachend in die Arme fiel. Fackeln wurden angezündet, und aus dem Durcheinander der Stimmen und dem Tanz auf der Straße wurde ein disziplinierter, jubelnder Zug, der sich in Richtung auf die feinen Alleen der Bourgeoisie in Bewegung setzte. Und dann sah man das unerhörte Schauspiel: Menschen aus dem Volk, Männer in ihren Fabrikschuhen, Frauen mit ihren Kindern im Arm, Studenten in Hemdsärmeln, die völlig ruhig durch jene distinguierte und distanzierte Zone der Stadt zogen, in die sie sich selten hineinwagten und in der sie Fremde waren. Ihre Lieder, ihre Schritte und der Schein ihrer Fackeln drangen bis ins Innere der stillen, fest verschlossenen Villen, in denen nun diejenigen zitterten, die zuletzt selber an ihre Terrorkampagne glaubten und überzeugt waren, dass der Pöbel sie in Stücke reißen oder, im besten der Fälle, enteignen und nach Sibirien schicken werde. Doch die laut singende Menge schlug keine Tür ein und zertrampelte keinen der untadelig gepflegten Gärten. Fröhlich zogen sie vorbei, ohne die auf der Straße geparkten luxuriösen Autos anzutasten, gingen in großen Schleifen über die Plätze und Anlagen, die sie nie betreten hatten, bleiben staunend vor den wie zu Weihnachten strahlend erleuchteten Auslagen des Geschäftszentrums stehen, die voll gestopft waren mit Dingen, von denen sie nicht einmal wussten, wozu sie benutzt wurden, und setzten friedlich ihren Weg fort."*

In dem Moment, als ich um die Kurve bog, um in die Areas Verdes einzubiegen, kam mir schon der Zug der Pobladores entgegen. Es war Brauch, dass am Wahltag die Anhänger der siegreichen Partei zum Feiern in die Stadt zogen. Mit Girlanden, Fahnen und Gesängen kam mir der Zug entgegen. Ich kannte die Menschen aus den Gemeinden, dem Kindergarten, der Suppenküche. Als sie mich sahen, ließen sie, buchstäblich, die Arme sinken. Der fröhliche lärmende Trubel verstummte auf einen Schlag. Ich war erschüttert und verstand doch, was in den Leuten vorging: Als gute Repräsentantin der Kirche konnte ich in ihren Augen nicht einverstanden sein mit einer sozialistischen, mit einer linken Regierung. Sie konnten sich nicht vorstellen, dass ich auf ihrer Seite stand. Alles, was ich sagen konnte, war: „Wie schön, dass ihr so fröhlich seid. Feiert euren Wahlsieg!" Wie sollte ich ihnen begreiflich machen, dass ich die direkte parteipolitische Arbeit nicht als meine Aufgabe begriff, aber trotzdem nicht gegen ihre Politik war?

„Am nächsten Tag rannten dieselben Leute, die zitternd vor Angst die Nacht in ihren Häusern verbracht hatten, wie die Wahnsinnigen auf die Straße, fielen über die Banken her und wollten ihre Guthaben ausgezahlt bekommen. Wer Wertsachen im Safe hatte, versteckte sie lieber unter der Matratze oder schickte sie ins Aus-

---

* Isabelle Allende, Das Geisterhaus, Frankfurt/Main 1984.

land. Binnen vierundzwanzig Stunden sank der Wert an Grund und Boden um mehr als die Hälfte, und durch den Wahn, nur ja das Land zu verlassen, ehe die Sowjets kamen und an der Grenze Stacheldrahtzäune errichteten, waren alle Flüge ausgebucht. Das Volk, das siegreich durch die Stadt gezogen war, sah die Bourgeoisie vor den Banken Schlange stehen und sich balgen und lachte aus vollem Hals. Innerhalb weniger Stunden spaltete sich das Land in zwei unversöhnliche Teile. Die Trennungslinie verlief quer durch jede Familie." (Isabelle Allende, Das Geisterhaus)

Nach dem Wahlsieg wurde Salvador Allende vom Parlament als Präsident gewählt. Wenn keiner der Kandidaten eine absolute Mehrheit erhalten hatte, war es in Chile üblich, aus demokratischen Prinzipien den Kandidaten zu wählen, der die meisten Stimmen vom Volk bekommen hatte. Die Christdemokraten stimmten für Allende und gegen den Kandidaten der Rechten, dem ja fast genauso viele Chilenen ihre Stimme gegeben hatten.

Die Rechte Chiles konnte sich mit der Wahl Allendes nie abfinden. Aber auch die Linke machte Allende das Leben schwer: Der linksextreme Flügel der *Unidad Popular* drängte auf kompromisslose Reformen, redete von Revolution und verachtete und misstraute Allende für seine Bereitschaft zu Konsens und Kompromissen.

Im Volk aber wuchs Hoffnung. Hoffnung, dass eine Zeit kommen werde, in der es auch ihnen besser gehen würde! Eine der ersten Amtshandlungen der Regierung Allendes war, dass jedes Kind in Chile jeden Tag einen Liter Gratismilch bekam. Zum ersten Mal in der Geschichte überhaupt gab es den Versuch und den Willen, das System zu ändern, ohne militärische Gewalt auszuüben. Allende war aber auch der erste Präsident, der im Rahmen einer demokratischen Verfassung an die Macht kam, obwohl er sich zu marxistischem Gedankengut bekannte. Während seiner Regierungszeit wurden wichtige Teile der Industrie verstaatlicht: die Kupferindustrie zum Beispiel, die den größten Teil der chilenischen Exporteinnahmen erwirtschaftete und die zu 80 %

US-Konzernen gehörte. Außerdem gab es Enteignung bei Privatunternehmen und Banken. Die Agrarreform sah vor, 20 000 Quadratkilometer Boden von Großgrundbesitzern an Bauern zu übergeben. Die Löhne wurden erhöht, die Preise für Mieten und wichtige Lebensmittel hingegen wurden niedrig gehalten. Nach drei Jahren hatte die Regierung Allende die Arbeitslosenquote von 8,8 % bei Amtsantritt auf 3,7 % gesenkt.

All das machte den Menschen Mut und bestärkte sie in ihrer Hoffnung. Das ganze folgende Jahr war die Arbeit mit den Menschen im Armenviertel davon geprägt, dass die Leute spürbar mehr politisches Bewusstsein bekamen und auch ihr Selbstbewusstsein wuchs. Und sie hofften, dass ihre Kinder eine bessere Zukunft haben würden. Mit Freude sahen sie, wie die Schulen besser wurden. Es gab Alphabetisierungskampagnen und für die Jugendlichen Ausbildungsplätze. Es war wie ein kleiner Frühling. Die Arbeiter wurden ermutigt, im so genannten solidarischen Dienst samstags und sonntags in den Armenvierteln zu arbeiten, um die Situation der Siedlungen zu verbessern. Allende ging manchmal mit zu solchen Aktionen.

Mai 1972. Es war „solidarischer Sonntag" angesagt, also Arbeiten zur Verbesserung der Siedlungen. Unsere Straßen sollten ausgebaut werden. Auch unsere Eltern vom Kindergarten hatten sich verabredet, an diesem Tag zu arbeiten. Bei einem Kindergarten hatten wir eine Hütte angebaut, der fehlte noch das Dach. In dem anderen Kindergarten hatten die Mütter großes Aufräumen angesetzt. Ich hatte munkeln hören, Allendes Frau würde zu diesen Müttern dazu kommen wollen. Um Publizität zu vermeiden und den Orden nicht in Schwierigkeiten zu bringen, machte ich mich ahnungslos zu den Vätern, die das Dach bauten, auf. Als ich vielleicht hundert Meter vor dem Kindergarten um die Ecke bog, lief der ganze Trupp der Arbeiter geradewegs auf mich zu – mit Präsident Allende in der Mitte!

„Presidente, Presidente: la Madre Karoline!" Da gab es kein Entkommen, weglaufen wäre lächerlich gewesen.

„Willkommen, *Presidente*!"

„Sie sind also *Madre* Karoline. Ich freue mich sehr, Sie kennen zu lernen! Würden Sie mir Ihre Arbeit zeigen?"

Ich führte Allende durch den Kindergarten. Viele Menschen liefen zusammen, hunderte, die ihm natürlich auch zujubelten. Allende wollte alles ganz genau wissen und sehen. Wir gingen durch die dunklen Räume ohne Fenster, nur mit Holzklappen. Auf dem Boden saßen Kinder mit verschmierten Gesichtern und spielten mit einfachen Klötzchen.

„Wer bist denn du, Onkel?", sagte einer der Kleinen. Allende bückte sich gerührt zu den Kindern herunter. Die Menschen drückten durch die Türen nach: Das wollten sie miterleben. Die Väter waren vom Dach heruntergestiegen, um dem Präsidenten die Hand zu geben. Da wandte sich Allende an mich:

„Ich bin sehr beeindruckt. Das ist ja ganz konkrete Arbeit hier. Also, ich werde dir didaktisches Spielzeug für diese Kinder schenken!" Innerlich verdrehte ich die Augen.

„*Presidente*, didaktisches Material ist nicht gerade das Nötigste, was wir hier brauchen."

„Was braucht ihr denn?"

„Einen Gasherd."

„Einen Gasherd?

„Ja. Wir konnten bisher keinen kaufen und wir brauchen dringend einen, um für über hundert Kinder ordentlich zu kochen."

Präsident Allende schaute sich die Küche an:

„Du bekommst den Herd noch diese Woche." Ich blickte Allende in die Augen.

„Du glaubst mir nicht?"

„Nein."

„Dann bekommst du meine Telefonnummer. *Madre* Karoline wird mich anrufen, wenn der Gasherd nicht da ist", sagte er zu seinem Adjudant.

Nach einer Woche war der Herd nicht da. Ich habe bei Allende angerufen.

„*Madre* Karoline, ich habe gesagt, der Herd kommt, dann muss er auch kommen." Tatsächlich wurde Maruja in der folgenden Woche ins Regierungsgebäude *La Moneda* eingeladen. Feierlich wurde ihr ein großer Gasherd, schönstes Geschirr – und didaktisches Spielzeug überreicht.

Diese Begegnung hatte Folgen.

Das Fernsehen berichtete, in den Zeitungen erschien ein Bild, auf dem Allende mich umarmt. Darüber erzürnten sich manche Leute: Für sie war das sozialistische Propaganda. Der Orden bekam Ärger. So ein direkter Kontakt war mehr als suspekt. „Die Nonnen im Armenviertel machen Politik", war dann – natürlich – der Vorwurf.

Die größere Liebe

Monatelang habe ich nichts gemerkt. Einer meiner Professoren der Universität kam öfter mit ins Armenviertel. Er betreute mit uns die Kranken. Er hat sich wirklich in die Arbeit hineingekniet. Ich habe nichts gemerkt, weil ich so glücklich war: Die Menschen haben soviel Zuwendung und Liebe von ihm bekommen – und das machte mich glücklich. Aber irgendwann habe ich gemerkt, dass er nicht nur die Menschen liebte – sondern auch mich.

Er hatte sich in mich verliebt. Als ich das begriff, wurde mir im gleichen Moment bewusst, dass ich ihn auch liebte.

Da war er also, der Konflikt, den ich vor dem Eintritt ins Kloster so sehr gefürchtet hatte: Was passiert, wenn ich mich verliebe?

Es war ein schwerer Kampf, der entbrannte: zwischen meiner Liebe zu Jesus und meiner Liebe zu einem Mann. Um Hilfe zu bekommen und um in dieser Situation transparent zu sein, habe ich meinen Konflikt zwei Vertrauenspersonen mitgeteilt.

Es hat mich Monate gekostet, die innere Klarheit darüber zu gewinnen, was mein Weg ist.

Abends, nach einer Versammlung im Armenviertel, standen

mein Freund und ich noch auf der Straße vor dem Kapellchen. Es war eine klare, warme Nacht.

„Wie kann sich Gott, der, wie du sagst, die Liebe ist – wie kann sich der unserer Liebe entgegensetzen? Was ist das für ein Gott, der unsere Liebe nicht will?"

Da war das Härteste, das Allerhärteste, was er mir sagen konnte. Halbe Nächte habe ich auf den Knien gerungen. Ich hatte mein Wort gegeben! Zwar noch als sehr junge Frau: aber ich hatte Jesus mein Wort gegeben, auf die Ehe zu verzichten und ihm allein nachzufolgen. (Zum ersten Mal wurde mir klar, dass ich dieses Wort Jesus gegeben hatte – und nicht dem Orden!) Jesus hatte ich die Treue versprochen: Das bedeutete für mich Verzicht auf diese Liebe, auf Familie. Dennoch spürte ich Liebe in mir für diesen Mann.

Verzweifelt ging ich zu Pater Luis.

„Wenn du nicht bald Schluss machst, dann wirst du ihm sehr schaden. Er wird keine Frau finden, die wie diese Karoline ist. Je länger du wartest, um so mehr wird er leiden. Entscheide dich!"

Pater Luis mochte Recht haben – aber ich konnte nicht. Wochenlang fragte mich mein Freund, wo ich stünde, und ich konnte immer nur antworten: „Lass es mich herausfinden, ich muss den Prozess zu Ende gehen. Bitte, bedräng mich nicht." Er trug viele gute Gründe vor, die für unsere Freundschaft und eine glückliche Partnerschaft sprachen. Er hatte längst herausgefunden, wann meine Bindung an den Orden durch die schon abgelegten Gelübde zu Ende sein würde. Wie oft sagte er: „Zu zweit werden wir uns für die Armen einsetzen – das ist doch mehr, als du alleine schaffen kannst." Er hatte natürlich Recht, aber …

Klarer gesehen habe ich erst, als ich spürte: Ich bin nicht verfügbar. Ich bin nicht mehr frei. Die Zeit, die ich hatte, war immer für die Armen gewesen. Unsere Beziehung aber hätte auch Zeit gebraucht, erst recht, sobald wir eine Familie gegründet hätten. Mir wurde klar, dass es für mich notwendig war, so verfügbar für die Menschen zu leben. Mein innerer Ruf war es, mein Leben den Armen zu geben. Mein Herz gehörte Jesus und seine Liebe war stärker. Jesus stand zwar nicht neben mir, ich konnte ihn nicht umarmen – trotzdem war *diese* Liebe stärker.

Es war dann schwer, unglaublich schwer, endgültig Nein zu sagen. Als ich es endlich geschafft hatte, musste ich mir die Hand festhalten, um nicht wieder bei ihm anzurufen. Mein Freund war sehr verzweifelt. Von „diesem Jesus“ wollte er nichts mehr wissen.

Drei, vier Monate später, rief er auf einmal an und bat um ein Treffen. Ich hatte große Angst vor einem Wiedersehen. Wollte er, dass alles wieder von vorne beginnt? Er war ja mit der Trennung nie einverstanden gewesen, ich wusste, es war allein meine Entscheidung gewesen, nicht seine. Wir einigten uns auf einen Spaziergang. Und dann kam alles anders, als ich befürchtet hatte:

„Karoline, ich möchte dir danken. Ich habe in unserer gemeinsamen Zeit lieben gelernt und dafür wollte ich dir von Herzen danken.“ Ich war erlöst und dankbar.

Er hat lange gebraucht, um über unsere Liebe hinweg zu kommen. Wir haben uns nie ganz aus den Augen verloren. Ich war froh, als er nach einigen Jahren heiratete und eine Familie gründete. Zwischen uns ist eine liebevolle Distanz geblieben.

Explosive Krise

Schon der Vorgänger im Präsidentenamt von Allende, der Christdemokrat Eduardo Frei, hatte in seiner Amtszeit von 1964 bis 1970 versucht, die tiefe soziale Spaltung Chiles zu überwinden. Er wollte bessere Bedingungen für die Armen und führte ein großes Reformprogramm durch. Unter anderem gehörte dazu die Nationalisierung des Chilenischen Kupfers, eine Land- und eine Erziehungsreform. Für viele konservative Kräfte, vor allem für einige einflussreiche Familien, denen ein großer Teil des Grundbesitzes gehörte, kamen Freis Reformen schon dem Kommunismus gleich.

Seit dem Amtsantritt von Salvador Allende wurde dieser

Grundkonflikt zwischen der Linken, denen die Reformen nicht radikal genug waren, und den Konservativen, denen sie viel zu weit gingen, immer schärfer. Das fing unmittelbar nach den Wahlen an. In der Zeit zwischen der Wahl und der Amteinsetzung Allendes hatte der General Roberto Viaux einen Putschversuch unternommen. Da der Oberbefehlshaber der Streitkräfte, René Schneider, sich geweigert hatte, diesen zu unterstützen, wurde er entführt – und dann ermordet.

Die USA stellten sich von Anfang an gegen die Regierung Allendes. Vom damaligen US-amerikanischen Außenminister Henry Kissinger wurde eine Bemerkung kolportiert, die er schon Mitte 1970 gesagt haben soll: „Ich kann nicht einsehen, weshalb man daneben stehen und zusehen soll, wenn ein Land kommunistisch wird, bloß weil seine Bevölkerung so verantwortungslos ist." Die Regierung der USA verhängte ein Handelsembargo, was die Wirtschaftskrise Chiles noch verschärfte. Einerseits war die Finanzierung der ehrgeizigen Sozialreformen der Regierung Allendes nicht gesichert. Andererseits setzte aus Angst vor Enteignung eine Kapitalflucht ein. Mit Investitionen hielt sich das Kapital sowieso zurück. Beim *Paro Patronal* organisierten die Unternehmer (!) Streiks und legten das Land lahm. Die Transportunternehmer schafften es, den Verkehr stillzulegen und gleichzeitig die Lebensmittelversorgung der Bevölkerung in Gefahr zu bringen. So setzte eine künstliche Verknappung der Güter ein. Jetzt gingen auch Frauen aus der Ober- und Mittelschicht auf die Straße: Lärmend schlugen sie auf ihre Kochtöpfe, um zu protestieren. Sie fühlten sich von einer Situation bedroht, in der sich die Unterschicht schon immer befunden hatte.

So geriet die Regierung Allendes zwischen alle Stühle, die Spannungen im Land wurden immer größer und die Krise nahm langsam bürgerkriegsähnliche Züge an.

Diese Spannungen waren überall zu spüren, wo ich mich bewegte: In der Ober- und Mittelschicht nahm ich die enormen Ängste der Menschen wahr, ihren Besitz zu verlieren. Es war die

Angst davor, die jahrhundertealten Privilegien einzubüßen und getreten und verfolgt zu werden. Die Spannungen verliefen auch quer durch das Armenviertel: Es gab dort Familien, die unter dem Einfluss der Familien, bei denen sie arbeiteten, plötzlich sehr aggressiv gegen die Anhänger Allendes wurden. Mir war immer wichtig, das breite Spektrum zu wahren: verschiedene Meinungen zu haben und trotzdem miteinander arbeiten zu können.

Maruja war mittlerweile zusammen mit zwei jungen Frauen in ein kleines Holzhaus ins Armenviertel gezogen. Die deutschen Lehrer hatten das Häuschen für sie gebaut. Das erleichterte die Zusammenarbeit zwischen uns und Pater Luis.

Spannungen und Konflikte gab es aber nicht nur in der chilenischen Gesellschaft – sondern auch zwischen dem Orden und mir. Und auch in unserer kleinen Kommunität im Armenviertel mussten wir viel miteinander aushandeln: Wie können wir mit den Armen leben, für sie da sein und trotzdem ein Ordens- und Gemeinschaftsleben führen? Das war die große Frage – und wir hatten kein Modell, wir hatten kein Vorbild, sondern mussten selbst lernen, unseren ganz eigenen Weg zu finden und auszuprobieren.

Wir standen um fünf Uhr morgens auf, um halb sechs begannen wir das gemeinsame Morgengebet. Nicht selten stand dann schon ein Betrunkener vor der Tür. Die Frage war dann: Wer von uns kümmert sich um ihn?

Wie übersetzt man den Tagesrhythmus des Klosters für eine so kleine Gemeinschaft? Schwester Cäcilia und Schwester Elvira hatten beide lange Jahre im Orden gelebt – für sie war es eine viel größere Umstellung.

Wenn wir zwei Stunden am Abend mit den Menschen in der Basisgemeinde das Evangelium betrachtet und verarbeitet hatten, mit ihnen zusammen gebetet hatten, war dann die Komplet, das gemeinsame Abendgebet, noch Pflicht? Wer kauft ein? Wer kocht, wer wäscht, wer macht den Hausputz? Auch das mussten wir lösen – umso mehr, als wir natürlich von den Nachbarn neugierig beäugt wurden …

Ich gestehe – in dieser Zeit habe ich mich im Armenviertel richtig zu Hause gefühlt, immer weniger war ich im Konvent daheim. Ich fand im Umgang mit den Verpflichtungen dem Konvent gegenüber nicht das richtige Maß.

„Schwester Paulina, warum sind Sie im Konvent letzte Woche erst zum Ende der Schwesternversammlung erschienen?"

„Schwester Refreda, ich war schon auf dem Weg, als eine Nachbarin kam und um Hilfe bat: Ihr Mann hat Typhus, da konnte ich doch nicht sagen, ich muss erst in den Konvent! Ich eilte zu ihm und als ich fertig war, war es schon so spät geworden."

Ich wurde oft nicht verstanden und vergaß manchmal, mich rechtzeitig zu entschuldigen oder eine ordentliche Erklärung abzugeben. Außerdem entschied ich manches auch eigenmächtig – gegen die Prioritäten des Ordens. Da war Hortensia, eine Professorin von der Universität, die unsere Arbeit kennen lernen wollte. Aber sie konnte nur an jenem Samstag, an dem ich unbedingt zum Konvent hätte gehen müssen. Ich zeigte Hortensia trotzdem unsere Arbeit. Ich wusste, sie würde sich danach für die Armen einsetzen.

Oft hatte ich das Gefühl, dass ich einfach in einer völlig anderen Welt lebte. Heute denke ich, irgendwie hätte ich es schaffen müssen, die Vorgesetzten zu überzeugen, ein paar Wochen mit uns im Armenviertel zu leben, um unsere Arbeit besser verstehen zu können.

Trotz dieser Konflikte war ich überzeugt, dass der Orden meinen Weg mitgehen würde. Ich hatte großes Vertrauen in die Provinzoberin. Sie war von Herzen gut. Alles erzählte ich ihr, jede Woche hatte ich ein Gespräch mit ihr, oft bin ich nachts noch mal ins Kloster gefahren, um mit ihr zu sprechen. Ich glaubte mich verstanden. Dass es sich für jemanden, der mein Leben nicht teilte, sondern es nur vom Erzählen her kennt, ganz anders darstellen kann – das sollte ich bald aufs Bitterste erfahren.

Die Provinzoberin hatte mich im November 1972 einbestellt: „Die Entscheidung des Provinzrates ist endgültig. Sie ist mit drei zu zwei Stimmen gegen Sie gefallen, Schwester Paulina. Sie sind für den Orden in Chile ein Problem, Sie sind für den Orden hier nicht mehr tragbar", die Oberin machte eine lange Pause, dann sagte sie: „Sie müssen nach Deutschland zurückgehen, wenn Sie die nächsten Gelübde ablegen wollen."

Ich war wie vor den Kopf gestoßen. „Aber warum? Sie haben doch bis jetzt alles mitgetragen. Ich dachte, Sie verstehen mich."

„Sie beachten die Ordensregeln nicht genügend und haben zu viele politische Probleme."

„Ich weiß, dass ich bei manchen Schwesterntreffen gefehlt habe und bitte um Entschuldigung. Aber ich habe doch nie politisch gearbeitet – obwohl mir das so oft vorgeworfen wird. Ich habe immer nur vom Evangelium aus Partei für die Menschen ergriffen. Ich unterstütze die Menschen in ihren Rechten. Ich unterstütze sie, wenn sie in die Gewerkschaft gehen oder in die Partei – aber ich selber bin für alle Menschen da, egal, zu welcher Partei sie gehören."

Wie ich auch argumentierte, es half nichts: Der Orden befand, ich müsse gehen.

Ich blieb schweigend sitzen und überdachte die Situation: Mir blieb ein Monat bis zur Erneuerung meiner Gelübde – zum letzten Mal für ein Jahr, denn im Jahr darauf würde ich dann vor der „Ewigen Profess" stehen. Nun war die Zulassung zu diesen Gelübden für ein weiteres Jahr verbunden mit meiner Bereitschaft, Chile spätestens im März zu verlassen.

Meine allererste Reaktion: Wenn ich nicht gehe, wäre ich endlich frei. Dann würde ich endlich frei sein! Mit dem Ablaufen meiner Gelübde am 8. Dezember würde ich den Orden verlassen. Nein und nein: Ich würde die Menschen in diesen schweren Zeiten nicht im Stich lassen! So teilte ich der Provinzoberin gleich meinen Entschluss mit: „Ich werde austreten."

„Schwester Paulina! Ich bin nicht einverstanden!"

Meine Angelegenheiten gingen sie nichts mehr an. „Bitte, geben Sie mir einen Termin, an dem wir den Austritt besprechen können."

Danach eilte ich zu Padre Luis. Er hatte keinen Einwand gegen meinen Entschluss. Ich würde ein einfaches blaues Kleid und ein Kopftuch tragen und Maruja bitten, mich in ihrem Haus aufzunehmen. Für mich wäre damit auch der ständige Kampf mit dem Orden zu Ende, der so viele Kräfte gekostet hatte.

Meine Mitschwestern Cecilia und Elvira weinten, als ich ihnen meine Entscheidung mitteilte.

Rechtzeitig kam ich einige Tage später zum vereinbarten Termin, um die letzten Dinge für meinen Austritt zu regeln. Ich erklärte, dass ich keinerlei Ansprüche erheben würde, auf das mitgebrachte Erbe verzichtete und nur noch danken wollte für alles, was ich in den acht Jahren Ordensleben empfangen hatte.

„Ich bin nicht mit Ihnen einverstanden, Schwester Paulina." Mehrmals wiederholte die Provinzoberin ihre Missbilligung meines Entschlusses. „Das tut mir wirklich leid, Schwester Refreda. Aber meine Entscheidung ist gefallen."

Ein letztes Mal ging ich auf meinen alten Platz in der Hauskapelle, um mich bei Jesus auszuweinen. Plötzlich stieg es in mir hoch: „Karoline, spiel die letzte Karte aus! Wie Abraham!"

Es gibt in Chile ein Sprichwort: *„huega de la ultima!"* Das heißt soviel: „Spiel alles aus, setz alles ein, auch wenn du gerade verlierst!" Deutlich hörte ich die innere Stimme. Aber was bedeutete es: Die letzte Karte spielen? Das hieß ja: alles rückgängig zu machen, doch beim Orden zu bleiben und Chile zu verlassen.

Nein, die Entscheidung war gefallen, ich wollte endlich frei sein.

Ich rannte aus der Kirche, um die innere Stimme los zu werden, und machte mich auf den Rückweg nach Areas Verdes. Der Weg ging bergauf. „Spiel die letzte Karte aus!" – „Karoline! Spiel die letzte Karte aus!" Das Wort verfolgte mich. Sollte es Gottes Wille sein, dass ich jetzt die Armen einfach sitzen lasse? Konnte ich darauf vertrauen, dass sie mich verstehen würden? Was wollte Gott von mir? Was nur? Ich war ratlos – aber *Gott* wollte ich nichts versagen.

Andererseits war ja schon alles geregelt. Es wäre lächerlich, das Ganze rückgängig zu machen, und es ging mir dabei noch nicht mal um die Blamage. Die Worte blieben: „Spiel die letzte Karte!“

Als ich oben am Berg an unserer Hütte in Areas Verdes ankam, wusste ich, dass es keinen Weg an diesen Worten vorbei gab: Ich musste diese eine „letzte Karte“ noch ausspielen. Ich musste herausfinden: „Was ist die letzte Karte? Was will *Gott* von mir?“

Am 4. März war die Kommunalwahl in Chile. Meine Vorgesetzten hatten Sorge, dass danach die Grenzen zugemacht würden. Das letzte Datum, das man mir für die Ausreise genannt hatte, war zwei Tage vor den Wahlen. So saß ich am 2. März 1973 im Flugzeug zurück nach Steyl.

Mein Platz

Am 11. September 1973 war ich bei meiner Mutter in Pietenfeld im Heimaturlaub. Aus Chile kamen grausame Nachrichten, die mich weinen, weinen, immer noch mehr weinen ließen.

Am Morgen hatte zuerst die Flotte, dann das Heer geputscht. Salvador Allende hatte sich in den Regierungspalast zurückgezogen. Er selber hatte erst drei Wochen zuvor Augusto Pinochet zum Oberbefehlshaber ernannt. Allende hatte für diesen 11. September ein Plebiszit angekündigt: Auf dem Höhepunkt der Krise in Chile wollte Allende das Volk entscheiden lassen.

Und erst am 4. September waren, nach vorsichtigen Schätzungen*, 700 000 Menschen über die Alameda, den Prachtboulevard Santiagos, gezogen, das Lied der Gruppe Quilapayún singend, das Victor Jara geschrieben hatte: *„El pueblo unido jamás será vencido!“*

Den Rechten und der Armee wurde die Situation zu brenzlig, sie wollten das Plebiszit auf jeden Fall verhindern. Sie zogen den für den 14. September bereits geplanten Putsch auf den 11. Sep-

* So schreibt es Thomas Schmidt in seinem ZEIT-Artikel: *Der andere 11. September im Jahr 2003.*

tember vor. Die Armee bombardierte den Regierungspalast. Im Verlauf des Vormittages kapitulierten die wenigen Getreuen, die bei Allende geblieben waren, Allende selbst hat sich mutmaßlich umgebracht. Zuvor hatte er sich ein letztes Mal über einen der wenigen Sender, der von den Putschisten noch nicht kontrolliert wurde, an das Volk gewandt:

„Das ist bestimmt meine letzte Gelegenheit, mich an euch zu wenden (…) Sie haben zwar die Macht, uns zu unterwerfen, aber gesellschaftliche Prozesse lassen sich nicht mit Gewalt aufhalten. (…) Es werden andere Menschen diesen grauen und bitteren Augenblick, in dem sich der Verrat durchsetzt, vergessen machen. (…) Von neuem werden sich die breiten Alleen öffnen, auf denen der freie Mensch voranschreitet, um eine bessere Gesellschaft aufzubauen.“

Für Chile begann mit diesem 11. September 1973 eine Militärdiktatur, die siebzehn unendlich lange Jahre dauern würde. Die Chilenen wurden von Staatsterror, Geheimdiensten und Spitzeltum gequält. Mehr als 3000 Menschen wurden ermordet, hunderttausend eingesperrt, gefoltert, verschleppt.

Innerhalb weniger Wochen erfuhr ich von den ersten Toten, unter ihnen ein geliebter Freund, der Priester Michael Woodward. Die Militärs verschleppten ihn auf die *Esmeralda*, ein Segelschiff, das bis zum Putsch ein Synonym für die Demokratie war und aus dem die Militärs ein Folterzentrum machten. Michael Woodward wurde so schwer gefoltert, dass er in ein Marinehospital gebracht werden musste und dort starb. Juan Alsina, ein Arbeiterpriester, den ich dem Namen nach kannte, wurde erschossen und in den Fluss Mapocho geworfen. Je mehr ich hörte, umso klarer wurde mein Entschluss: Ich wollte nach Chile zurück. Noch einmal versuchte ich meine Vorgesetzten aus Chile, die im Oktober zu einer Versammlung des Ordens nach Europa gekommen waren, umzustimmen. Vergeblich.

Welche Möglichkeiten hatte ich? Die eine: Der Orden hatte mir das Angebot gemacht, nach Indonesien zu gehen, um dort die gleiche Arbeit, die ich in Chile zurückgelassen hatte, aufzubauen.

Die zweite Möglichkeit war: aus dem Orden auszutreten und Medizin zu studieren.

Und die dritte: den Orden zu verlassen und nach Chile zurückzukehren.

Ich musste Gottes Willen für mich herausfinden. Dabei stand mir Schwester Margoretti, die Steyler Provinzoberin, zur Seite. Das war eine wunderbare Erfahrung.

Und dann schrieb Pater Luis aus Chile:

„Komm sofort zurück nach Chile, wir brauchen Dich hier. Komm zurück und mach hier Dein Medizinstudium fertig."

Das war die Entscheidung für mich.

Im März, als ich von Chile nach Steyl gekommen war, hatten im Garten Forsythien und Quitten geblüht. Als ich im Dezember wegging, war es trister Winter.

Ich verließ Steyl endgültig. Wäre da nicht dauernd der Schmerz über Chile gewesen – es hätte eine glückliche Zeit sein können. Mit vielen Schwestern, Marianilda, Margarette, Cäcilia Luzia, Maria, Annemarie, Gregoria, blieb ich innig verbunden.

Aber ich hatte jetzt die Gewissheit: Mein Platz ist in Chile bei den Menschen, denen ich versprochen hatte, sie niemals zu verlassen. Die Steyler Provinz kaufte meinen Rückflug, stattete mich gut aus, gab mir reichlich von dem zurück, was ich an Aussteuer und Erbe mitgebracht hatte.

Gott wird mich nie verlassen

Die Schwestern hatten mir ganz liebevoll einen Flug über Nürnberg gebucht. So konnte ich für einen Tag noch einmal meine Mutter und meine Familie sehen. Ich wagte es jedoch nicht, ihnen mitzuteilen, dass ich nicht mehr zum Orden gehörte: Meine Mutter hätte es nicht ertragen, dass ich allein und ungeschützt in eine Diktatur ginge.

Der Flug ging dann weiter über Frankfurt. Und so sehr ich

auch gerungen hatte – eine allerletzte Runde in meinem inneren Kampf musste ich noch ausfechten, eine Runde, auf die ich überhaupt nicht vorbereitet war:

In Frankfurt überkam mich eine große Beunruhigung. Auf einmal wusste ich nicht mehr, ob ich die richtige Entscheidung getroffen hatte, ob ich wirklich Gottes Wille lebte. Ich wollte den Orden nicht verlassen, um ein freieres Leben zu führen, darum ging es mir ja nicht. Natürlich spürte ich hinter meiner Entscheidung auch diese Freiheit, die mir eine kleine Gemeinschaft ermöglichen würde: das zu tun, wozu ich mich berufen fühlte und nicht auf Tritt und Schritt Rechenschaft abgeben zu müssen. Ich war mittlerweile 30 Jahre alt – natürlich wollte ich auch mitentscheiden, was ich als notwendig für die Menschen, für meine Arbeit erachtete. Nach dem Versuch, nun schon seit zehn Jahren im Orden den Gehorsam zu leben, war diese Vorstellung sehr verlockend. Die Auseinandersetzungen waren so kräftezehrend gewesen. Aber trotz dieser angenehmen Vorstellungen: was ich noch weniger wollte, war, dem Willen Gottes ausweichen. Und vielleicht hieß der doch: dass ich die Armen Chiles einfach Gott anvertrauen sollte? Was, wenn ich nun doch eine verkehrte Entscheidung gefällt haben sollte?

Die Koffer waren schon aufgegeben. Ich setzte mich vor die Tür am Ausgang zum Flugzeug – und war auf einmal wie gelähmt. Alsbald kamen Menschen von der Fluggesellschaft, um mich zum Einsteigen zu bewegen.

„Bitte, Schwester. Wir müssen starten."

„Ich kann nicht. Ich *muss* erst noch etwas entscheiden!"

Ich war wie erstarrt: „Ich gehe hier nicht weg, Gott, bis du mir sagst, was dein Wille ist."

„Schwester, wir können nicht mehr länger warten." – „Aber ich kann erst einsteigen, wenn ich meine Entscheidung gefällt habe." Die Flugbegleiter waren verzweifelt – und ich war es auch. Meine Lähmung, meine Erstarrung wurden noch größer. Jetzt war ich ganz und gar versteinert. „Gott, ich brauche deine Antwort!" Als ich es kaum noch aushalten konnte, hörte ich auf einmal, klar und deutlich, eine innere Stimme: „Glaubst du, dass ich dich auffangen würde, auch wenn du alles verkehrt gemacht hättest?“ Ich antwortete: „Ja, das glaube ich dir!“, nahm mein Handgepäck und stieg ins Flugzeug. Direkt hinter mir schloss sich die Flugzeugtür und das Flugzeug rollte an: über Buenos Aires nach Chile.

Ich hatte verstanden, dass Gott immer mit mir sein wird und alle Wege mit mir geht. Ganz gleich, ob es „falsche“ oder „richtige“ Wege sind.

Erst im letzten Teil der Reise, während des Fluges nach Santiago, ergriff mich noch einmal eine lähmende Angst: Würde die internationale Polizei mich auf dem Flughafen festnehmen? Stand ich nicht vielleicht doch auf der schwarzen Liste, wie es meine Oberen im Orden behauptet hatten? Würde ich ins Land einreisen können und meine Freunde wiedersehen?

Weihnachten

Drei Tage später feierten wir alle zusammen Weihnachten. Die Freunde aus den Basisgemeinden waren in die Holzkappelle geeilt. Wir hatten ein paar Kerzen auftreiben können, die tapfer die Nacht erleuchteten. An diesem Abend war auch der Journalist Peter Scholl Latour in unserer Kirche. Er hatte vor, über Basisgemeinden zu berichten. Seinen Bericht gab es dann auch, ich habe davon gehört, aber durch die Zensur der Diktatur habe ich ihn nie zu Gesicht bekommen.

Unbeschadet war ich bei meiner Ankunft durch den Zoll gegangen. Eindringlich hatte ich Maruja gebeten, niemandem von meiner Ankunft zu erzählen. Ich hatte zuviel Angst gehabt: Angst, dass ich an der Grenze abgewiesen würde und die anderen umsonst warteten. Und noch mehr Angst, dass der Geheimdienst auf die Menschen, die mich abholen kommen wollten, aufmerksam würde und sie so in Gefahr gerieten.

Aber als ich aus dem Sicherheitsbereich kam, sah ich sie schon. Die deutschen Lehrer hatten zwei Busse gechartert. Der Flug war mit zwei Stunden Verspätung gelandet, und so warteten die Pobladores mit den Lehrern und Maruja in der sengenden Sommerhitze auf mich. Sie brachten mich direkt zum Kindergarten Norita, wo es ein großes Begrüßungsfest gab.

In den 72 Stunden seit meiner Rückkehr nach Chile war kaum Zeit zur Vorbereitung dafür geblieben: aber an diesem Heiligen Abend wollten wir in der Messe unsere neue Gemeinschaft gründen: die *Comunidad de Jesús,* (Gemeinschaft mit Jesus). Noch von Deutschland aus hatte ich mir die Erlaubnis dafür geholt.

Mit Maruja und zwei weiteren jungen Frauen standen wir vor dem Altar. Mein Herz brannte wie Feuer, als Pater Luis unsere kleine Gemeinschaft besiegelte:

„Ihr wollt miteinander unseren Dienst an den Menschen in einer Gemeinschaft unter den Armen weiter führen." Pater Luis war ein Leben lang mit uns verbunden.

„Heute, an dem Tag, an dem wir die Geburt Jesu feiern, heute entschließt ihr euch zu diesem Schritt. Es ist eine ungeheure Provokation Gottes, dass Jesus ausgerechnet im Stall, bei den wirklich Allerallerärmsten, auf die Welt zu gekommen ist. Gerade so, als wäre er hier bei uns in Chile auf einer Müllhalde geboren. Alle Menschen haben Angst davor, arm zu sein. Jesus nicht. Er ist freiwillig arm geworden. Und wenn die Engel am heutigen Weihnachtsabend sagen: ‚Fürchtet Euch nicht!', dann sagt uns Jesus mit dieser Wahl auch: Habt keine Angst vor der Armut.

Lernt von Jesus, wie man die Hungrigen speist, die Traurigen zu tröstet, die Gefangenen befreit. Arbeitet dafür, dass alle Menschen die gleichen Rechte, die gleiche Würde haben.

Von jetzt an sind wir eine Gemeinschaft: die *Comunidad de Jesús.*"

„Ja, das ist es. Genau das habe ich immer gewollt", war das Einzige, was mein brennendes Herz antworten konnte. Wir sprachen unsere schlichten Regeln: Zusammen mit Maruja, einer

Kindergärtnerin, die sich unserer Arbeit angeschlossen hatte und die bis heute meine engste Mitarbeiterin ist, versprach ich für immer Armut, ehelose Keuschheit und auch Gehorsam. Aber *diesen* Gehorsam wollten wir nur in der Kirche Jesus und seinem Evangelium leisten. Mit uns standen noch zwei andere junge Frauen vor dem Altar. Diese beiden wollten mit ihrem Versprechen noch warten.

Eine solche Weihnacht hatte ich noch nie gefeiert. Ich war glücklich. Bereit, mit den Menschen alle Ängste und Nöte durchzustehen. Jetzt konnte ich mein Versprechen einlösen. Nun gehörte ich zu ihnen.

Nach der Messe eilten wir so schnell wir konnten zu Marujas Familie: Wir mussten die Haustüre von innen hinter uns geschlossen haben, bevor die Polizeistunde begann. Wir schafften es gerade so und feierten Weihnachten.

Mein Leben in der Diktatur, die mehr als sechzehn Jahre dauern sollte, hatte begonnen.

Chiles dunkle Nacht

Misstrauen, Angst und Schrecken: die Saat der Diktatur geht schnell auf

In Chile schien es nur noch ein Ziel zu geben: den Kommunismus und jede Form von Andersdenken zu bekämpfen. Der Weg sollte frei gemacht werden, damit die Diktatur all das installieren konnte, von dem sie glaubte, dass es für das Land wichtig sei.

Alles geschah vor den Augen des Volkes, und wir mussten ohnmächtig zuschauen. Die Gewerkschaften und die Parteien waren verboten und aufgelöst worden, die Parteibesitztümer wurden beschlagnahmt und verstaatlicht. Den Obersten Gerichtshof ernannte die Militärjunta. Die Medien wurden gleichgeschaltet. Die Sozialprogramme beschnitten. An allen Universitäten die leitenden Positionen von Militärs oder ihnen Nahestehende besetzt. Das neue neokapitalistische Wirtschaftssystem konnte ohne Widerstand durchgesetzt werden: Jede, aber auch jede Möglichkeit des Volkes, zu protestieren oder Widerstand zu leisten, war ebenso verboten worden wie über Politik zu reden. Standen mehr als drei Menschen zusammen, kamen sie in Verdacht, eine Versammlung zu sein und sofort wurde es für sie gefährlich. Jeden Elternabend im Kindergarten mussten wir anmelden. Die einzigen Zusammenkünfte ohne Meldepflicht waren kirchliche Versammlungen. Wir konnten uns in den katholischen Basisgemeinden frei treffen, während die evangelischen Kirchen ihre Veranstaltungen melden mussten. Der Kardinal und die Bischofskonferenz hatten frontalen Widerstand geleistet, damit Gottesdienste, pastorale Arbeit und auch Versammlungen in der Kirche nicht kontrolliert wurden. Nicht wehren konnten wir uns dagegen, bei diesen Versammlungen bespitzelt zu werden.

Unser Regionalbischof wusste von unseren Treffen und deckte uns. Das war nicht in allen Diözesen so.

Um das Militärregime zu schützen und die Bevölkerung unter Kontrolle zu halten, erhielt General Manuel Contreras von Pinochet die Befugnis, den Geheimdienst DINA als Kontrollsystem für das ganze Land aufzubauen, ohne durch die Verfassung legitimiert zu sein. Der Apparat funktionierte in brutaler Form mit all seinen Mechanismen: Sperrstunde, Abhören des Telefons, Bespitzeln, Beschatten, Verhaften, Verhören, Einschüchtern, Foltern, Entführen, geheimen Gefängnisse, Hinrichtung, Planung und Ausführung von Attentaten.

1977 wurde die DINA von der CNI, *Central Nacional de Informaciones*, der „nationalen Informationszentrale“, die ihre Methoden weiter ausbaute, abgelöst. Es ging darum, möglichst viele Informationen über alle verdächtigen Chilenen innerhalb oder außerhalb des Landes systematisch zu sammeln und auszuwerten, um den „Feind“ im Visier zu haben und sofort angreifen zu können.

Die Diktatur und ihre Strukturen wurden zu einem Teil von meinem, von unserem Leben. Ich lebte dauernd unter Spannung im Wissen, dass ich ständig bewacht wurde. Als ich 1978 das erste Mal wieder nach Deutschland reiste, besuchte ich unterwegs in Argentinien für ein paar Stunden meine Freundin Gisela, die aus Chile hatte fliehen müssen. Ohne es zu merken, habe ich mit ihr im Gespräch die ganze Zeit gewispert. Auch in Deutschland habe ich immer leiser geredet. Und in Pietenfeld, als ich zu meiner Mutter nach Hause kam, erinnerte ich mich plötzlich, wie die Großeltern in der Nachkriegszeit immer dann die Stimmen gedämpft hatten, wenn sie über Politik sprachen.

Wir wollten uns nicht an das System gewöhnen, das über uns hereingebrochen war. Aber wir merkten: Wenn wir uns nicht daran hielten, gerieten wir in Gefahr oder gefährdeten andere. Schnell haben wir uns gegenseitig ermahnt: „Vorsicht, bitte! Feind hört mit!“ Wie sehr habe ich das gehasst, in allen Äußerungen immer und immer vorsichtig sein zu müssen!

Für mich war klar, dass wir erst einmal lernen mussten, uns auf diese Situation einzustellen, lernen, wie man sich gegenseitig hilft. Zum Glück gab es das *Comité Pro Paz*, das Komitee für den Frieden. Es war von der katholischen, der evangelisch-lutherischen Kirche, der jüdischen Gemeinde und der methodistischen Kirche gegründet worden, um die Menschenrechte zu schützen und zu verteidigen. Der evangelische „Bischof Helmut Frenz", wie er in Chile genannt wurde, hat die Zusammenarbeit des Komitees mit dem Weltkirchenrat und der Menschenrechtskommission in Genf auf den Weg gebracht. Dafür wurde er aus Chile ausgewiesen. Dieses Komitee war für mich der Rettungsanker, an den ich mich klammern konnte, um Menschen in Not zu helfen. Wir mussten zum Beispiel lernen, Wege zu finden, Verfolgte zu verstecken. Das hieß: Leute finden, die politisch Verfolgte aufnahmen und bereit waren, so eventuell selbst in Gefahr zu kommen, beschattet, festgenommen und verhört zu werden.

Oft ging es um wenige Stunden, wenn Menschen zu mir kamen und um Hilfe baten, manchmal buchstäblich um Minuten. Dann musste man jemandem beistehen, bevor der Geheimdienst ihn schnappte.

Das Schlimmste für mich war die totale Unsicherheit. Jedes Mal aufs Neue: Jemand kam mit seiner Verfolgungsgeschichte auf mich zu und ich musste blitzschnell entscheiden: War es wirklich so dramatisch? Oder will er mir nur eine Geschichte verkaufen? Stimmten alle Details überein, ist es kohärent? Ich habe immer versucht, vorsichtig möglichst genau zu erfahren, was er erzählt: „Was fürchtest du, und was ist passiert?" Denn es gab natürlich Leute, die einfach Geld brauchten, die arbeitslos waren oder außer Landes wollten. Diese tarnten sich als politisch Verfolgte, wollten aber in Wirklichkeit nur an Geld kommen. Sie erzählten dann von Leuten, die sie kannten und von denen sie wussten, dass ich sie auch kannte. Sie fühlten sich sicher: Sie wussten, wie schwierig es für uns war, ihre Geschichten zu überprüfen. Und es gab die wirklich Verfolgten, die in Lebensgefahr waren. Ich wusste von anderen Schwestern und Priestern, die Hilfe leisteten, dass ihnen Leute buchstäblich vor der Nase weg festgenommen worden sind. Vollends unerträglich wurde die Anspannung dadurch, dass mir klar sein musste, wann immer jemand mich um Hilfe bat: das kann jetzt auch eine Falle sein. Es könnte schließlich jemand vom Geheimdienst sein, der mich in dem Moment, in dem ich ihm Hilfestellung leiste, festnimmt und verschleppt. Oder er nimmt „dankbar" meine Hilfe an, nur um mich zu beobachten, wie ich handle, welche Kontakte ich suche und welche Schritte ich unternehme … Will mich jemand hintergehen? Schwebt jemand in Lebensgefahr und braucht sofort Hilfe? Oder stellt mir der Geheimdienst eine Falle? Diese drei Möglichkeiten musste ich jedes Mal mit Kopf und Herz abwägen, bevor ich auch nur das erste Wort antworten konnte. Immer aber wusste ich: *wenn* die Geschichte stimmt, dann geht es ums nackte Überleben.

Ricardo

„Ich wollte nach Hause. Aber ich habe von weitem gesehen, dass mein Haus durchsucht worden ist!" Ricardo steht fassungslos vor mir.

„Was hast du gemacht?"

„Ich habe mich ganz vorsichtig genähert – aber ich konnte von der Straßenecke die aufgebrochene Tür sehen. Im Haus lag alles auf dem Boden. Da bin ich sofort verschwunden."

„Hoffentlich hat der Geheimdienst dich nicht entdeckt und ist dir jetzt auf der Spur. Wo ist Ursula? Ist sie in Sicherheit?" Ich wusste, dass Ricardos deutsche Freundin schwanger war.

„Ursula habe ich schon vorher weggebracht. Ich hatte Angst, dass sie wieder hinter mir her sind."

Ricardo kannte ich gut genug, um ihm vertrauen zu können. Er war schon einmal festgenommen und in das Folterzentrum

Villa Grimaldi gebracht worden. Er konnte entkommen, bevor er allzu schlimm misshandelt worden war. Er hatte einen Geheimdienstler überzeugt, dass es sich bei ihm um eine Namensverwechslung handelte.

„Wenn sie mich noch mal erwischen, dann werden sie sich rächen. Diesmal werde ich nicht mit dem Leben davon kommen." Das stimmte umso mehr, als Ricardo den Geheimdienst getäuscht hatte. Sie hatten ihm auch geglaubt, dass er nicht zu einer Partei gehört. Aber in Wirklichkeit war Ricardo Mitglied des MiR, des *Movimiento de Izquierda Revolucionaria* („Bewegung der revolutionären Linken") und war untergetaucht. Sein Engagement bestand in konkreter Hilfe, er hat zum Beispiel ehrenamtlich mit den arbeitslosen Vätern eines Kindergartens gearbeitet.

Ricardo brauchte dringend Hilfe. Schnell. Es war klar, dass er in Lebensgefahr schwebte. Also mussten wir blitzschnell eine Lösung zumindest für den Augenblick finden.

„Du musst zu Gisela", entschied ich im selben Moment. Zu diesem Zeitpunkt war meine Freundin Gisela noch da – Deutsch-Argentinierin, die im Reichenviertel lebte und mit Ursula, Ricardos Frau, befreundet war. Dort würde der Geheimdienst ihn in den nächsten Stunden nicht suchen und wir konnten etwas Zeit gewinnen.

Gisela war sich der Gefahr bewusst. Als wir bei ihr ankamen, sahen wir nur eine Möglichkeit, nur einen Ausweg. Gisela sprach aus, was wir alle dachten:

„Diesmal muss Ricardo in eine Botschaft."

Zuerst rief ich den Nuntius an. „Die Nuntiatur ist voll, ich kann keinen mehr aufnehmen", war die Antwort seines Sekretärs, Padre Pedro.

Noch in der Nacht ging ich zum Bischof Sergio Valech, der sofort den Nuntius aus dem Bett klingelte:

„Den jungen Mann werden sie umbringen, wenn wir nicht helfen. Es geht nur um einen Platz."

„Nein. Meine Botschaft ist voll. Das ist mein letztes Wort."

Der Bischof legte auf und sah mich voller Sorge an. Er wusste, wie ernst die Lage war.

„Karoline, alles, was ich dir anbieten kann, ist, dass du Ricardo entweder morgen früh zu den Trappisten in Santiago bringst oder in unser Exerzitienhaus nach Punta de Tralca."

„Wenn ich Ricardo zu einer kirchlichen Einrichtung bringe und sie erwischen uns, bringen sie Ricardo um. Mich vielleicht auch. Auf jeden Fall gehöre ich für den Geheimdienst dann zum MiR. Er wird der Kirche unterstellen, von Terroristen unterwandert zu sein. Ein gefundenes Fressen für die Medien. Das Risiko ist zu groß. Sie sind ihm so dicht auf den Fersen."

Ich schaute dem Bischof in die Augen:

„Ich habe keine Wahl, ich werde ihm helfen, über die Mauer der Nuntiatur zu springen." Der Bischof zwinkerte mir nur zu. Damit war alles klar: Er wusste, was ich vorhatte, brauchte es nicht zu verbieten oder zu erlauben – aber er wusste eben auch, dass es mir nicht darum ging, mich einfach eigenmächtig über den Nuntius hinwegzusetzen, sondern, dass es nur diesen Weg gab, Ricardos Leben zu retten.

Den Weg zeigte mir ein Freund, der evangelische Pastor Becker. Er vermittelte mich an Pastor Werner, der schon vielen Flüchtlingen beigestanden hatte. Er kannte genau den Einstieg, um über die benachbarten Botschaften in die Nuntiatur zu gelangen.

Der Pfarrer fertigte für Ricardo eine genaue Skizze der Straßen und der Botschaften an und zeichnete den genauen Punkt für den Sprung über die erste Botschaftsmauer ein. Dabei musste ihm jemand helfen, das Seil nachzuwerfen, das er drinnen für die nächsten Mauern brauchen würde.

Wir waren so nervös, dass Pfarrer Werner sich anbot, uns zu begleiten. Gisela lieh mir ihren Pick-up. Ich fuhr, neben mir meine Freunde Lucho und Ricardo. Und hintendrauf meine Freundin Celine, eine junge kanadische Laienmissionarin, und Pfarrer Werner. Ich parkte das Auto kurz vor der Straße, in der die Botschaft lag. Celine und Pfarrer Werner gingen voraus, etwas später folgten die beiden Männer. Ich blieb im Auto und konnte von meiner Position einen Teil des Geschehens verfolgen.

So spielt sich die Szene vor meinen Augen ab:

Es ist Frühling. Der Pastor und die Missionarin, beide blond, haben Blumen in den Händen. Necken sich, laufen sich nach, dann wieder gehen sie verliebt Hand in Hand: Sie spielen ein europäisches Liebespaar und sollen die Blicke auf sich ziehen. Zuerst geht der Plan auf: Die vielen Soldaten, die hier vor den zwei Botschaften patrouillieren, lassen sich von dem schäkernden Paar ablenken. Irgendwo lassen sie ein paar Blumen fallen. Das ist für Ricardo das Zeichen, die Mauer hoch zu klettern. Trotz Luchos Hilfe schafft er es nur schwer. Das Seil fällt auf den Boden. Es muss über die Mauer nachgeworfen werden.

Plötzlich merken die Wachsoldaten, dass etwas im Gange ist. Lucho verliert völlig die Nerven und rennt wie verrückt auf den Pick-up zu und zieht damit alle Aufmerksamkeit auf uns. Ich drücke aufs Gas, weiß aber, dass sie uns jeder Zeit schnappen können, wenn sie die Aktion durchschaut haben. Ich schaffe es zum vereinbarten Treffpunkt, lade das „Liebespärchen" ein, bringe sie zu ihrem eigenen Auto, und auf getrennten Wegen schaffen wir es vor der Polizeistunde nach Hause. An unsere Freunde geben wir die Nachricht: „Patient gut in die Klinik eingeliefert."

Ricardo war in der Botschaft in Sicherheit. Der Nuntius war natürlich wütend auf mich. Ich habe ihm geschrieben und um Entschuldigung gebeten. Später wurden wir Freunde, und er kam mich sogar im Armenviertel besuchen.

Gisela aber musste ihre Hilfe teuer bezahlen. Sie fuhr noch einmal zum Haus von Ricardo und Ursula, um einige Sachen zu retten. Dabei wurde ihr Kennzeichen registriert. Man folgte ihr, und von da an stand sie unter ständiger Bewachung. Gisela war alleinerziehend und verdiente ihr Geld als Gartenarchitektin. In ihrer freien Zeit arbeitete sie mit uns. Jede Woche trafen wir uns als christliche Basisgemeinde in ihrem Haus. Jetzt konnte sie jeden Moment abgefangen werden – was würde dann aus ihr? Und welches Schicksal würde ihre beiden Kinder erwarten? Innerhalb kürzester Zeit musste sie mit ihren Kindern außer Landes, zurück nach Argentinien, wo ihre Eltern lebten. Alles, was sie hatte, die Existenz, die sie sich aufgebaut hatte, alle Sachen, und alle ihre Freunde, musste sie zurück lassen.

Wir mussten in der Eile zwei Probleme lösen: Falls Gisela schon vom Geheimdienst gesucht würde, musste sie über der Grenze sein, bevor der Haftbefehl die Grenzpolizei erreicht hatte.

Die andere Schwierigkeit war die Ausreiseerlaubnis für die Kinder. Nach chilenischem Gesetz konnten Kinder nur mit Erlaubnis des Vaters das Land verlassen. Giselas Ex-Mann lebte aber, für uns unerreichbar, in Argentinien. Fieberhaft suchten wir einen Weg durch die Instanzen. Dann fanden wir einen barmherzigen Richter, der die Erlaubnis erteilte. Als Gisela und die Kinder im Flugzeug saßen, weinte ich heiße Tränen: um meine Herzensschwester, die Gisela geworden war. Aber auch um Chile.

Es war unsagbar schwer für Gisela. Schließlich gelang es ihr, sich mit den Kindern ein neues Leben aufzubauen.

Während Ricardo in der Botschaft war, versuchte wir über die UNO-Menschenrechtsorganisation in Kuba Asyl für ihn zu bekommen. Deutschland nahm damals schon keine Asylanten mehr auf. Ricardo aber wollte nicht nach Kuba: Seine Freundin Ursula hätte nicht mitkommen können.

„Karoline!“ Jemand klopfte noch nach der Sperrstunde an unsere Fensterklappen. Wer traute sich zu dieser Stunde zu kommen? Ich öffnete die Fensterklappe: Ricardo! Ich dachte, ich sehe ein Gespenst!

„Bist du verrückt geworden? Was machst du hier? Wieso bist du nicht in der Nuntiatur? Wie bist du da rausgekommen? Also wirklich, Ricardo, bist du verrückt geworden?“

„Ich wollte dir nur Bescheid sagen. Ich will nicht nach Kuba.

Mein Asyl in Deutschland ist endgültig abgelehnt. Ich will aber bei Ursula und dem Kind bleiben. Ich bin über die Mauer geflohen, genauso, wie ich hineingekommen war."

„Ricardo! Ich fasse es nicht. Geh mit Gott – aber geh. Das geht jetzt über meine Kräfte."

Ricardo ging – jetzt musste er sich selber helfen. Das Gute war: Der Geheimdienst konzentrierte sich immer nur ein paar Tage, eine Woche lang auf jemanden, dann gerieten andere ins Visier. Dadurch, dass Ricardo mehrere Wochen in der Botschaft gewesen war, stand er nicht mehr im Fokus der Beobachtung. Seine Frau schaffte es dann, ihn irgendwie von Deutschland aus doch nachzuholen.

Im Morgengrauen am Kanal El Carmen

Es gab damals viele Menschen, denen sofort und unmittelbar geholfen werden musste.

1981. Aus heiterem Himmel kommt die Nachricht, dass neun oder elf Mitglieder der „Christlichen Linke" festgenommen worden sind. Ich kenne viele dieser kleinen Parteien sehr gut, es sind große Idealisten. Viele von ihnen arbeiten in Menschenrechtsbewegungen und im sozialen Dienst, manche in unseren Einrichtungen. Ein paar Tage später höre ich, dass das Ehepaar Chepa und Guillermo, zwei meiner wichtigsten Mitarbeiter, in Gefahr sind. Beide haben sich schon versteckt, ihre Freunde sitzen bereits im Gefängnis. Soweit ich es mitbekommen kann, sucht der Geheimdienst vor allem nach unseren Mitarbeitern.

Bald kommt jemand zu mir: „*Madre,* bitte, steh Guillermo bei. Es ist zu unsicher für ihn geworden, da wo er ist. Er braucht ein neues Versteck. Man erwartet heute Nacht eine Hausdurchsuchung."

Ich gehe zum Bischof Jorge Hourton. Er ist mein direkter Vorgesetzter. Ich weiß, dass er ein außerordentlicher Menschenrechtsverteidiger ist.

„Was können wir für Guillermo tun? Kann er in unserem Tagungshaus erst mal bleiben?" Der Bischof ist einverstanden, und so hole ich Guillermo ab.

Mit schwarzer Brille im Gesicht steigt ein nervliches Wrack in mein Auto. Guillermo ist so schrecklich nervös, dass man es durch die Fensterscheiben des Autos sehen kann. „Wenn uns die Polizei anhält, dann sind wir gleich verdächtig", denke ich.

„Guillermo, bitte beruhige dich. Wenn du so zitterst, kann ich nicht mit dir fahren. Wir fallen ja sofort auf!" Es hilft nichts, Guillermo zittert weiter. Wir müssen durch die ganze Stadt fahren, um zum Tagungshaus zu kommen. Während ich selber jetzt voller Anspannung hinter dem Lenkrad sitze und versuche, so unauffällig wie möglich zu fahren, gehen mir alle die Geschichten durch den Kopf, in denen die Polizei auf extrem zappelige Menschen aufmerksam geworden war. Aber es gelingt: Ich kann ihn unversehrt im Tagungshaus unterbringen.

Am nächsten Tag die nächste Hiobsbotschaft: Guillermos Frau, die im Karmelkloster versteckt ist, muss auch „verlegt" werden.

Noch in derselben Nacht holt Bischof Jorge sie im Kloster ab und bringt sie auch bei uns im Tagungshaus unter.

Wieder die Suche nach Menschen, die uns helfen würden, die beiden außer Land zu bringen. Das wird immer schwieriger. 1981 gibt es schon nicht mehr so viele Länder, die Exilanten aus Chile aufnehmen. Aber den anderen aus der Gruppe wird schon der Prozess gemacht. Es sieht sehr schlimm aus: Sie werden des bewaffneten Widerstands angeklagt, obwohl das gar nicht stimmt. Immer wieder wird im Prozess gesagt, dass noch Mitglieder der Gruppe fehlen. Der Staatsanwalt ist während des Prozesses aufgebracht, weil ihm noch ein paar Leute fehlen, die sicher „unter den Röcken von Nonnen und Pfaffen stecken", wie er sich äußert. – „Aber sie werden uns nicht entkommen."

Wir sind nicht sicher, was der Geheimdienst wirklich weiß, ob er blufft oder doch Informationen hat, dass die beiden bei uns versteckt sind.

Unsere Angst um die beiden nimmt täglich zu. Chepa stammt aus einer sehr angesehenen Familie in Santiago. Wenn ich mich nicht täusche, ist ihr Vater sogar chilenischer Botschafter gewesen. Und dennoch zieht sich die Suche nach Asyl quälend lang. Sechs unendlich lange Wochen mit Bangen und Schrecken ... Die beiden Versteckten, die ja wie eingeschlossen sind, fangen an hysterisch zu werden. Alles ist ungewiss und niemand von uns weiß, wie es ausgehen wird. Klar ist nur: Es geht um Leben und Tod. Und endlich haben es Freunde von ihnen geschafft: die ecuadorianische Botschaft würde sie aufnehmen.

Am frühen Morgen des übernächsten Tages sollen wir sie dort hin bringen. Um nicht den langen und unsichereren Weg durch die Großstadt machen zu müssen, wählen wir den viel kürzeren Feldweg über den Kanal El Carmen von La Pincoya nach Vitacura, einem Reichenviertel, in dem die Botschaft liegt.

Am Abend zuvor habe ich die Route vorbereitet. Einen Teil des Weges fahre ich zusammen mit meinem Freund Padre Paul André ab.

„Karoline. Vorsicht. Wir werden verfolgt."

„Lass uns in die Siedlung El Barrero fahren." Wir ändern unsere Route und unseren Plan, fahren in die nahe gelegene Siedlung, lassen das Auto einfach stehen und machen seelsorgerische Hausbesuche. Erst kurz vor der Polizeistunde fahren wir zurück.

In aller Herrgottsfrühe sind wir dann schon wieder unterwegs. Ich fahre voraus, mit Chepa und Guillermo auf der Rückbank. Padre Paul André hat sich ein zweites Auto besorgt. Es macht die Sache nicht einfacher, dass wir beide wissen: Auf dem Weg, den wir nehmen, hat der Geheimdienst vor nicht allzu langer Zeit einen spanischen Diplomaten umgebracht. Er ist in seinem Auto von einem anderen Fahrzeug gerammt und in den Kanal gestürzt worden. Der Uno-Diplomat hatte seiner Frau Nachricht gegeben, dass er am Mittag nach Hause fahren würde. Dort ist er nie angekommen. Man fand ihn und sein Auto im Kanal El Carmen. Bis über die Diktatur hinaus hat der Geheimdienst das Verbrechen geleugnet und erst vor kurzem ist der Prozess zu Ende gegangen: Die Familie des Diplomaten hat eine Abfindung bekommen …

Weil wir von diesem Vorfall wissen, fahren wir mit zwei Autos: damit es wenigsten einen Zeugen gäbe.

Als wir den Kanal El Carmen erreichen, klopft mein Herz bis zum Hals. Mein einziger Halt in solchen Momenten: Immer, wenn es ums nackte Leben geht, fühle ich stärker und deutlicher als sonst, dass wir nicht alleine im Auto sitzen … Gott fährt mit mir, dass ist klar – wie immer die Fahrt ausgehen würde.

Für mich waren diese Zeiten unglaublich intensiv, so geballt. Mir war immer bewusst, dass mein Handeln mich im nächsten Moment das Leben kosten könnte. Das hat mich aber nicht bedrückt: Ich hatte eine Sendung, und mein Leben war, das Leben der Menschen zu schützen. Wenn diese Sendung mein Leben kostete – dann wäre das eben der Preis dafür gewesen. Damit umzugehen fiel mir leicht. Viel schwerer fiel mir das im Bezug auf meine Mitarbeiter, die jungen Leute, die Gefährten. Sie waren für eine Familie verantwortlich. Sie hatten nicht dieselbe Entscheidung getroffen, dass ihr Dienst auch ihren Tod bedeuten könnte! Und meine Entscheidung durfte keine Gefahr für ihr Leben sein.

Oft konnte ich die Angst um sie kaum aushalten.

An diesem Morgen kamen wir heil an der ecuadorianischen Botschaft an, wo die beiden, wie ausgemacht, erwartet wurden. Welch eine Befreiung!

Dieses wochenlange Bangen hatte dann ein anderes Nachspiel: Zwei von unseren Schwestern aus der *Comunidad de Jesús,* Barbara und Charo, konnten den wahnsinnigen Druck nicht mehr aushalten. Sie waren beide sehr, sehr engagiert – aber der Druck der auf der Arbeit und damit auf der Gemeinschaft lastete, die ständige Verfolgung –, das war einfach zu schwer. Die beiden fanden es unerträglich, in solch einer Situation weiter mit uns zu leben. Sie verließen uns.

Ein Drittel meiner Zeit während der dunklen Jahre in der Diktatur war ich mit Menschenrechtsarbeit beschäftigt. Solche dramatischen Aktionen kamen vielleicht zwei, drei Mal im Jahr vor. Aber fast täglich ging es darum, jemandem beizustehen: ins Gefängnis zu gehen, Familien zu trösten, Festgenommene und Verschwundene zu suchen oder ein Schutznetz für Bedrohte zu knüpfen.

Wenn es gegen Ende der Diktatur einmal ruhigere Zeiten gab, wuchs schnell die Hoffnung, dass Chile bald aus diesem Alptraum erwachen würde. Und dann holte uns doch wieder die grausame Wirklichkeit ein.

Contra Spionage

1987. Es ist Fronleichnam frühmorgens. Schüsse schrecken uns aus dem Schlaf! Eine wilde Schießerei entbrennt. Dann ist alles vorbei und es legt sich wieder Stille über die Slums. Eine bleierne diesmal. Wir sind erschrocken und orientierungslos. Klar ist nur: Es ist scharf geschossen worden. Haben junge Leute eine Schießerei angezettelt? Oder ist es eine militärische Auseinandersetzung? Ein Überfall? Das alles ist möglich. Ein paar Tage zuvor erst ist die Tochter einer Frau, die in unseren Werkstätten arbeitete, und ein junger Ingenieur aus Marujas Pfarrei festgenommen worden! Wir haben entsetzliche Angst.

Die Schüsse, die wir am frühren Morgen hörten, wurden später die sogenannte *Operación Albania* genannt: Eine Razzia des chilenischen Geheimdienstes in einem Armenviertel. Zwölf junge Oppositionelle sind dabei erschossen worden. Am Morgen erklärte die offizielle Presse, dass ein Nest von jungen Terroristen aufgedeckt worden sei und alle beim Widerstand gegen die Festnahme umgekommen seien.

Tage später erschien Henry bei mir, einer unserer Mitarbeiter. Ich traute ihm.

„Lalo, ein Freund von mir, ist in Lebensgefahr. Er muss außer Land. Bitte, Karoline, höre ihn an!“

Ich wusste, Henry würde mich nicht belügen.

„Was soll ich tun?“

„Sag mir eine Zeit, wo ich ihn unbeobachtet zu dir bringen kann.“

Lalo kam und ich hörte ihn an:

„An Fronleichnam war ich zu unserem Treffen zu spät dran. Nur deshalb habe ich überlebt. Ich war verantwortlich für unsere Gruppe.“

„Zu wem gehörst du denn?“

„Ich gehörte zur kommunistischen Jugend. Habe ich mich dann aber dem *Frente Patriótico Manuel Rodriguez* angeschlossen.“ *El Frente* war eine Organisation, die sich zu bewaffnetem Widerstand entschlossen hatte und das Attentat auf Pinochet verübt hatte. Damit hatten ihre Mitglieder eine brutale Verfolgung auf sich gezogen.

„Weißt du, meine Kameraden können nur erschossen worden sein, weil einer von uns ein Spitzel gewesen sein muss und geredet hat. Niemand außer unserer Gruppe konnte von dem Treffen wissen, also muss uns einer verraten haben. Ich bin ganz sicher. Aber wenn sie das wissen, dann wissen sie alles. Sie werden uns alle umbringen. Ich werde sterben, *Madre.*“

Völlig verzweifelt schaute er mich an, die Tränen liefen über seine Wangen: „Ich fühle mich schuldig, dass die anderen tot sind und ich lebe. Aber *Madre*, bitte, ich will nicht sterben, ich habe doch einen kleinen Sohn. Ich liebe meine Frau. Ich will leben! Bitte! Ich habe niemanden umgebracht.“ Er stellte alles in Frage:

„Und warum soll ich sterben? Für was? Auf wen kann ich mich noch verlassen, wenn einer von uns uns an den Geheimdienst verraten hat. Für wen habe ich das alles gemacht? Welchen Sinn hat das alles denn gehabt?“ – „Nein, ich will Schluss machen. Schluss mit der Gewalt. Ich will hier weg und ich will nichts mehr mit dem *Frente* zu tun haben.“

Alleine konnte ich dieses Problem nicht lösen. Ich ging zu der ökumenischen Menschenrechtsorganisation *Fassic*, die viel mehr Informationen hatte als ich, und bat um Hilfe.

Zuerst machten sie das Angebot, ihn nach Argentinien zu bringen. Doch das ging nicht – dorthin waren andere Mitglieder seiner Gruppe geflohen. Wenn er dorthin ginge, würde er nicht aussteigen können: Sie würden ihn als Verräter betrachten.

Lalo wollte nach Europa, nach Deutschland. Dort lebten Bekannte von ihm im Exil, die etwas Geld hatten und ihm würden weiterhelfen können.

Die Tage, die folgten, dehnten sich zu einer Ewigkeit: waren es acht, oder zehn, oder vierzehn? Ich weiß es nicht. An jedem dieser Tage ging ich nun zu *Fassic*, um Informationen zu bekommen – am Telefon konnte man nichts besprechen. Die Mitarbeiter bei *Fassic* hatten Bedenken. Ein Bruder Lalos saß im Gefängnis. *Fassic* musste die Daten prüfen und herausfinden, unter welchem Namen er vom Geheimdienst gesucht wurde. Sie bekamen heraus, dass der Geheimdienst seinen richtigen Namen nicht kannte. Blieb immer noch die Sache mit seinem Bruder: Es bestand die Vermutung, dass der Bruder ein Spion für den Geheimdienst im Gefängnis war. Ich sollte nun herausfinden, ob Lalos Bruder Spion war, ich sollte genau in Erfahrung bringen, was sein eigener Bruder dachte und wusste.

„Ich habe eine gute Nachricht für dich, Lalo. Du wirst nicht unter deinem richtigen Namen gesucht. Aber ich habe gehört, dass dein Bruder im Gefängnis sitzt."

„Ja, das stimmt. Es geht ihm so dreckig. Die anderen politischen Gefangenen im Gefängnis denken, er bespitzelt sie. Er gehört zwar der ‚Sozialistischen Partei' an, ist aber vollkommen unschuldig im Gefängnis. Der ist auch völlig am Ende."

Je länger er erzählte, umso sicherer war ich mir, dass er die Wahrheit sagte.

Aber wir mussten einfach so vorsichtig sein. Es gab Leute, die früher zur Partei gehörten, jetzt aber für den Geheimdienst arbeiteten. (Es gab sogar ehemalige Parteifreunde Allendes, die für den Geheimdienst arbeiteten. Das war vielleicht das schlimmste, was die Militärdiktatur den Menschen mit ihrem perversen System antat: Sie zerstörte das Vertrauen untereinander durch boshafte Mechanismen und Methoden der Militärjunta und des Geheimdienstes. Jeder musste, jeder sollte jedem misstrauen.)

Weil wir niemandem vertrauen konnten, mussten wir alle enorm diszipliniert sein. Ich habe oft gestaunt, wie Gott mich führt: Ohne die Jahre im Orden und ohne die Disziplin, die ich dort gelernt hatte, hätte ich die Zeit in der Diktatur nur schwer überstanden. Man musste genau wissen, mit wem man wann, und worüber redete. Wenn der erste nicht weiterhelfen konnte, dann versuchte man es mit dem zweiten. Und so weiter. Alles war ganz genau definiert. Ganz präzise. Das war die einzige Möglichkeit, unseren Dienst an den Verfolgten durchzuhalten. Es gab streng geheime Kontaktpersonen zum Geheimdienst. Nur wenn wir von innen Informationen hatten, wenn ein Mitarbeiter des Geheimdienstes uns zum Beispiel darüber informierte, in welches Folterzentrum man jemanden gebracht hatte, konnten wir helfen. Wenn wir wussten, wohin jemand gebracht worden war, konnten wir die Familie informieren, die konnten Anklage erheben, zusammen mit Schutzpatronen an den Ort gehen, an den die Festgenommen verschleppt worden waren, und dort protestieren. Auf allgemeine Anklagen hin, dass jemand verschwunden sei, reagierte man nur mit Verleugnungen.

Das war natürlich unglaublich zeitaufwändig: Jede Information musste einzeln geholt und überbracht werden. Und meistens auch immer noch verschlüsselt.

Häufig wurde ich, wie viele andere auch, zu Verhören zitiert, und musste in vielen Prozessen aussagen. Wir brauchten alle ein sehr, sehr gutes Gedächtnis. Immer konnte man mit „Informationen" konfrontiert werden: „Warum waren Sie an dem und dem Abend, um 20 Uhr 30 an der und der Ecke?" Dann hatte irgendein Spitzel diese Information eben zum Geheimdienst getragen. Und dann musste man sich erinnern. Auf wen hatte ich gewartet? Warum? Warum bin ich von dem und dem gegrüßt worden? Und so weiter … Mit Lügen hätte man sich in eine Falle begeben können, denn oft hatten sie Photos oder Zeugenaussagen. Das machte uns alle mürbe. Zum Glück haben wir ein Netz zwischen der *Vicaría de la Solidaridad* (das „Solidaritiätsvikariat" war die Nachfolgeorganisation des *comite pro paz*, das Raol Silva Henriquez zusammen mit Helmut Frenz, dem evangelischen Bischof, dem methodistischen Bischof und dem jüdischen Rabbiner in Santiago unmittelbar nach dem Putsch gegründet hatten, um den politisch Verfolgten beizustehen), *Fassic*, der Menschenrechtskommission und *Amnesty International* aufgebaut. Wenn einer von uns mutlos wurde, die Angst zu groß, die Anspannung unerträglich – dann sprang ein anderer ein, der gerade mehr Kraft hatte.

Bis zum letzten Moment war ich in Sorge um Lalo. Nachdem wir so viele Nächte geredet hatten, hatte ich seinen ganzen Idealismus, seine ganze Liebe zum Leben, aber auch seine Verzweiflung und die Schuld, die er wegen des Todes der anderen fühlte, kennen gelernt. Er wollte ein neues Leben beginnen. Die Leute von *Fassic* unterstützten mich mit allen Kräften. Täglich informierten sie mich über Lalo. Sie fanden heraus, dass er unter seinem Decknamen gesucht wurde. Umso dringender musste er das Land verlassen.

Auf Anraten von *Fassic* entschieden wir uns für einen KLM-Flug in aller Frühe – „wenn der Geheimdienst ins Bett geht", sagten wir im Scherz. Es musste ein Rückflugticket sein, um nicht auffällig zu sein. Asyl müsste Lalo dann vor Ort beantragen.

Henry brachte ihn zum Flughafen. Aufatmen konnten wir aber erst, als das Flugzeug in der Luft war. Denn das hatten wir auch schon erlebt: Dass jemand durch alle Kontrollen sicher ins Flugzeug gelangt war – und ihn der Geheimdienst in der letzten Sekunde vor dem Abflug herausholte und festnahm.

Aber Lalo stieg ins Flugzeug ein – und hob kurz danach ab in eine sichere Zukunft.

Frau Pinochet in unserer Suppenküche

Zweimal ist Señora Lucía Hiriart, die Frau von Augusto Pinochet, zu uns ins Armenviertel gekommen. (In Chile behalten die Frauen bei der Eheschließung ihren Nachnamen, können aber den ihres Mannes anhängen, wie in diesem Fall „de Pinochet".)

Ich spürte in mir immer auch die Berufung, dafür zu sorgen, dass Menschen aus den verschiedenen Schichten in Chile die Not in den Armenvierteln sehen, begreifen und sich mitverantwortlich fühlen. Denn es kann nicht nur die Aufgabe der Armen allein sein, ihr Elend zu überwinden. Als Zugehfrauen, Putzfrauen, Wasch- und Kinderfrauen gingen die Armen zu den Reichen – aber wann gingen die Reichen ins Armenviertel? Nur durch Begegnungen und Berührungen würden sie die Logik der Armut verstehen können und ihre Erfahrung weiter tragen.

Schon vor dem Putsch kannte ich die Frauen eines Mütterzentrums aus der gehobenen Mittelschicht. Sie hatten in den Areas Verdes in der Suppenküche und dem Kindergarten mitgearbeitet und ich lud sie ein, auch im Campamento Angela Davis, einer Siedlung, die aus der größten Landbesetzung entstanden war, mitzuhelfen. Das haben die Frauen gemacht und waren erschüttert vom Elend der Familien und vor allem von den unterernährten Kindern. Einige der Frauen hatten Beziehungen zum Militär und zu Lucía Hiriart, der Frau des Diktators. Eines Tages kamen einige dieser Frauen auf dem Weg zum Kindergarten auf mich zu:

„*Hermana* Karoline, hast du einen Moment Zeit für uns? Wir wollen dich etwas fragen."

„Aber sicher, meine Lieben, natürlich habe ich einen Moment Zeit. Worum geht es denn? Gibt es ein Problem im Kindergarten?"

„Nein. Wir möchten gerne Señora Lucía einladen und ihr die Not hier selber zeigen. Sie könnte helfen."

Meine Augen weiteten sich vor Schreck. Ich konnte nicht gleich antworten. Das würde ein einziges, riesiges Problem werden. Den Pobladores würde es Angst machen und ihr Misstrauen gegen unsere Arbeit und gegen mich weiter schüren. Die Menschen hier hatten mich erst nach dem Putsch kennen gelernt. Wer sagte, ihnen, dass ich keine Spionin war? Eine Ausländerin, die eigentlich zur Oberschicht gehörte … Es würde Widerstand gegen ihren Besuch geben. Und gleichzeitig wusste ich: es gab keine Alternative. Nein zu sagen hätte wahrscheinlich meine Beziehung zu diesen Frauen zerstört.

Also kam Lucía Hiriart. Mit einer Art Lastwagen – und einem Fernsehteam im Gefolge. Alles wurde gefilmt. Ihre Schachteln mit gebrauchter Kleidung und gebrauchtem Spielzeug, eine eher bescheidene Spende, wurden vor uns im Hof des Kindergartens aufgestapelt und dann von unten gefilmt: So sah es wie ein Riesenberg aus. Die Bilder wurden im ganzen Land ausgestrahlt: Señora Lucía besucht ein Elendsviertel.

Die Leute und meine Mitarbeiter waren verärgert. „Jetzt ist Karoline umgekippt. Jetzt gehört sie zur anderen Seite, wird von denen vereinnahmt. Und uns benutzt sie noch dafür", dachten sie und schauten mich feindselig an, sprachen es aber nicht aus.

Mir blieb nichts anderes, als Vertrauen zu haben. Dass ich es würde erklären können: „Ja, ich bin bedingungslos auf eurer Seite. Aber ich habe auch die Freiheit, mit allen Menschen in Kontakt zu treten. Ich habe keine Angst vor Menschen, die nicht meiner Meinung sind oder die ich nicht kenne."

Señora Lucía wollte mit mir über die Armut sprechen.

„*Hermana* Karolina, Sie leisten hier Großartiges für die Kinder und die Frauen. Ich biete Ihnen an, im staatlichen Büro für Kinder mitzuarbeiten. Ich denke, wir Frauen sollten doch zusammen arbeiten können."

„Señora Lucía. Ich bin bedingungslos dabei, wenn es um die

Bekämpfung von Armut und um solidarische Hilfe für die Armen geht. Aber ich habe ein Problem: die Verfolgung gegen unsere *Pobladores*. Dauernd werden Leute festgenommen, auch Väter von Kindern unseres Kindergartens, und wir verstehen nicht warum."

„Wovon reden Sie, Schwester?"

„Ich rede von den Razzien, den Hausdurchsuchungen. Der Geheimdienst ist dauernd hinter uns her, Mitarbeiter werden festgenommen, Familienväter verschwinden einfach." Was ich sagte, war Señora Lucía sehr, sehr unangenehm – und sie wechselte das Thema. Aber sie blieb dabei, dass ich in einem Ministerium Kinderarbeit aufbauen sollte.

„Kommen Sie wenigstens zu einem Gespräch ins Ministerium."

Dieser Bitte konnte ich mich nicht verweigern.

Ein paar Tage später stand der Chef eines Geheimdienstes frühmorgens in meinem Haus und wies sich aus. Ich fiel aus allen Wolken.

„Welche Probleme haben Sie?", fragte er mich verärgert.

„Ich habe persönlich gar keine Probleme."

Er schaute verächtlich auf mich und die Hütte. Im Morgendunst war der schlechte Geruch besonders stark. Wir hatten ja alle nur Plumpsklos. Wenn Besuch da war, schämte ich mich immer ein bisschen, dass es in meinem Haus so danach roch.

„Aber Sie haben Señora Lucía doch gesagt, dass es Probleme gibt."

„Ja, ich habe ihr erzählt, dass ich mich um die Menschen hier sorge. Um die, die verhaftet werden und einfach verschwinden. Die Menschen hier haben dauend Angst, dass ihnen etwas passiert."

Der Militär wurde immer unmutiger.

„Rufen Sie mich jeden Tag an und berichten Sie mir, was passiert."

„Ich bitte Sie, wie soll ich das machen? Sie wissen doch, dass es in der ganzen Población kein Telefon gibt. Wie ich soll jeden Tag mehrere Kilometer bis zum nächsten Telefon gehen?" Ich weiß, es war vielleicht naiv, so mit dem Chef des Geheimdienstes zu reden: „Warum fragen Sie mich das? *Sie* wissen doch, was passiert. Wenn Sie jemanden verdächtigen, Waffen zu haben oder im bewaffneten Widerstand organisiert zu sein – dann fragen Sie doch mich. Bevor Sie einfach willkürlich die Menschen festnehmen."

Verärgert ging er davon. Ich begleitete ihn zum Auto unter den fragenden Blicken der Nachbarn. Ich fühlte meine ganze Ohnmacht.

„Frau Pinochet" kam dann noch ein Mal mit ihrer Tochter Lucía zurück. Dieses Mal kamen sie unangemeldet – aber wieder brachten sie das Fernsehen mit. Ich war nicht im Kindergarten, sondern hatte Sprechstunde bei mir zu Hause. Die Leute kamen gerannt, um mich zu benachrichtigen: Die Polizei und der Geheimdienst hatten den Kindergarten umstellt – und es sah aus, als wollten sie den Kindergarten besetzen. Aber es war nur ein Manöver. Unsere Leute waren fürchterlich eingeschüchtert.

Ich habe die beiden Damen begrüßt, der Kindergarten war mittlerweile auf das Doppelte angewachsen. Señora Lucía wollte, dass ihr Besuch im Fernsehen gesendet wurde, sie wollte, dass soziale Werke gezeigt wurden.

Wir gingen in die Küche. Sie musste vorgestellt werden, und das versuchte ich: „Hier ist Señora Lucia, die uns Hilfe anbietet für die Frauenwerkstätten." Zwei Mütter, die mit dem Rücken zu ihr standen, drehten sich trotz meiner Bemühungen demonstrativ nicht um, die anderen hoben kaum den Kopf. Es war ein Alptraum. Ich stand hilflos dazwischen.

„Dieses Verhalten ist unfassbar", meinte Señora Lucía und war fürchterlich wütend.

Die Frauen waren sehr mutig gewesen. Sie waren das Risiko eingegangen, dass der Geheimdienst sie jetzt verfolgen würde.

Ein weiteres Mal kam die Tochter Pinochets alleine. Sie wollte die unterernährten Kinder sehen. Sie sah sie und befand:

„Das ist keine Unterernährung. Die Kinder sind einfach falsch ernährt." –

„Zweifellos gibt es auch Fehlernährung. Und es gibt auch Mütter, die wissen nicht, wie man ein Kind richtig ernährt. Aber diese Kinder hier sind im zweiten oder dritten Grad unterernährt, weil ihre Eltern nichts zu essen für sie haben. Die Familien haben kein Geld für Nahrungsmittel. Kommen Sie, ich kann Ihnen gerne zeigen, wie die Kinder und ihre Familien zu Hause leben."

„Ach was, die Mütter sind unwissend, schmutzig und faul."

Da war eine Mauer: Aussichtslos, man konnte nicht darüber diskutieren, dass es die sozialen Strukturen waren, die zum größten Teil für das Elend verantwortlich waren.

Der „rote Kardinal": Raul Silva Henríquez

Die katholische Kirche als Institution ist nicht in Widerstand gegen Pinochet gegangen. Es gab Bischöfe und Gläubige aus allen Schichten, die anfangs mit dem Militärputsch einverstanden waren, im Glauben, dass in kürzester Zeit die Demokratie wieder hergestellt würde. Es gab Bischöfe und Katholiken, die die Übernahme der Militärs und den „Kampf gegen den Marxismus" während der ganzen Zeit der Diktatur voll unterstützten, aber es gab auch Bischöfe, Priester, Ordensleute und engagierte Gläubige, die die Situation sofort durchschauten und sich auf die Seite der Verfolgten und Armen stellten – bereit, alle Diffamierung und Opfer in Kauf zu nehmen.

Die Militärjunta und ihre Anhänger versuchten im Vatikan zu erreichen, dass die Bischöfe vor Ort gefügiger würden. In der Zeit von Kardinal Raul Silva Henríquez haben sie das nicht geschafft. Die Generation dieser Bischöfe kam aus der Zeit des Konzils und des sozialen Aufbruchs zu mehr Gerechtigkeit. Politisch hat sich diese Generation im weiten Sinn mit den Zielen der Regierung der Christdemokraten von 1964 bis 1970 identifiziert. Ich fand es unglaublich mutig, dass die Bischöfe es gewagt haben, sich selbst an der Landreform zu beteiligen. Die Bemühungen darum hatten schon unter Papst Johannes XXIII. begonnen. Damals wollte das Domkapitel Kardinal Raul Silva Henriquéz nicht erlauben, einen Teil des Großgrundbesitzes der Kirche an ihre Landarbeiter abzugeben. Der Kardinal hat sich dann an den Papst gewandt und um Unterstützung gebeten. Papst Johannes XXIII. hat ihn ermutigt, und Raul Silva hat das Land abgegeben. Für mich ist das, nach all dem, was die Kirche sich gerade in Lateinamerika an Schuld aufgeladen hatte, ein wunderbares Stück Kirchengeschichte. Es hatte etwas Revolutionäres – denn natürlich gab es heftigen Widerstand. Mancher Großgrundbesitz war durch Erbschaften der Kirche zugefallen, wenn sich eine reiche Familie durch eine Schenkung verewigen wollte.

Die Militärregierung hat natürlich Druck auf Rom ausgeübt. Dieser Druck ist dann an die Bischöfe durchaus weitergegeben worden.

Fernando Ariztía, Regionalbischof der Westzone von Santiago, einem der größten und schlimmsten sozialen Brennpunkte der Stadt, lebte in dem Armenviertel Barrancas unter den Leuten. Er war der erste Vorsitzende des *Comité Pro Paz*, das Kardinal Raul Silva Henríquez wenige Tage nach dem Putsch als Zufluchtsstätte für politisch Verfolgte gegründet hat. Ein Jahr später ist er buchstäblich in die Wüste geschickt worden – als Bischof von Copiapó am Rande der Atacama Wüste.

Der Bischof Jorge Hourton wurde aus seiner Diözese *Puerto Montt* nach Santiago strafversetzt. Er hatte Priester seiner Diözese, die festgenommen worden waren, geschützt und sich hinter sie gestellt. Was es bedeutete, vom Geheimdienst mitgenommen und festgehalten zu werden, habe ich auch am eigenen Leib erlebt.

Befreit: durch die Festnahme

Mitternacht im Januar 1976. Die Sperrstunde hat schon begonnen. Es klopft an unsere Tür.

Maruja, schon im Bett, ruft mich: „Militärs sind da!"

Ich öffne: „Ich habe Befehl, Ihr Haus zu durchsuchen und Sie festzunehmen."

Ich bin gerade erst nach Hause gekommen, die Elternversammlung im Kindergarten hat sich viel zu lange hingezogen. Im ersten Moment bin ich total überrascht. Ich habe gerade in diesem Moment nicht damit gerechnet, obwohl ich so oft bedroht worden bin, obwohl man mir schon so oft ausgemalt hat, was mir alles zustießen könnte!

„Wo ist der Haftbefehl?" Der Chef der Truppe hat den Befehl und seinen Ausweis zur Hand. Er weist sich aus als Anführer der Gruppe *Schakal* des Geheimdienstes DINA. Unterzeichnet ist der Haftbefehl vom Innenminister General Benavides.

Das Haus ist umstellt, mehrere Männer sind schon im Haus.

„Alles durchsuchen! Alle Dokumente herbringen, alle Briefe übersetzen." Die Militärs haben Dolmetscher mitgebracht. Alles, was irgendwie für sie verdächtig ist, also Fotos, Zeitschriften, Bücher, Briefe, wird herausgeholt und vorne auf den Tisch gebracht. Überall sind Männer zugange und drehen das ganze Haus um: vor der Hütte, im Schlafzimmer … Wir haben ja auch die Krankenstation bei uns. Mein Bett ist die Untersuchungsliege: Drum herum stehen Kartons mit Medikamenten. Sie vermuten, das sei ein Feldlazarett für verletzte Terroristen. Maruja hat ein Kleid über ihr Nachthemd gezogen. Sie versucht, alles im Auge zu behalten, was mitgenommen wird. Wir wissen, dass sie alles mitnehmen werden, was sie irgendwie gebrauchen können. In dieser ganzen Zeit verhört mich der Chef:

„Was machen Sie hier?"

„Warum arbeiten Sie mit den Eltern Ihrer Kindergärten?"

„Warum kommt eine deutsche Schwester und wohnt in einer Hütte?"

Zu allen Dingen, die sie bringen, muss ich erklären, woher ich sie habe.

„Was machen Sie mit diesem Auto vor der Tür und woher haben Sie es?"

„Den Jeep hat mir der Deutsche Entwicklungsdienst geschenkt. Bitte, hier ist die Schenkungsurkunde.“

Nach zwei Stunden ist das Verhör immer noch nicht beendet. Ich habe schon keine Stimme mehr, denn vor Schreck setzen meine Speicheldrüsen aus. Was er alles über mich aufschreibt! Ständige Versuche, mich einzuschüchtern. Irgendwann wissen sie nichts mehr mit mir anzufangen. Ich bekomme die Erlaubnis, mit Maruja fünf Minuten in unser „Kapellchen“ zu gehen, um zu beten. Als sie mich dann abführen, bittet Maruja mich:

„Bitte, nehmen Sie mich mit. Bitten lassen Sie *Hermana* Karolina hier, bitte, bitte, nehmen Sie doch mich mit.“ Sie fleht so lange, bis es den rauen Männern peinlich wird:

„Gebt ihr eine Decke mit, die Nächte sind kalt.“

„Mich werden sie rausschmeißen“, denke ich immer wieder. Um mich habe ich keine Angst, mehr würde mir nicht passieren. Aber ich vergehe vor Sorge um die anderen. Fast immer lebten neben Maruja noch andere Menschen in unserer Hütte. Am Tag meiner Festnahme sind es Aurora, Paula und Antonia und ihr Kind, die zurückbleiben. „Wenn sie mich jetzt wegbringen, dann kommen sie später und holen die anderen“, muss ich immer weiter denken: Maruja und die anderen würden spurlos verschwinden, und kein Hahn würde nach ihnen krähen!

Erst kurz vorher ist meine enge Freundin Sheila Cassedy, eine englische Ärztin, die mit uns im Armenviertel arbeitete, verhaftet worden. Ihre Folterer haben sie unglaublich zugerichtet. Unter dem Druck des internationalen Protestes wurde sie nach England abgeschoben. England hat daraufhin die diplomatischen Beziehungen zu Chile abgebrochen. Eng befreundet war ich auch mit dem Gründer der Einheitsgewerkschaft Chiles, Clotario Best. Ob der Geheimdienst meine Verbindungen zu Clotario oder Sheila nachvollzogen hatte? Wie auch immer, warum auch immer sie auf mich gekommen waren – jetzt musste ich mitgehen.

Der Geheimdienst war mit einer Kohorte von acht Mann gekommen. Sie nahmen mich in die Mitte und brachten mich zu ihren Autos. Sie verbanden mir die Augen, bevor sie mich auf die Rückbank eines Pick-ups mit zwei Sitzbänken setzten. Ich kannte Santiago (und seine Schlaglöcher!) gut – und versuchte mir den Weg zu merken, den wir fuhren. Aber in der Nähe des Fußballnationalstadions verlor ich die Spur. Wohin sie mich brachten, weiß ich bis heute nicht.

Ich wurde weiter verhört, die ganze Nacht. Irgendwann stellten sie mich an die Wand eines langen Flures. Männer rannten hin und her. Man hatte mir die Binde über den Augen abgenommen. Es mag halb drei Uhr morgens gewesen sein, da sah ich neben mir eine halboffene Tür. Im Halbdunkel erkannte ich in dem Raum Feldplanen, die irgendwelche elektrischen Geräte zudeckten, deren dicke Kabel jedoch sichtbar waren – „die Folterapparate!", ging es mir durch den Kopf. Durch den Türspalt des Zimmers mir gegenüber sah ich, wie ein Mann sich von seinem Feldbett erhob. Freundinnen von mir waren vergewaltigt worden: „Ich werde mich mit meinen Fäusten wehren und beißen", nahm ich mir vor, denn ich wollte keine Angst haben: nicht vor Folter und auch nicht vor Vergewaltigung.

Aber sie wollten mir anscheinend Angst machen und inszenierten ein Manöver: In dem Raum nebenan begannen Männer, ein dickes Kabel zu manipulieren. Da, ein schrecklicher Knall, als hätte ein gewaltiger Blitz eingeschlagen. Alle Lichter gingen aus – die Männer schienen fürchterlich nervös. Das gleiche wiederholte sich Minuten später. Nun wusste ich nicht, ob es „harmlose" Kurzschlüsse waren oder ob sie versucht hatten, mich zu beeindrucken. Ich stand die ganze Zeit unbeweglich und betete.

Irgendein Geheimdienstler kam durch den Flur: „Was machst du da?"

„Ich bete."

„Haha, beten! Hier ist doch nicht die Hölle!"

„Weiß ich nicht!"

Dann wurde ich wieder zum Verhör geholt: Ich kannte die Regeln. Immer möglichst kurz, aber immer die Wahrheit sagen, nie eine Geschichte erfinden, um abzulenken, möglichst wenige Informationen über andere weitergeben. In unseren christlichen Basisgemeinden hatten wir Gandhi und Martin Luther King gelesen und passiven Widerstand eingeübt. Nie leugnen, wenn du mit Leuten an einem gewissen Ort zusammengetroffen bist.

„Kennst du die Person?" – „Ja, ich kenne sie."

Nicht mehr, nicht weniger. Sie hatten sich sehr gut auf mein Verhör vorbereitet. Auf dem Schreibtisch lag eine dicke Mappe mit Informationen und Bildern über mich.

„Wann sind Sie nach Chile gekommen?"

„Mit welchem Schiff?"

„Was hatten Sie als Gepäck dabei?"

„Wer hat Ihre Schiffspassage bezahlt?"

„Welcher Kongreation gehörten Sie an?"

„Ich war Mitglied der *Congregación de las Siervas del Espiritu Santo* (Dienerinnen des Heiligen Geistes)." – „*Siervas* mit ‚C' oder mit ‚S' geschrieben?" – „Mit ‚S'." Mit „C" würde es „Hirschkuh" bedeuten. Jetzt musste ich doch einen Lachanfall unterdrücken.

Unendlich viele Detailfragen musste ich beantworten. Ich spürte, dass der Mann, der mich verhörte, sich immer verwirrter fühlte, denn alle seine Fragen, alle meine Antworten brachten ihm nichts.

„Wo waren Sie am Abend des 27. Mai 1975?"

Zum Glück habe ich ein gutes Gedächtnis.

„Welcher Tag war das?", fragte ich zurück.

„Ein Dienstag."

„Dann war ich da in der Kindertagesstätte *Naciente.* Dienstagabends treffen sich die Eltern, zur Alphabetisierungskampagne."

„Warum haben Sie sich mit einer Frauengruppe am Wochenende vom 11. im *Hogar Dios con nosotros* getroffen?"

„Weil wir da die Kampagne zur Bekämpfung von Läusen organisiert haben."

Ich bot ihnen in dieser Nacht keine Angriffsfläche, dachte aber während des Verhörs an all die Leute, die verfolgt wurden, weil sie früher einer Linkspartei angehört hatten und die nun förmlich ausgequetscht wurden, um über ihre Aktivitäten und ehemaligen Parteifreunde oder Kollegen auszusagen. Viel schlimmer noch musste die Situation jener Idealisten sein, die versucht hatten, politischen Widerstand zu organisieren. Was der Geheimdienst nicht über das Verhör schaffte, das erreichte er durch Folter. Da gaben die Opfer Namen und Wohnort von anderen preis. Diese wurden dann meist noch in derselben Nacht verhaftet. Dafür gab es die Sperrstunde.

Jeder musste ja zu Hause sein. Niemand konnte nachts gewarnt werden. Die Telefonleitungen wurden abgehört oder auch gekappt. Es war brutal und grausam, wie so ein ganzes Volk kontrolliert, misshandelt und gequält wurde.

„Kann ich bitte sehen, was Sie gerade protokolliert haben?" Jede Seite, die der Mann schrieb, ließ ich mir zeigen. Nur wenn wörtlich im Protokoll stand, was ich gesagt hatte, unterschrieb ich. Das nervte ihn ziemlich. Aber ich wollte auf jeden Fall verhindern, dass etwas, was ich gesagt hatte, anders ausgelegt werden könnte, als ich es gemeint hatte.

Gegen Morgen gingen dem Chef der Truppe, der mich verhörte, einfach die Fragen aus. Er wusste buchstäblich nicht mehr, was er mich noch fragen sollte.

Ich wurde in ein Zimmer mit einer Pritsche gebracht und sollte mich hinlegen. Ich blieb sitzen und betete.

In dieser Nacht vergingen Maruja und die anderen Frauen vor Angst um mich. Trotz Polizeistunde war Maruja zu einem Nachbarn gelaufen und hatte ihm einen Zettel in die Hand gedrückt. *„Geh zum Bischof, sobald die Polizeistunde vorbei ist. Sag ihm, dass sie Karolina abgeholt haben."* Maruja dachte selber, dass sie noch in der Nacht fortgeschafft würde und wollte, dass irgendjemand Hilfe holte.

Die Nacht verging, die Militärs kamen nicht zurück. In der

letzten Minute der Polizeistunde lief Maruja aus dem Haus und so schnell sie konnte zum Bischof Jorge Hourton. Der rief den Kardinal Raul Silva Henriquéz an.

„*Hermana* Karolina hat der Geheimdienst geholt!"

Danach riefen sie meinen Freund Paul Frings an, den Neffen des ehemaligen Kölner Kardinals Frings, der bei der UNO arbeitete. Schließlich informierten sie noch Oberst Brücher, der Direktor des „Ministeriums für Hilfe bei Katastrophen und in sozialen Notlagen." (Oberst Brücher war, obwohl er beim Militär war, mit mir befreundet und hat mir oft geholfen. Er sollte bis zum Schluss einen hohen Preis dafür bezahlen.)

Der Kardinal und die deutsche Botschaft protestierten dann beim Geheimdienst und verlangten meine sofortige Freilassung. Der Chef der Gruppe *Schakal* sollte mich persönlich zum Haus des Bischofs bringen.

Von all dem wusste ich nichts, als das Telefon die Morgenstille zerriss.

Einen Moment lang verliere ich schließlich die Orientierung, als um neun Uhr Dienstbeginn beim Geheimdienst ist: Alle Männer, die mich verhört haben, sind in Zivil gekleidet.

Um neun Uhr aber sind die Flure und Büros plötzlich voller Männer (und Frauen) in braunen (!) Uniformen. Schlafe ich? Träume ich? Nazis?

Dann werde ich ins Büro zurückgeholt. Auf einmal herrscht ein anderer Ton:

„Schwester, bitte. Hier ist heißer Kaffee."

„Das Brötchen ist leider von gestern. Aber mit Käse."

Den Kaffee nehme ich. Aber ich kann und will nichts von ihnen essen.

„Wir müssen auf den Arzt warten."

„Warum auf einen Arzt warten? Ich brauche keinen Arzt."

„Er muss Sie untersuchen, damit Sie später keine Geschichten erzählen, was wir Ihnen womöglich angetan haben."

Es ist eine bizarre Situation: Stundenlang untersucht mich der

Arzt, liest die vielen Protokolle und unterschreibt noch mal alle Erklärungen.

Endlich werden mir die Augen mit Tesafilm verklebt, damit ich nichts sehen kann. Auf dem Hinweg haben sie meine Augen verbunden, aber jetzt nehmen sie Tesafilm. Damit man den Tesafilm nicht sieht, muss ich zusätzlich eine schwarze Brille aufsetzen. Mit dem Chef der Truppe fahre ich diesmal alleine durch Santiago. Er soll mich zum Bischof bringen. Aber ich war so lange beim Arzt, dass wir viel zu spät dort ankommen.

Der Chef ist verunsichert.

„Was soll ich jetzt mit Ihnen machen?"

„Warum lassen Sie mich nicht einfach in der Stadt raus. Ich komme schon alleine zurecht."

„Das würden Sie machen?", erleichtert schaut er mich an.

„Ja, natürlich. Sie müssen mir nur ein paar Pesos für den Bus geben. Ich habe ja nichts bei mir."

„Das ist kein Problem."

Er fährt mich zurück ins Zentrum. Er redet die ganze Zeit mit mir. Im Zentrum weist er mich an, die Brille abzunehmen und die Klebestreifen von den Augen zu reißen. Als ich wieder sehe, verstummt er und dreht den Kopf weg. Ohne mich anzuschauen fordert er mich auf:

„Schwester, erzählen Sie mir was."

Was im Himmel sollte ich ihm erzählen?

„Nun, ich überlege gerade, was ich jetzt mache. Ich habe verschiedene Termine verpasst heute. Ich frage mich, wie ich den Menschen jetzt Bescheid geben kann."

„Wissen Sie, es interessiert mich, was sie machen. Ich würde Sie wirklich gerne mal besuchen kommen." Einen Moment verschlägt es mir den Atem.

„Gut. Jeder kann uns besuchen und bei uns mitarbeiten."

Dann stehe ich auf der Straße, er fährt los.

Ich bin frei.

Aber ich war viel mehr als nur freigekommen aus den Fängen

des Geheimdienstes. Eine unendlich tiefe Befreiung breitete sich in mir aus, als ich da mitten im wogenden Straßenverkehr von Santiago stand. Ich wusste: Niemals mehr würde ich eine Sekunde lang Angst vor dem Geheimdienst haben. Das war vorbei.

Und so war es dann auch wirklich: Ich habe mich in all den vielen Jahre in der Diktatur niemals mehr gefürchtet. Nicht vor Beschattung, Verhaftung, Folter, Tod, Ausweisung. Bis 1987 wurde ich vom Geheimdienst beschattet. Ich weiß nicht, wie häufig ich danach noch vor Gericht zitiert und angeklagt wurde. Ich wurde bedroht, bekam Todesdrohungen. Einmal haben sie mir später sogar einen Sarg nach Hause geschickt mit der Botschaft: „*Wir kriegen dich. Wir bringen dich um.*" Aber die Angst um mich selbst war einfach ein für alle Male vorbei. Zwei andere Ängste blieben mir: Die eine war zur *Persona non grata* erklärt und ausgewiesen zu werden, die zweite, dass man meinen Freunden und Mitarbeitern meinetwegen Schlimmes antun könnte.

Während der Nacht in den Händen des Geheimdienstes hatte ich vor allem zwei Dinge gespürt: Gott war die ganze Zeit bei mir gewesen. Er hatte mich getragen und nicht einen Moment verlassen. Ich wusste jetzt, er würde immer bei mir sein. Selbst wenn sie mich umbrächten.

Und: Ich hatte so deutlich *ihre* Angst gespürt! Die Männer vom Geheimdienst hatten die ganze Zeit Angst gehabt. Nicht einmal alleine zur Toilette ließen sie mich gehen, aus Angst, ich könnte fliehen. Ich spürte ihre ganze Angst – und ihre ganze Ohnmacht. Diese totale Ohnmacht des Staatsapparates, die hinter dieser Verfolgungsmaschinerie stand. Diese ganzen psychologischen Verhörtechniken, die mich demütigen sollten, beruhten nur auf Ohnmacht! Ich spürte, dass diese Menschen wie besessen waren. *Sie* waren selber Sklaven des Apparates.

Ich aber war frei. Von dieser Stunde an konnte ich meinen Dienst leichteren und freieren Herzens verrichten.

Diese Festnahme, die mich unterwerfen und ängstigen sollte, hatte mich innerlich befreit.

Ein Taxifahrer winkte mir über die Straße zu: Ich zeigte mit den Händen: Ich habe kein Geld!

„Ich nehme Sie trotzdem mit, *Hermana*!"

„Ist das eine Falle? Ist er vom Geheimdienst bestellt und nimmt mich direkt wieder mit?", schoss es mir durch den Kopf. Aber das konnte eigentlich nicht sein. Dankbar stieg ich ein. Nach der halben Strecke, an der Mapochobrücke, ging ich zum nächsten Telefon und gab mit den Pesos, die der Chef der Geheimdiensttruppe mir gegeben hatte, unserem Bischof Bescheid:

„Don Jorge, ich bin frei!"

„*Gracias a Dios!* Gott sei Dank, Karoline!"

Noch bevor ich in der Siedlung ankam, war der Bischof Jorge schon dort. Als ich in die Siedlung kam, lief gerade eine Nachbarin, Esterlina, über die Straße. Sie sah mich, kniete sich vor mir hin – und küsste meine Füße. Es ging so schnell, ich konnte es gar nicht verhindern. Ich war erschüttert von den Zeichen der Liebe und Solidarität, die mir die *Pobladores* erwiesen. Ich zog Esterlina hoch. Sie schaute mich an: „*Madre,* jetzt hast du das Gleiche durchgemacht wie wir. Jetzt gehörst du wirklich zu uns."

In den nächsten Wochen erhielt ich viele zutiefst anrührende Gesten der Liebe und Solidarität. Und ich spürte, ein weiteres Hindernis war weggefallen: Jetzt konnte ich noch unmittelbarer Leid, Nöte und Ängste der Menschen teilen, mit denen ich lebte.

Sie holen die anderen und meinen mich

Santiago, im Oktober 1977

Unsere lieben Freunde!

Warme Frühlingsgrüße aus Chile! Nach den nassen und kalten Wintermonaten lockt die liebe Sonne selbst in der Población ein wenig Grün und Bunt aus dem Boden und dabei vor allem auch eine zaghafte Hoffnung auf bessere Tage …

Die Unwetter des vergangenen Winters haben die Leute ziemlich mitgenommen, denn die Dachpappen hielten Sturm und Regen nicht stand. Einige Male waren wir bis spät nachts unterwegs, um den betroffenen Familien zu helfen: Verschiedene Hütten schwammen wie in einem großen Teich. Wir waren sehr glücklich zu sehen, dass die Leute langsam begreifen, dass sie sich organisieren und gegenseitig helfen müssen, anstatt untätig auf Hilfe von draußen zu warten. Einige Familien boten ihre Hütten an, um „nasse Nachbarn" aufzunehmen.

Mitte August trafen die Unwetter auch die Kindertagesstätte Naciente: Die von den Vätern gebaute Kläranlage floss über und überschwemmte die Toiletten der Kinder, was große Panik in der Tagesstätte auslöste (Infektionsgefahr, übler Geruch, etc.) Um dieses Problem zu lösen, bereitete ich am Morgen des 24.8.77 mit der Direktorin Denisse Araya die Elternratssitzung vor, die, wie jeden Mittwochabend, um 19 Uhr stattfinden sollte. Diese Versammlung ist von der staatlichen Behörde „Junta Nacional de Jardines Infantiles" genehmigt. Ich besprach mit Denisse die Möglichkeit, mit den Eltern den Bau einer neuen Kläranlage mit freiwilliger Arbeit der Väter oder auch den Anschluss an die städtische Kanalisierung zu überdenken. Zu Anfang des Jahres hatten wir einen Kostenvoranschlag für den Kanalisationsanschluss machen lassen. Die Höhe des Betrages (13.000,– US-Dollar) jedoch ließ uns diese Idee damals sofort verwerfen. Nun aber nach der schrecklichen Erfahrung der Überschwemmung nahmen wir den Gedanken von neuem auf. Die Väter sollten beraten, ob sich die Kosten nicht durch Eigenleistung drücken ließen.

Während Denisse am Abend die Elternratssitzung im Kindergarten hielt, waren Maruja und ich in unserer Hütte mit der christlichen Gemeinschaft versammelt. Plötzlich schlug jemand gegen 21 Uhr 45 heftig an unsere Tür und schrie verzweifelt, dass soeben Denisse und alle Teilnehmer der Sitzung (im Ganzen zwei Frauen und fünf Männer) verhaftet worden seien. Betend eilten wir zur Kindertagesstätte, wo wir am Eingang zwei Polizisten antrafen, die uns den Eintritt verwehrten und uns auf unser Fragen antworteten, in der Polizeistelle „El Salto" Auskunft zu holen. Wir machten uns sofort auf den Weg. Ich stellte mich dort vor als die von der Kirche

Verantwortliche der Kindertagesstätte „Naciente" und bat um Auskunft. Von draußen konnte ich unsere verhafteten Leute sehen, und auch sie entdeckten mich auf meinem Warteposten im Dunkeln der Nacht und ich sah, wie sie erleichtert aufatmeten. Gegen halb zwölf konnte ich unseren Bischof telefonisch über den Vorfall informieren, der bereits zweimal die Polizeistelle angerufen, aber auch keine Antwort erhalten hatte. Etwas nach zwei Uhr früh konnte ich mit dem Polizeichef sprechen, der mir erklärte, dass unsere Leute als „Verdächtige" festgenommen worden seien.

Die Nachricht von der Verhaftung rief in der ganzen Población Entsetzen hervor. Maruja übernahm am frühen Morgen die Leitung der Kindertagesstätte, die trotz allem für die Kinder weiterarbeiten musste.

Während ich den ganzen Tag vor der Polizeistelle verbrachte, wurde von der Presse und in den Nachrichten ein hässlicher Sturm mit schweren Anklagen gegen uns ausgelöst. Wir seien ein marxistisches Nest – und das hätten sie nun ausgehoben. Dabei hätte jedermann, der die Wahrheit suchte, die überschwemmten Toiletten „besichtigen" können. Unser gesamtes Personal weigerte sich, die Toiletten zu reinigen, um den Presseleuten zu zeigen, was in der Elternratssitzung in Wahrheit behandelt wurde. Für die Reporter war das eine nicht ganz angenehme Sache. Im Laufe der folgenden Wochen wurden weitere vier Kindermädchen festgenommen. Nach drei Wochen Gefängnis wurden die fünf Männer als schuldlos freigelassen und während der vergangenen 14 Tage wurden auch die zuletzt genannten verhafteten Kindermädchen wieder auf freien Fuß gesetzt. Jetzt hoffen wir, dass bald auch Denisse und ihre Gefährtin Ereilia die Freiheit erlangen. (…)

Zusammen mit den Menschen in der Población haben wir viel Angst und Not durchgestanden und dieses gemeinsame „Schicksal" hat uns mehr denn je zusammengeschmiedet. In aller Armut geschieht das Geheimnis der Menschenwerdung Gottes.

Liebe Freunde, vielen von Euch schulde ich ein persönliches Wort. Es sind unzählige Pakete und Spenden angekommen. Es ist nichts ver-

loren gegangen (außer unser Dank). Ein anderes Mal erzähle ich Euch, wie wir hier die Hilfe organisieren, um alles gerecht zu verteilen.

Immer denken wir mit Groß und Klein an Euch und wünschen Euch eine Adventszeit voll Liebe und Dankbarkeit.

Eure Schwestern
Maruja, Myriam und Karoline

Am frühen Morgen nach der Festnahme „meiner Leute" rief ich bei unserem Freund Oberst Brücher zu Hause an – dem Oberst, der uns schon so oft geholfen hatte.

„Oberst, kommen Sie selber zu uns. Schauen Sie sich an, wie die Kinder verwahrlosen und verhungern."

1974 hatte ich ihn in die Siedlung Angela Davis eingeladen – und er war gekommen. So wie er jetzt mit in den Kindergarten kam.

„Schwester, ich werde Ihnen Holzhütten schenken. Die Kinder brauchen mehr Platz. Und wissen Sie was? Seit fast einem Jahr sind Lebensmittel, die einst aus der DDR gekommen sind, bei uns im Lager. Sie sollen nicht verfallen – ich werden sie Ihnen schicken lassen."

Ein paar Tage später waren Lastwagen in unsere Siedlung gerollt: Drei, vier Tonnen kostbarste Fracht luden sie ab. Verpackt in Hunderten von 10-kg-Paketen: vorgekochte Erbsen, Bohnen, Linsen und Kichererbsen. Ein Kilo davon, aufgelöst in kochendem Wasser, ergab einen leckeren Eintopf. Ich staunte: Er war ganz nach chilenischem Geschmack.

Die Nachricht davon war wie ein Lauffeuer durch alle Hütten gegangen. Die Leute liefen zusammen. Wir berieten, wie wir das gewohnt waren. Jetzt hatten wir Lebensmittel für die arbeitslosen Familien. Bei denen war die Not besonders groß. „So ein Glück", dachte ich! „Wenn wir zu Essen haben können, werden wir auch arbeiten", sagte einer der Väter. „Der stinkende Bewässerungskanal, der durch die Siedlung geht, muss gesäubert werden", rief ein weiterer. Einige wichtige Vorschläge kamen dazu: die Befestigung der Straßen gegen Überschwemmungen im Winter, die Entfernung der Müllberge im Viertel …

Die Leute stellten einen Arbeitsplan für zwei Monate auf und verteilten die Lebensmittel an die Arbeitenden. Aber auch alleinstehende Frauen und Kranke oder Behinderte waren versorgt worden. Mit Hilfe des Obersts hatten wir diese Aktion drei Mal wiederholen können.

Und eben diesen Oberst Brücher rief ich jetzt an, als ich um meine festgenommenen Mitarbeiter bangte:

„Oberst, wir werden angeklagt. Im Fernsehen zeigt der Geheimdienst Pläne und behauptet, wir hätten damit einen Überfall auf eine Polizeistation vorbereitet. Dabei sind es die Pläne für die neue Klärgrube des Kindergarten *Naciente.* Aber im Grunde wollen sie mich treffen."

„*Hermana* Karolina, bleiben Sie ganz ruhig. Das kann nur ein Irrtum sein. Ich kenne doch Ihre Arbeit. Bleiben Sie ganz ruhig, kommen Sie bei mir vorbei, wir werden alles aufklären."

Ich ging, gemeinsam mit Maruja, zu ihm. Und zum ersten Mal in den drei Jahren, die wir uns kannten, ließ er mich warten. Bestimmt eine Stunde lang.

Als er endlich kam, war er nicht alleine, sondern in Begleitung eines Offiziers. Wie aus heiterem Himmel schrie er mich an und geriet außer sich:

„*Hermana* Karolina! Was fällt Ihnen denn ein? Immer kommen Sie zu mir und klagen und klagen, wie schlecht es den Menschen hier geht!" Mir verschlug es die Sprache, während er fortfuhr: „Gehen Sie doch lieber nach Hause. In Deutschland gibt es genug Arme, die ihr Essen aus Mülltonnen holen! Helfen Sie denen!"

Mit einer Geste bedeutete er, wir sollten gehen, und ließ uns dann stehen. Als wir zusammen auf der Straße standen, konnte ich immer noch kein Wort herausbringen. Meine Stimme war einfach weg.

Einige Zeit später wurde der Oberst in die entfernteste Ecke

Chiles versetzt. Irgendwann hat er mir noch einen Gruß geschickt – und dann habe ich bis zu seinem Tod nie mehr etwas von ihm gehört. Oberst Brücher hat für seine Menschlichkeit und Solidarität mit den Armen teuer bezahlt.

Die Farben der Sonne – Leben mit den Armen

Im Campamento Angela Davis

Zurück ins turbulente Jahr 1973: Das Jahr, das mich im März von Chile weg und am 21.12. wieder nach Chile zurück gebracht und in dem ich so viele innere und äußere Kämpfe durchzustehen hatte, war fast zu Ende gegangen. Nachdem wir das Weihnachtsfest zusammen gefeiert und unsere kleine Gemeinschaft gegründet hatten, wollte ich noch vor Jahresende meine Arbeit wieder aufnehmen. Die beiden holländischen Schwestern aus dem Steyler Konvent durften weiter in unserer kleinen Hütte leben.

Nach Weihnachten ging ich zum Kardinal Raul Silva, um mich zum Dienst zu melden. Bei der kurzen Begegnung kam er freudig auf mich zu und griff nach meinen Händen:

„*Hermana* Karolina. Wie gut, dass Sie wieder da sind und in den Armenvierteln arbeiten wollen – wir brauchen Sie!"

„Deswegen komme ich, Don Raul. Ich stehe ab sofort zur Verfügung." Am liebsten wäre mir natürlich gewesen, er hätte mich zurück nach Areas Verdes geschickt. Da kannte ich die Leute. Ich wollte nun mehr Hausbesuche und Einzelbetreuung machen. Vielleicht auch mal Zeit haben, um mit einer Familie Tee zu trinken und nicht immer nur zu arbeiten.

„Ich möchte Sie in die Siedlung Campamento Angela Davis schicken. Dort haben 1700 Familien eine ‚toma' – eine Landbesetzung – gemacht, die noch vor dem Putsch legalisiert worden ist. Wir müssen diesen Armen seelsorgerisch beistehen. Übrigens hat dein Freund Monseñor Juan de Castro gerade als bischöflicher Vikar die Verantwortung für die Nordzone, in der diese Siedlung liegt, übernommen, und wird damit dein Vorgesetzter."

Ich kannte diese Siedlung, denn dort lebte Sonia, eine junge alleinerziehende Mutter aus Areas Verdes, die 1972 mit zur Landbesetzung gegangen war.

Sie hatte uns vor meiner Abreise im März um Hilfe gebeten und tatsächlich mit Pater Luis' und Marujas Beistand einen kleinen Kindergarten gestartet.

Ich machte mich auf, um sie zu besuchen. Ich fand 30 Kleinkinder in schrecklichem Elend und Schmutz. Wieder sah ich Hungerbäuche. Hässliche Mückenschwärme fielen über die Kinder her. Und auf den Straßen noch viel mehr verwahrloste Kinder: Das war ab sofort mein neues Arbeitsfeld.

Es war aber doch ganz anders, als bei meinen Anfängen in Areas Verdes. Auch wenn die Leute mir gegenüber damals misstrauisch gewesen waren, konnte ich doch bald ihr Vertrauen gewinnen. Hier aber spürte man die Folgen des Putsches, und die Angst vor Verfolgung lag in der Luft. Die 10 000 Menschen, die im Campamento lebten, hatten das von ihnen besetzte Stückchen Erde schwer verteidigen müssen, um nicht fortgejagt zu werden. „Was will nun diese *Gringa*, diese Fremde, hier? Ist sie von Geheimdienst geschickt und wird uns aushorchen?", dachten manche, wie sie mir später erzählten.

Ich pendelte nun jeden Tag vom östlichen Las Condes in die Nordzone Santiagos. Das Misstrauen der Menschen musste ich akzeptieren.

Ich ging zu den deutschen Lehrern: „Die Hütte im Campamento Angela Davis ist viel zu klein für die vielen Kinder. Könnt ihr nicht kommen und uns helfen, noch eine anzubauen?" – Sie taten es.

Ich ging zum Bürgermeisteramt der Nordzone und fragte nach den Vorstehern der Siedlung. Sie wollte ich um Erlaubnis bitten, das kleine Stückchen Land einzuzäunen: Die Kinder liefen uns natürlich immer weg. Sie wiesen mir die Hälfte des Grundstückes zu, auf dem der „Kindergarten" stand.

Samstagvormittag. Ich hatte Draht besorgt. Zusammen mit ein paar Eltern und den Frauen, die im Kindergarten arbeiteten, wollten wir dieses Grundstück abtrennen.

Ich versuchte mit der Schaufel, Pfähle in die Erde zu bekommen. Juan, der Siedlungsvorsteher, bremste mit seinem Fahrrad neben mir:

„Ach, *Hermana*: Zäun doch das ganze Grundstück ein: es ist das Beste, was damit passieren kann." Er stieg vom Rad ab. „Wie wäre es denn, wenn du bei uns hier wohnen würdest? Dann würdest du das wirklich mal erleben – unser Leben."

„Hier zu leben ist das, was ich mir am meisten wünsche."

„Ach, wer soll das denn glauben?"

„Doch, ich möchte unter euch leben."

„Ich glaube dir nicht."

„So ist es aber."

„Na, dann könnten wir dir ja ein Haus besorgen."

„Genau das ist es, was ich jetzt brauche." Im Gebet hatte ich mit Gott schon die ganzen Tage darüber gesprochen, wie ich wohl an ein Haus kommen könnte, hatte ihn gefragt: „Jesus, wie soll ich denn da ankommen? Wie soll ich denn da leben? Eigentlich muss der Mann für ein Haus sorgen, also du bist dran!"

Der junge Mann sagte:

„Wir haben ein Haus für dich."

„Das glaube ich jetzt nicht. Das ist ein Scherz!"

„Doch."

„Dann zeige mir das Haus!"

„Na, dann komm mit." Ich habe es ihm wirklich nicht geglaubt, bis ich vor einer Hütte stand: Sie war 18 Quadratmeter groß, es fehlten die Türen, das Dach war ein steifer Karton, mit Teer überstrichen. So sahen alle Häuser aus, und überall fehlte etwas. Vor Freude sprang ich in die Luft: Da bekam ich einfach so ein Haus geschenkt!

„*Hermana*, wir werden das Haus für dich in Ordnung bringen."

Ich war so glücklich! Sofort nahm ich den Bus zu Maruja, um ihr von meinem Glück zu erzählen.

Als ich mit Maruja wiederkam und ihr das Haus zeigen wollte, stellte ich schnell fest, dass ich – in meiner ganzen Begeisterung und Freude über das Geschenk – überhaupt nicht gemerkt hatte, wo sich das Häuschen befand! Es war eine von 1700 Hütten, die fast alle gleich aussahen. Unmöglich, es wieder zu finden, so sehr ich auch umherirrte, mit Maruja im Schlepptau. Die fand das alles sehr lustig! Es blieb mir nichts anderes übrig, ich musste zurück zum Siedlungsvorsteher – dessen Haus kannte ich wohl!

Juan lachte schallend, als ich wieder vor ihm stand: „Bitte, ich kann das Haus nicht mehr finden, bringst du mich noch mal dorthin?" Aber er sah auch, wie ernst ich es meinte. Er hatte mir nicht geglaubt, dass ich zurückkommen wollte. „Gut, wenn du es ernst meinst, dann machen wir auch Ernst." Er ging zum Bürgermeister. „Ich brauche Bretterwände für *Hermana* Karolina, wir können doch nicht zulassen, dass die Schwester in einem halb offenen Haus wohnt." Es war unglaublich: Die Bretter wurden ihm bewilligt, und die Männer besserten die Hütte für mich aus. Fünfzehn Jahre lang sollte sie unser „Mutterhaus" sein.

Mit dem Bürgermeister habe ich mich schnell angefreundet. Er war zwar vom Militär eingesetzt und selber Offizier im Ruhestand – aber er schätzte meine Arbeit im Armenviertel und vertraute mir.

„Was denken Sie über die jungen Siedlungsvorsteher? Man hat mir erzählt, das seien alles Kommunisten. Aber ich finde, dass es ganz tolle Kerle sind!"

Ich wusste inzwischen, dass sie alle früher zu einer Linkspartei gehört hatten und ihren Ideen auch nicht abgeschworen hatten. Für mich war das etwas ganz Neues: zu sehen, dass junge Familienväter sich einsetzen, dass sie sich mit der Diktatur arrangieren, sich trotzdem weiter engagieren und einfach auf bessere Zeiten warten. „Nein, das sind keine Kommunisten. Und tolle Kerle – das sind sie in der Tat."

Leider war der Bürgermeister so menschenfreundlich und den Menschen so zugewandt, dass er nach einem Jahr von der Militärjunta abgesetzt wurde. Mit dem Neuen wurde es viel schwieriger. Er litt selbst unter dem Druck, der von den Militärs kam, und übertrug ihn auf die Stadtgemeinde.

Am 21. Mai 1974 war es soweit, am „Tag der Marine“, einem chilenischen Feiertag, an dem die Chilenen die Seeschlacht von Iquique vom 21. Mai 1879 feiern. Im Krieg gegen Peru und Bolivien um den Norden Chiles hatte diese Schlacht die Vorentscheidung für den chilenischen Sieg gebracht und damit den Besitz der kostbaren Salpeterminen, die vor allem von britischen und deutschen Firmen abgebaut worden waren.

Am Tag zuvor hatte ich mit Pater Luis und Maruja und den anderen Schwestern noch Eucharistie gefeiert. Auf dem Weg dorthin begegnete ich einem Lastwagenfahrer.

„Schwester, kommen Sie, ich bringe Sie nach Hause.“

„Danke, gerne!“ Unterwegs erzähle ich: „Ich werde heute umziehen.“

„Wissen Sie denn schon, wie Sie Ihre Sachen transportieren?“

„Nein.“

„Ich mache das für Sie.“ Dieser Mensch, den ich dann nie wieder gesehen habe, kam wirklich wie gerufen.

Nach der Messe luden wir meine Sachen ein: ein Bett, ein paar Schränkchen, jede Menge Schachteln, meine Seekiste. Und mein Prunkstück: ein kleiner Elektroherd, den mir die deutschen Lehrer geschenkt hatten.

An eines hatte ich nicht gedacht: Anders als in den anderen Hütten gab es bei mir kein Plumpsklo. So ging ich zur Nachbarin und fragte, ob ich ihre Toilette mit benutzen dürfte. Ich durfte – und weil das Plumpsklo keine Tür hatte, hängte die Nachbarin immer ihre Schürze davor, wenn ich kam. Einen Besen hatte ich auch nicht, und sie lieh mir ihren.

Als alles eingerichtet war, wollte ich dem netten Lastwagenfahrer wenigsten einen Tee als Dank kochen. Ein Freund hatte mir geholfen, mich an die öffentliche Lichtversorgung anzuhängen – ansonsten gab es in der ganzen Siedlung keinen Strom. Ich hatte zwei Glühbirnen im Haus und eine Steckdose.

Ich steckte den Elektroherd ein, es gab einen Knall – und die ganze Siedlung hatte keinen Strom mehr!

Meinen Elektroherd gab ich dem Mann sofort wieder mit zurück. Und ging wieder zur Nachbarin und bat sie um etwas heißes Wasser, um den Tee zu kochen, zu dem ich meine Helfer schon eingeladen hatte. Dann fuhren alle, nur Maruja wollte in der ersten Nacht bei mir bleiben. Betten hatten wir keine – so legten wir uns zum Schlafen auf den Boden.

Mitten in der Nacht wurde ich wach. Es hatte angefangen zu regnen – und die Wände waren nicht dicht. Alles stand unter Wasser. Alle meine schönen Bücher … meine Kleider hatte ich an die Wand gehängt – genau da, wo es jetzt herein regnete. Ich schob alles auf die andere Seite, wo es noch trocken war, und legte mich wieder hin. Es war stockdunkel, was hätte ich sonst tun sollen …

Als ich aufwachte, es war bestimmt schon zehn Uhr, war Maruja längst weg, sie musste um sechs in den Kindergarten. Es regnete immer noch – und ich hatte nicht den Hauch einer Idee, wie ich mit dem Wasser fertig werden könnte. Ich fand noch einen Klebestreifen, der noch vom Befestigen des Lichts übriggeblieben war, und versuchte damit von innen die Platten dicht zu machen. Aber kurz nachdem ich es ein wenig dicht bekommen hatte, wurde der Streifen jedes Mal feucht und löste sich wieder. So ging es nicht. Vor lauter Trostlosigkeit und Hilflosigkeit fing ich an zu weinen.

Da höre ich auf einmal, dass Steine gegen meine Tür geworfen wurden. Ich öffnete die Haustüre und stand vor einem Sumpf. Die Hütte befand sich ja auf Ackerweide – und die hatte sich über Nacht in Morast verwandelt. Drei, vier Meter entfernt, in der kleinen Gasse, stand eine Frau und warf Steine auf den Weg, um darüber zu springen und so durch den Matsch bis an meine Türe zu kommen. Es dauerte etwas, bis sie genug größere Steine geworfen hatte – aber dann balancierte sie mit einem kleinen schwarzen Kännchen über die Steine hinweg auf mich zu. Das Kännchen überreichte sie mir: Es war kochendes Wasser darin. Die Frau stellte sich vor: „Ich bin Maria, und ich habe gesehen, dass du gestern den Herd zurückgegeben und abends Wasser bei der Nachbarin geholt hast. Ich dachte, du brauchst bei dem Regen etwas Warmes."

Es war gut zehn Jahre später, dass ich Maria dann auch helfen konnte. Als wir 1986 die Villa Mercedes bauten, diese große Siedlung, mit der wir an den Rand unserer Kräfte kamen, war sie obdachlos und zog mit ihrer Familie in eines der Häuschen der Villa. Noch heute lebt sie dort, ihr Mann hat ein kleines Geschäft auf Rädern und verkauft in der Siedlung Obst und Gemüse für die Nachbarn.

Das kleine schwarze Kännchen aber, voll mit heißem Wasser, habe ich immer noch im Herzen.

Abschied vom Medizinstudium

Nach meiner endgültigen Rückkehr aus Deutschland fühlte ich mich sehr frei. Jetzt konnte ich selbst entscheiden, wie ich meine Zukunft gestalten wollte.

Das musste auch Pater Luis hinnehmen. Ohne mich zu fragen, hatte er mich in einer katholischen Universität außerhalb Santiagos fürs Medizinstudium eingeschrieben. Er hatte mir eine Wohnung bei Priesterfreunden besorgt, sehr netten Menschen, und erwartete, dass ich dort für drei Jahre hinging.

„Pater Luis, das werde ich nicht tun. Es ist mein größter Herzenswunsch, Medizin zu studieren. Das weißt du, und ich danke dir für deine Fürsorge. Aber noch wichtiger ist, dass ich dem Ruf meines Herzens treu bleibe. Ich bin mir sicher, dass mein Platz hier unter den Menschen ist. Wenn ich jetzt, wo gerade die Militärjunta an die Macht gekommen ist, von hier weggehe – dann verlieren die Menschen ihr Vertrauen in mich. Wenn ich drei Jahre zum Studium weggehe – dann muss ich danach ganz von vorne anfangen. Nein, ich werde in Santiago Medizin studieren."

Das war nicht leicht einzusehen für Pater Luis. Aber wir hatten mit unserer *Comunidad de Jesús* eine geschwisterliche Gemeinschaft gründen wollen. Wir wollten keinen Prinzipal, keinen Geistlichen, der für uns Entscheidungen traf! Miteinander wollten wir den Willen Gottes suchen und dann unsere Entscheidungen treffen.

Anfang des Jahres schrieb ich mich also an der Universität in Santiago für Medizin ein. Im Februar hatte ich einen Termin mit dem Dekan, um über mein Studium zu beratschlagen. Ich hoffte, dass ein Teil meines Studiums als Universitätskrankenschwester anerkannt würde.

Gerade wollte ich losgehen, da klopfte es an der Tür:

„*Hermana*, bitte helfen Sie mir. Ich werde verfolgt. Bitte, ich brauche ein Versteck!" In meinem Herzen entbrannte ein kurzer Kampf: Ich wollte unbedingt Medizin studieren, um Menschenleben retten zu können. Nun stand ein Mensch vor mir und bat mich, ihm zu helfen, sein Leben zu retten. Wenn ich aber nicht zur Universität ging und meinen Termin einhielt, dann wäre die Frist zur Einschreibung für dieses Jahr verpasst. Auch das wusste ich.

„Ein Jahr. Nur für ein Jahr verschiebst du deine Pläne, Karoline." Das versprach ich mir selber. „Dann studierst du ab nächstem Jahr Medizin weiter." So redete ich mir selber gut zu – und versuchte ein Versteck für den jungen Mann zu bekommen, der tatsächlich in Lebensgefahr schwebte. Der Tag verging wie viele folgende.

Aus unserer Hütte machten wir die Poliklinik *Comunidad de Jesús.* Das Bett in meinem Zimmer war meine Untersuchungsliege.

Schon früh morgens versammelten sich die Menschen vor unserer Tür. 60, 70 Patienten betreute ich konzentriert, den ganzen Tag lang. Einen nach dem anderen. Gegen Abend spürte ich manchmal, dass die Sonne schräg durch die Knoten im Holz fiel. Dann lief ich schnell vor die Tür und schaute mir den Sonnenuntergang an.

Die Nachbarsiedlungen wollten auch so eine Poliklinik haben: Wenn eine Schwester, eine Ordensschwester oder eine Krankenschwester bereit war, die Arbeit zu übernehmen, dann gründeten wir eine Poliklinik. Bald hatten wir zehn Krankenstationen am nördlichen Stadtrand von Santiago.

Das Jahr verging. Wieder kam der Tag, an dem ich zur Einschreibung gehen musste. Und wieder hatte ich vor lauter dringenden Anfragen von Menschen, die wirklich in Gefahr und Not waren, einfach nicht die Zeit, dorthin zu gehen. Dieses Mal verschob ich meine Einschreibung auf ungewisse Zeit – bis zum Ende der Diktatur. Was ich nicht wusste: Damit hatte ich mich gegen das Medizinstudium entschieden!

Das war vielleicht der größte Verzicht, den ich für den konkreten Dienst an den Menschen geleistet habe: Ich bin niemals Ärztin geworden.

Die große Not

Die richtig große Not kam dann mit der Arbeitslosigkeit Mitte 1974. Es hatte immer Familien gegeben, die in Not waren und unterernährte Kinder hatten. Das war so, und meistens konnten wir die Kinder retten. Auf einmal aber wurde das Wenige, das die Menschen hatten, noch weniger. Jetzt musste ich jede zweite Woche ein Baby begraben, das an Unterernährung gestorben war. Zuvor war schon manchmal ein Baby an Lungenentzündung oder Durchfall gestorben, aber eben nur manchmal. Jetzt hatten auch die größeren Kinder nichts mehr zu essen – und auch ihre Eltern hatten Hunger. Wir fingen wieder an, Suppenküchen aufzubauen – diesmal nicht nur für die Kinder, sondern für die ganze Familie. Es dauerte nicht lange, und wir hatten dreizehn Suppenküchen.

Immer mehr Väter kamen zu mir.

„*Hermana*, ich kann den Beitrag für den Kindergarten nicht mehr bezahlen!“ Wer wie viel zahlte, hatten die Eltern immer selber bestimmt.

„Was ist passiert?“

„Ich habe den *finiquito* bekommen.“ Schon wieder jemand.

Dabei kannte ich am Anfang nicht mal das Wort „*finiquito*". Es war die Kündigung: Die Gekündigten mussten sofort unterschreiben, bekamen noch einen Restlohn ausgezahlt und mussten gehen. Andere Arbeit gab es nicht.

In der Zeit der großen Not holte das Elend auch Familien außerhalb der Armenviertel ein:

„Ein großer Teil der Mittelklasse hatte den Militärputsch begrüßt, weil er die Rückkehr zu Ordnung und guten Sitten, zu Röcken bei Frauen und kurz geschnittenem Haar bei den Männern bedeutete, bald jedoch begannen sie unter der Last der hohen Preise und dem Mangel an Arbeitsplätzen zu leiden. Der Lohn reichte nicht mehr zum Essen. In allen Familien gab es einen Angehörigen zu betrauern, und sie konnten nicht mehr sagen, wie noch am Anfang, dass wenn einer gefangen, tot oder im Exil sei, dann deshalb, weil er es verdient habe. Auch die Folter konnten sie nicht länger bestreiten.

Während die Geschäfte für Luxusartikel, die wunderwirkenden Finanzierungsinstitute, die exotischen Restaurants und die Importunternehmen florierten, standen die Arbeitslosen vor den Fabriktoren Schlange, in der Hoffnung, für einen minimalen Arbeitslohn eingestellt zu werden. Das Handwerk fiel auf das Niveau der Sklavenarbeit zurück, und zum ersten mal seit vielen Jahren konnten die Arbeitgeber ohne Abfindung so viel Arbeiter entlassen, wie sie wollten, und sie beim geringsten Protest festnehmen lassen." (Isabel Allende, Das Geisterhaus)

Der Bürgermeister, der so menschlich gewesen war, hatte, kurz bevor er abberufen wurde, noch eine Umfrage gemacht: Über 60 % (!) der Familienväter waren arbeitslos. Das haben sie nie veröffentlicht: Arbeitslos zu sein war eine Schande. Von denen, die die Arbeit behielten, wurde absolute Treue gegenüber dem Regime erwartet. Gewerkschafter zu sein war eine Todsünde: Da hätte man sich auch sofort einen Strick nehmen können.

Es ist schwer zu beschreiben, wenn die Not so allgemein wird.

Oft fühlte ich mich an Deutschland in der Nachkriegszeit erinnert. Da hatten viele Menschen auch nichts. Aber sie hatten Know-how: Sie wussten, wie man Kleider wendet, Essen einkocht und haltbar macht, Dinge wiederverwendet. All das konnten die Menschen in den Armenvierteln nicht – das hatten sie nie gelernt … Ich fühlte mich unendlich hilflos. Zum Glück hatten wir wenigsten die Lebensmittel, die Oberst Brücher uns aus den Lieferungen der DDR hatte zukommen lassen.

Prisma de los Andes: mit den Frauen arbeiten

Gleichzeitig kamen immer mehr Frauen zu uns und wollten arbeiten. Irgendwann waren es um die 120 Frauen, die jeden Tag vor der Tür standen. Zusammen mit Elfriede, Regina und Brigitte, den Frauen der deutschen Lehrer, begannen wir, einige kleine Frauenwerkstätten aufzumachen. Wir machten Handarbeiten: Betttücher für die staatlichen Krankenhäuser, Schulschürzen, Babygarnituren. Diese deutschen Damen waren unermüdlich darin, irgendwelche Arbeiten für uns zu ergattern, aber gleichzeitig vermehrten sich bei uns die Frauen, so dass wir immer mehr Arbeit erfinden mussten. Mein Cousin Juan, der als Kapuzinerpater im Süden Chiles lebte, schenkte mir einen Lastwagen voll Wolle: über eine Tonne roher Schafwolle. Ungekämmt, ungewaschen. Das haben wir dann gemacht: Gewaschen, gekämmt, und einige Mapuchefrauen, Nachkommen der indianischen Ureinwohner Chiles, haben angefangen, diese Wolle zu spinnen. Dann haben sie es den anderen beigebracht: wie man eine Spindel macht, einen Stock und einen Stein daran befestigt und anfängt zu spinnen. Es war eine lange Prozedur, bis die Frauen lernten, dass ein Knopfloch gegenüber vom Knopf sein muss, und zwar genau dort und nicht ein bisschen daneben oder irgendwo ganz anders. Oder dass die Ärmel gleich lang sein müssen, damit wir die Jacke verkaufen können. Was wir produzierten, war am Anfang nicht unbedingt verkäuflich … Viele Frauen hatten noch nie in ihrem Leben eine Stricknadel in der Hand gehabt, oder eine Sticknadel oder gar eine Nähmaschine.

Es war ein dauerndes Überlegen, wie wir die Frauen entlohnen konnten und sollten: Allen das gleiche Geld geben, das war keine Lösung. Eine Frau mit vier Kindern brauchte einfach mehr, als eine mit nur einem Kind.

Wir mussten selber viel lernen.

Eine der deutschen Lehrerfrauen, Brigitte Meier, gehörte zu den Frauen, die am längsten dabei waren. Sie hatte eine unendliche Geduld. Und sie hatte immer so viel Mitleid mit den Frauen. Zum Beispiel, wenn an den Betttüchern die Fäden heraushingen – und die Frauen die Fäden einfach abgeschnitten, aber nicht vernäht hatten. So konnten wir die Betttücher nicht abgeben. „Aber den Frauen geht es doch so schlecht, ich mache das schnell selber“, sagte Brigitte Meier dann und vernähte flugs die Fädchen. Wenn ich das sah, sprach ich mit ihr:

„Brigitte, so geht das nicht. Ich weiß, die Frauen werden ärgerlich, wenn du ihnen die Wäsche zurückgibst. Und natürlich kannst du es schnell selber machen – aber so lernen die Frauen nie, die Wäsche eigenverantwortlich abzugeben.“

Aber auch chilenische Frauen halfen uns. Eines Tages kam Valentina mit ihrer Freundin und bot ihre Hilfe an. „Ich habe eine Erbschaft gemacht, ich war Universitätsprofessorin. Jetzt habe ich Zeit und Geld, und ich würde gerne mitarbeiten.“ Valentina verstand etwas von Kunst und hatte die Idee, dass die Frauen etwas Besonderes herstellen: Sie sollten sich auf ihre eigene Tradition besinnen, auf ihre eigene Kultur, und das als ihre Kunst ansehen: ihre Farben, ihre Muster, die schon ihre Großmütter kannten. Die meisten unserer Frauen waren ja schon in der Stadt geboren, aber sie hatten doch noch irgendwelche Mapuchemuster oder Muster der anderen indianischen Völker, der Ayamara, Diaguitas oder Atacameños aus dem Norden erlebt. Die Frauen begannen darüber nachzudenken. Manche weinten, manche hatten Angst, ausgelacht zu werden, wenn sie eigene Muster zeigen. Bis jetzt hatten sie Babygarnituren gestrickt, in rosa, hellbau und gelb. Jetzt fingen sie an, originelle Kleidung zu stricken oder Wandbehänge zu sticken. Auch für ihre Kinder. So, wie es früher einmal war, oder so, wie sie es von ihren Müttern noch gesehen hatten. Für manche war das ein Schock. Valentina aber hat nicht lockergelassen: Sie hatte eine unheimliche erfinderische Kraft und hat aus den Frauen herausgelockt, was in ihnen war – was sie oft selbst gar nicht wussten.

Und nebenher hat Valentina Farbenlehre gemacht: regelrechten Unterricht in Farben. Ich dachte: Die Frauen wissen so wenig, wie können sie da verstehen, dass ein Lichtstrahl mit dem Prisma zerlegt werden kann – wie kann man mit ihnen von Regenbogen, Primär- und Sekundärfarben reden? Aber ich wurde eines Besseren belehrt: Ein paar Jahre später kam ich mit drei, vier Frauen auf dem Rückweg von Einkehrtagen den Hügel hinunter. Wir waren im Gespräch – und auf einmal rief Matilde: „He! Guckt mal! Der Himmel ist türkis, das ist reines Gold, und die Sonne verbrennt." Aufgeregt hiet sie uns an, und wir betrachteten zusammen die Farben der Abendsonne: Die Frauen entdeckten die verschiedensten Blautöne und freuten sich an diesem Schauspiel der Natur. Ich war unendlich glücklich in diesem Moment. *Das* waren einfach nicht mehr dieselben Frauen, die irgendwann vor meiner Tür gestanden hatten. Neben all dem Leid, das sie zu tragen hatten, waren sie auf einmal fähig, etwas anderes wahrzunehmen und sich daran zu freuen. Mit den Handarbeiten ist keine von ihnen reich geworden, natürlich nicht. Und doch ist dadurch in ihnen etwas gewachsen, was mit Geld nicht zu bezahlen ist.

Wir brauchen den Schutz der Kirche: die *Fundación Missio*

Unsere Arbeit wuchs. Und im gleichen Maß wuchs der Druck, den das Regime auf unsere Arbeit ausübte. Unsere ganzen verschiedenen Dienste, die zwischen 1970 und 1976 entstanden waren, gehörten keiner Institution, sondern den Menschen, dem Volk. Sie waren Organisationen der christlichen Basisgemeinden und gehörten quasi sich selbst. Weil die Verfolgung des Regimes aber immer stärker wurde, wussten wir: Eines Tages würden sie alle unsere Dienste auflösen, gerade weil wir keine Rechtspersonen waren.

Wir versuchten einen Verein oder eine zivile Stiftung zu gründen. Aber mit Ausnahme von Paul Frings, der ja für die UNO arbeitete, mussten wir alle damit rechnen, auf der *„lista negra"*, der schwarzen Liste der Militärs, zu stehen. Die meisten von uns waren schon darauf zu finden – und wer nicht, würde nach einer solchen Gründung sofort darauf landen, als Feinde der Regierung. Jemand aus dem Justizministerium, der uns wohl gesonnen war, warnte uns: Wir würden von vorneherein unser Grab schaufeln.

Es blieb uns nichts anderes übrig, als die Kirche um Hilfe zu bitten. Unser Regionalbischof Jorge Hourton hatte den Dienst 1975 in der Nordzone übernommen. Er kannte unsere Arbeit durch Besuche und schätzte sie sehr. Deshalb war er bereit, zusammen mit einigen seiner Freunde eine kirchliche Stiftung beim Kardinal von Santiago zu beantragen. Am Anfang war der nicht gerade begeistert. Er hatte genug Stiftungen und Organisationen; doch er ließ sich überzeugen. Im Mai 1977 erhielten wir die kirchliche Anerkennung als Stiftung *Fundación Missio.*

Für uns hieß das, sämtliche Arbeitsbereiche zu institutionalisieren, was gar nicht so einfach war: Bis dahin lag die Arbeit in Eigenregie der Teams, Maruja war verantwortlich für die Kindertagesstätten, einige Mitarbeiter für die Frauen- und Männerwerkstätten, ich hauptsächlich für den Gesundheitsbereich und in der Koordinierung aller Dienste. Aber jetzt wurde es notwendig, dass alle Arbeitsversträge bekamen. Das war ein großer Schutz: Wenn jetzt jemand festgenommen wurde, konnte er sagen: „Ich bin ein Mitarbeiter der Kirche." Dieser Umstand wurde uns eine große Hilfe: Sicher vierzig, fünfzig Mal musste die Kirche zwischen 1977 und 1990 in schwierigen Situationen eingreifen. Sie hat das immer getan und ihre Fürsorgepflicht den Mitarbeitern gegenüber sehr ernst genommen. Bei den Mitarbeitern wiederum hat das viel Vertrauen und Kraft freigesetzt. Kraft: weiter zu machen, trotz des dauernden politischen Drucks, der mit der Zeit so mürbe machte.

Am Anfang, in den ersten Jahren, arbeitete eine große Zahl Studenten mit. Aber dann war es an den Universitäten verpönt, im Armenviertel zu arbeiten, und es wurden immer weniger. Manche verheimlichten auch ihren Dienst, manche sogar vor der eigenen Familie.

Als Fundación aber konnten wir auch europäische Hilfe bekommen: von den deutschen Hilfswerken wie Adveniat, Misereor, Brot für die Welt, EZE, Diakonisches Werk, Kindernothilfe und vielen anderen mehr, aber auch von „Chiles Kindern" aus Luxemburg und dem Schweizer Freundeskreis. Es war eine wunderbare Erfahrung, die Solidarität der Menschen in Europa zu spüren. Uns fehlten damals kaum jemals die Mittel, die wir brauchten, um unsere Dienste zu tun. Wenigsten ein Mal im Jahr versuchte ich den Freunden in Europa zu schreiben und von der konkreten Arbeit und dem Wachsen der einzelnen Dienste der Stiftung zu berichten:

Santiago, Pfingsten 1979

Unsere lieben Freunde!

Oft denken wir an Euch und es hat nicht an gutem Willen gefehlt, Euch zu schreiben, um wieder für die viele Hilfe zu danken, die wir in Form von Wäsche- und Medikamentenpaketen, Spenden, Opfern und Gebeten empfangen haben. Wie gerne würde ich jedem von Euch die Hand drücken! Und wie viel schöner wäre es, wenn Ihr einmal das Lächeln im Gesicht einer Mutter sehen könntet, das noch die Spuren von Tränen trägt: Sie kann es nicht fassen, dass sie plötzlich das schrecklich teure Medikament für ihr krankes Kind in der Hand hat.

Seit einigen Wochen erleben wir wieder die ganze Unmenschlichkeit des Armenviertels: Kälte und Krankheiten aller Art, tagelang haben wir kein Wasser, dann fällt mal der Strom aus und oft beides zugleich. Gott sei Dank, wenn da noch jemand ein bisschen Geld hat, um Heizöl zu kaufen, auch wenn es nur für einen Liter reicht. Hoffnungslosigkeit breitet sich aus. Der Andrang der Menschen, die an unserer Hütte klopfen, ist erdrückend. Gott helfe uns, dass wir immer ein wenig Hoffnung und Hilfe geben können. Pfingsten erlebe ich dieses Jahr im Zeichen des Todes und der Auferstehung, der Verzweiflung und der Liebe. In der Mittwochnacht rief man uns zu einem Toten: Juan, 30 Jahre alt, Vater von vier Kindern, alle an Tuberkulose erkrankt. Die Hütte hat keine Tür, nur ein offenes Loch. Es gibt kaum ein paar wackelige Stühle. Überall ist es schmutzig. Der Tote in der ärmlichen Bahre, die Nachbarn besorgt haben, liegt in der Mitte des Raumes, um ihn herum weinende Kinder, die weinende Frau, betrunkene Männer in zerrissenen Hosen. An die zwanzig Frauen wärmen sich an einem Holzfeuerchen hinter der Hütte. Die Nachbarn bringen Föhrenzweige und verwelkte Herbstastern und flechten daraus ein großes Herz mit einem Kreuz darin. Kinder verfertigen Papierblumen aus Packpapier. Jemand windet aus weißen und roten Papierblumen einen kleinen Kranz, den wir über das geliehene Kreuz hinter dem Toten hängen. Die Blumen, die Liebe, verändern den Raum. Wie lesen die Botschaft Gottes, den Bericht der Auferweckung des Lazarus: Das Leben hört nicht auf mit dem Tod. Christus unser Bruder, ist uns vorausgegangen: durch den Tod hindurch in eine neues Leben – ohne Ende, ohne Elend und Hunger. Für die Menschen im Elendsviertel ist es schwer an Auferstehung zu glauben … Für sie fehlt der Ernährer der Familie. Sie berichten, dass Juan von klein auf schwer als Tagelöhner auf dem Markt gearbeitet hat, um seine jüngeren Geschwister zu ernähren. Mit 20 Jahren hat er angefangen zu trinken „um sich den Körper zu wärmen". Dann hat er seine Frau kennen gelernt. Mit anderen zusammen hat er den Fußballklub „Los amigos de siempre" (= Freunde für immer) gegründet. Alle mochten ihn gern. Keiner kann verstehen, dass er jetzt nicht mehr da sein wird. Die Nachbarn erzählen, dass er sie jeden Morgen um halb sechs aufgeweckt hat mit einem munteren „Los, Jungens, zur Arbeit!" (Denn einen Wecker gibt es ja nicht in der Población.) Plötzlich sagt einer: „Ja. Juan ist uns nur vorausgegangen!" Stille – dann danken wir Gott für alles Gute, das er uns in Juan gezeigt hat und singen bis spät nach Mitternacht. – Liebe Freunde, wie ich Euch im letzten Brief berichtet habe, ist dieses Jahr unsere Arbeit gezeichnet vom Suchen und Kämpfen, unsere Erziehungsaufgabe in den Armenvierteln zu verbessern. Es geht um eine Erziehung, die befreit, den Menschen bewusster macht und ihn in seiner Ganzheit erfasst. Die Menschen in Not sollen fähig werden, ihren Beitrag zu leisten zu einem Strukturwandel unserer Gesellschaft im Sinne des Reiches Gottes. Zusammen mit den Brüdern der evangelischen lutherischen Kirche haben wir einen Weg gefunden: Im März gründeten wir ein Volkserziehungsinstitut, das all unseren Mitarbeitern die Möglichkeit gibt sich fortzubilden, um sowohl das 8. Hauptschuljahr nachzuholen als auch Kindergärtner-, Erzieher- oder Hauswirtschaftskurse zu besuchen, die von Fachkräften geleitet werden.

Die Eltern unserer Kinder wollen auch nicht hinten anstehen, auch sie verlangen mehr Bildung. So haben wir eine „Elternschule" begonnen. Einmal im Monat treffen sich die Eltern in Gruppen und besprechen ein Thema, wie zum Beispiel „Äußere Einflüsse auf die Entwicklung unseres Kindes", „Strafen – aber wie?" etc.

Im Übrigen helfen die Eltern weiter mit bei der Instandhaltung der Kindertagesstätten und Heime. Mit der Einrichtung der Werkstätten für die Schulabgänger sind wir noch nicht viel vorwärts gekommen. Es fehlt immer noch die ganze Ausstattung dafür, andererseits finden wir auch keine Meister, die den Unterricht übernehmen könnten. Bis jetzt erreichten wir nur, zwei größere Räume einzurichten, mit etwas Werkzeug, das längst nicht ausreicht für eine Gruppe Jungs. Aber wir geben die Hoffnung nicht auf, denn das hat mit einer besseren Zukunft unserer Leute im Land zu tun.

Liebe Freunde, wenn jemand mehr von unserer Arbeit, unserem Wirkungsfeld und den verschiedenen Projekten wissen möchte, schreibt uns bitte! Wir haben mehrere längere Berichte zur Verfügung.

Immer wieder bitten mich unsere Kinder, Nachbarn und Freunde aus der Población, Euch, den „Amigos alemanes", viele Grüße und schönen Dank für alles zu sagen.

Auch wir danken und grüßen Euch von Herzen,

Eure Schwester Karoline und „Comunidad de Jesús".

Die *Fundación Missio* wuchs – und wurde zu einem großen ökumenischen Hilfswerk. All die Jahre hatte ich die Freude, mit Bischof Jorge Hourton zusammen zu arbeiten. Er war der Präsident, ich die Geschäftsführerin der Stiftung – von 1977 bis 1988. Wir konnten viele Dinge aufbauen. Die Leute konnten, immer unter dem Schutz des Stiftungsdaches, lernen, sich selbst zu organisieren und sich weiter zu entwickeln. Ein Beispiel: In verschiedenen Arbeitsgruppen haben wir uns mit gewaltlosem Widerstand, mit Gandhi und Martin Luther King beschäftigt; aber es gab auch Suppenküchen oder Alphabetisierungskampagnen. Gegen Ende der Zeit hatten wir zehn Kindertagesstätten rund um die Stadt und zehn Polikliniken in der Nordzone von Santiago errichtet. Um die 600 Frauen arbeiteten in 36 Gruppen an verschiedenen Stellen in Santiago. Es gab ein Institut zur Volksbildung, eine Bibliothek, die ersten Gruppen der Jugendhandwerkerausbildung. 1985 hatten wir den Bau einer Siedlung für 174 obdachlose Familien begonnen. Auf ihrem Höhepunkt arbeiteten in der Stiftung 250 Festangestellte und 80 Freiwillige.

Und doch wurde die Stiftung, noch bevor die Diktatur zu Ende ging, zu meiner bislang bittersten Erfahrung. Einer Erfahrung des Scheiterns, des Rückzuges. Zum ersten Mal gab es keine Einigung. Der Konflikt blieb ungelöst, er spaltete unsere Mitarbeiter und wurde zu einem riesigen Strudel, in dessen Sog chilenische wie deutsche Freunde gleichermaßen gerieten.

Als die Liebe fast an ihre Grenze kam

Heute würde ich dieses Projekt niemals mehr so angehen. Niemals, niemals mehr würde ich nur Familien zusammen bringen, die seit Jahren oder Jahrzehnten nur den Überlebenskampf der Straße gewohnt sind: die aus dem Elend kommen und nur Elend kennen. Menschen, die so sehr auf der Schattenseite gelebt haben, dass jede Form von Gemeinschaft, von Füreinander-Einstehen, von Miteinanderleben, für Jahre unmöglich ist. Es gab Diebstahl, Streit, Alkoholismus und Gewalt untereinander. Heute würde ich versuchen, die Familien in bestehende Wohnviertel zu integrieren. Damals aber fehlte mir jede Erfahrung, wie diese Menschen in Gemeinschaft miteinander würden leben können. Kein Projekt hat mich je soviel Kraft gekostet.

Damals haben wir die Siedlung Villa Mercedes in der Stadtgemeinde Renca, im Nordwesten Santiagos, gebaut.

Santiago, Pfingsten, nach dem Erdbeben, im März 1985

„… doch für die meisten von uns
springen aus den Erschütterungen
eines Erdbebens
neue Quellen des Lebens …“
Agnes Smedley

Unsere lieben Freunde:

Ihr alle habt von den Schlägen der vergangenen Monate gehört: Wieder hat es vor allem die Armen getroffen, jene Arbeiterfamilien, die sich in jahrelanger Mühe ein Häuschen aus Lehm oder Ziegeln gebaut hatten – meist ohne den Beistand eines Baumeisters –, hier am Rande der Stadt oder auf dem Land. Innerhalb von fünf Minuten lagen ihre unsagbaren Opfer wie ausgebombt auf dem Boden.

Mir hat das Erdbeben vor Augen geführt, wie klein wir menschlichen Wesen angesichts dieser gewaltigen, unkontrollierbaren Macht der Natur sind. Meine Sorge war zuerst, die vor Entsetzen schreienden Mütter in der Nachbarschaft mit ihren Kindern am Rockzipfel zu beruhigen. Dann rief man mich auch schon zu den Herzkranken und in Ohnmacht Gefallenen. Später fuhr ich traurig mit einem betrunkenen Vater zur Unfallstelle, nachdem man sein Baby unter der eingebrochenen Ziegelwand hervorgezogen hatte, während er das Erbeben in einer Kneipe verschlafen hatte. (...) Zutiefst erschüttert hat mich jedoch dann, wie schnell und unbeschwert die Nichtbetroffenen kaum eine Woche später wieder zur Tagesordnung übergegangen sind, während noch viele Familien in Zelten auf der Straße lebten. (...) Die Preise der Baumaterialien kletterten in 14 Tagen auf das Doppelte. Bald wurde den Betroffenen klar, dass man ihr Unglück als eine Privatsache betrachtete, mit der jeder selbst fertig werden musste. (...)

Liebe Freunde, vergangene Woche schenkte uns eine chilenische Familie ein Grundstück, um für 200 obdachlose Familien aus unserem Armenviertel „Eigenheime" zu bauen. (...)

Das Erdbeben hat die Pläne von unserer Freundin Mercedes Encheñique noch beschleunigt. Schon lange wollte sie uns ein Grundstück schenken, damit wir darauf eine Siedlung bauen konnten. Als das Erdbeben das Leid der Armen, mit denen wir lebten, weiter verschärfte, hat Mercedes Encheñique – oder Tía Pin, wie die Menschen sie genannt haben – ihre Anstrengungen, für uns ein geeignetes Grundstück zu finden, verdoppelt.

Ich habe Tía Pin 1975 kennen gelernt. Das heißt: getroffen hatte ich Mercedes Encheñique de Larrain schon 1972, als sie uns mit ihrer Tochter, mitten in der Allende-Zeit, Lebensmittel brachte. Ihre Tochter hat dann ein Jahr lang freiwillig mit Maruja zusammen gearbeitet. Aber ich konnte mich nicht mehr an sie erinnern, als ich 1975 gleichzeitig von zwei Seiten auf sie aufmerksam gemacht wurde. Mein Bischof, Jorge Hourton, sprach mich auf sie an. Mercedes Encheñique hatte zusammen mit dem Bischof begonnen, in den Armenvierteln zu arbeiten – aber sie hatte keinen richtigen Platz, von dem aus sie sich einsetzen konnte. Gleichzeitig bekam ich einen Brief aus Deutschland, von der Göttinger Professorenfamilie Knoll, die mich bat, mit Mercedes Kontakt aufzunehmen. Ich glaube ja nicht an Zufälle, sondern an Fügungen – und die Begegnung mit ihr war definitiv eine Fügung.

Die Menschen in den Armenvierteln waren ihr gegenüber unendlich misstrauisch: Mercedes Encheñique gehörte zur alten chilenischen Aristokratie. Die Menschen unterstellten ihr politische Absichten, natürlich politische Absichten der Rechten. Was könnten die Beweggründe einer solchen Dame sein, zu ihnen zu kommen? Ihnen zu schmeicheln, um sie für das Regime zu gewinnen? Tía Pin spürte ihre Zurückhaltung, ließ sich aber nicht abhalten, in den Zeiten des allgemeinen Hungers 25 Suppenküchen zu betreuen. Jede versorgte 60 bis 100 Familien. Ich weiß nicht, wie viele Tonnen Lebensmittel sie mit ihrem kleinen Mini GM-Wagen Tag für Tag in die Armenviertel gebracht hat. Tía Pin wurde mir bis zu ihrem Tod Schwester und Lebensgefährtin im Dienst an den Armen. Bildung und Reichtum waren für sie kein Privileg, sondern eine Verpflichtung. „*Noblesza obliga*“ – „Adel verpflichtet“: Sie sagte es zwar nie, handelte aber danach. Sie verstand sich als Brücke zwischen den zwei Welten in Chile, der armen und der reichen. Erste und dritte Welt lagen räumlich so unbegreiflich nah beieinander – und die erste Welt war so unempfindlich dem Elend und der Unterdrückung der anderen gegenüber.

Elf Jahre arbeiteten wir schon zusammen, als sie uns das 3,6 Hektar große Grundstück in Renca schenkte. Viele Jahre trug sich Tía Pin schon damit herum, einen Teil ihres Vermögens, das sie mit den Armen teilte, nicht in Lebensmittel und Lohn für Arbeitslose fließen zu lassen, sondern es „nachhaltig“ für Obdachlose „anzulegen“: ihnen ein schützendes Dach über dem Kopf zu geben, das ihnen niemand mehr nehmen konnte.

Ehrlich gesagt, waren wir anderen Mitarbeiter in der *Fundación Missio* von Mercedes' Idee nicht allzu begeistert. Es gab schon so viele andere Projekte, die unsere ganze Kraft forderten.

Und wir hatten überhaupt keine Erfahrung auf dem Gebiet des sozialen Wohnungsbaus! Aber Mercedes steckte so viel Mühe in die Suche nach einem Grundstück und war so begeistert von ihrer Idee, dass wir ihr einfach in dieses Abenteuer folgen mussten.

Jetzt hatten wir das Grundstück. Und nun? Woher Geld für den Bau nehmen? Welche Familien auswählen und nach welchen Kriterien? Ein riesiger Berg Arbeit und ungelöster Fragen türmte sich vor uns auf:

Pfingsten 1986

Liebe Freunde,

(…) für das neue Projekt war kein Pfennig vorhanden. Da fügte es sich wunderbar, dass die Bundesregierung Deutschland durch Reinhard von Brunn von der GTZ Katastrophenhilfe nach dem Erdbeben anbot: Wir hatten ein Grundstück und den Bauplan für 174 aus Ziegel gebaute Häuschen, die in ihrer 1. Phase 21 qm² groß waren. Nach eingehenden Verhandlungen bewilligte die GTZ 511 000 DM zur Finanzierung des Baus der 1. Phase der 174 Häuschen.

Nun fehlte uns noch das Geld, um Kanalisierung, Wasserleitung, Elektrizität und Strassen anzulegen, was mindestens ebenso viel oder mehr kosten würde.

Da kam uns die Kontaktgruppe und der Freundeskreis um Helga Ferber und der Stadt Warstein zu Hilfe. Um mit unserem Vorhaben jedoch nicht stecken zu bleiben, baten wir außerdem Miserior um einen zinslosen Kredit von 200 000 DM auf 5 Jahre, der uns gewährt wurde. So fügte sich der finanzielle Teil wie eine Kette der Solidarität zusammen – nicht ohne kritische Augenblicke, wo alles unmöglich erschien, besonders bei den Verhandlungen mit den Baufirmen, die unser Unternehmen als zu schlecht finanziert und unser Preisangebot als nicht akzeptabel ansahen. (…)

In der Zwischenzeit hatten sich mehr als 400 obdachlose Familien bei dem von uns ad-hoc ernannten Team eingeschrieben. Jede einzelne Familie wurde an dem Ort besucht, wo sie gerade lebte, wobei wir durch eine eingehendes Gespräch und einen ausführlichen Fragebogen ein möglichst klares Bild über ihre Situation ge-

winnen wollten. Zuvor aber hatten wir vier Kriterien für die Auswahl derer, die begünstigt werden sollten, aufgestellt:

Familien, deren niedriges Einkommen ihnen voraussichtlich nie die Möglichkeit gibt, unter einem eigenen Dach zu wohnen.

Anzahl der Kinder unter 18 Jahren.

Bereitschaft zur Organisation, Mitarbeit beim Aufbau und zum freiwilligen Einsatz im Gemeinschaftsdienst.

Bereitschaft zu sparen, um einen Teil des Hauses abzubezahlen.

Ganz sorgfältig führten wir diese Interviews und vergaben Punktzahlen. „Mir geht es wirklich um die Allerärmsten, um die Menschen, die sich niemals aus eigener Kraft ein Dach über dem Kopf erarbeiten könnten!", hatte Mercedes uns immer wieder gesagt. Ihren Wunsch wollten wir natürlich unbedingt respektieren. Es war eine schreckliche Aufgabe. Unsere Herzen waren schwer, als wir die Auswahl trafen: Die einen, die wir aufnahmen, weinten Tränen der Freude, die anderen weinten vor Enttäuschung und Schmerz. Wir versuchten diese Enttäuschung mit den Abgewiesenen zu teilen und richteten noch eine Warteliste ein, falls eine Familie abspringen sollte. Mehr konnten wir nicht tun.

Unser Traum war eine große Dorfgemeinschaft. Deshalb hat unser Freund und *Missio*-Vorstandsmitglied Mario Perez de Arce, ein chilenischer Architekt, einen Dorfplan für das Grundstück von Mercedes entworfen. Die Häuser sollten so wie in einem Dorf stehen, dessen Bewohner zusammenhalten: Vorgesehen waren ein Dorfplatz, eine Kappelle, eine Kindertagesstätte und Werkstätten. Die Villa Mercedes lag damals direkt am Stadtrand von Santiago: Dahinter gab es große Ländereien, eine herrliche Baumallee mit Platanen und Feldern – und davor dieses Dorf, diese Siedlung.

Aber unser Traum platzte schnell: Nur wenige der Leute halfen sich gegenseitig. Schon bald gab es junge Leute, die bei den Nachbarn stahlen, und gewalttätige Auseinandersetzungen zwischen Alkoholikern. Für mich und die Mitarbeiter hieß das, die Familien einzeln und intensiv zu betreuen. Es gab viele Momente, in denen ich nicht wusste, ob ich dieses Abenteuer nicht bereuen würde.

„Nein, Marco. Das Haus ist nicht geschenkt. Wenn Ihr Besitzer des Hauses werden wollt, dann müsst ihr euren Teil dazu aufbringen." Wieder einmal – zum wievielten Mal eigentlich? – kämpfte ich auf der Versammlung der Genossenschaft der Siedler, die wir gegründet hatten, gegen die Haltung, dass die Siedlungshäuser einfach Geschenke seien.

„Ich habe es schon so oft gesagt und es bleibt dabei. Auch wenn Tía Pin uns das Grundstück geschenkt hat, auch wenn unsere deutschen Freunde uns helfen: Hausbesitzer wird nur, wer bereit ist, seinen eigenen Anteil aufzubringen. Ihr wisst, dass wir einen Kredit in Deutschland aufgenommen haben. Selbst wenn ich wollte, wir könnten euch gar nicht alles schenken. Wir müssen das Geld zurückzahlen – und jeder von euch muss seinen Beitrag dazu leisten, jeden Monat."

„Ach was, Schwester. Ihr macht doch ein Geschäft mit uns. Ihr habt die Gelder von der ‚internationalen Solidarität' bekommen und jetzt wollt ihr von uns auch noch mal Geld haben. Wir sollen doch nur wieder ausgebeutet werden."

So war es nicht: aber es gab kaum Siedler, denen das begreiflich zu machen war.

Misereor hatte uns ein zinsloses Darlehen auf fünf Jahre gewährt. Wir *mussten* das Geld zurückzahlen. Wir hatten die Werkstätten gegründet, damit die Menschen etwas verdienen konnten, damit sie ihr Häuschen abbezahlen konnten. Manche Leute hatten tatsächlich in den Jahren, als wir den Bau durchführten, dieses Geld angespart – aber das waren die wenigsten.

Wie oft habe ich in dieser Zeit gebetet: „Gott, wir haben es aus Liebe getan und ich *will* nicht abrücken von dieser Liebe. Ich möchte die Menschen weiterlieben, auch wenn sie sich benehmen wie undankbare, bösartige kleine Kinder, die sich die Köpfe einschlagen, und immer noch mehr Probleme schaffen." Nie wollte ich andere Menschen als Kinder betrachten – das würde ja heißen, dass sie in mir die allmächtige Mutter sehen, die herrische Mutter, die sowieso immer Recht hat. Nein, ich wollte immer, dass die Basis für unsere Arbeit Geschwisterlichkeit ist. Ich wollte, dass wir so miteinander leben und arbeiten, dass wir Partner sind. Dass sich alle wohl fühlen, ernst genommen werden, sich gleichwertig fühlen. Das will ich auch heute noch mit unserer Arbeit: dass wir uns miteinander für ein gutes Leben einsetzen. Das heißt für mich, das Reich Gottes auf Erden bauen: Das ist das Reich der Menschen, in dem die Menschen sich auf ihre Füße stellen, aufstehen und gehen können. Von alleine.

Natürlich weiß ich, dass auf eine Ordensschwester immer viel von den Menschen projiziert wird – vor allem Besitz, Reichtum und Macht. Und natürlich habe ich mehr Verantwortung, vielleicht mehr Wissen und auch mehr Einfluss. Das will, kann und darf ich nicht verleugnen. Aber meine Freude ist, zu sehen, wie Menschen ihr Leben selbst in die Hand nehmen. Das geht nur, wenn sie nicht auf Almosen und Unterstützung angewiesen bleiben, sonst gehen sie künstlich, auf Krücken. Sie dürfen nicht von der Güte und dem Wohlwollen der anderen abhängig bleiben, sie müssen mündig werden. Das ist die Voraussetzung für Gleichwertigkeit.

Immer wieder habe ich mir klar gemacht, dass die Mitarbeiter, der Architekt, der Statiker, der Rechtsanwalt – dass sie alle ehrenamtlich für unser Dorfprojekt arbeiteten, um den Menschen Liebe zu geben, um zu zeigen, dass es so etwas wie Liebe überhaupt gibt. „Herr, hilf mir Geduld zu haben. Hilf mir durchzuhalten, bis wir soweit sind und etwas Gutes daraus wächst." Ich musste mich sehr anstrengen, um nicht alles zu bereuen und vor allem, um nicht bitter zu werden. Dieses Projekt ging über meine innere Kraft und an die Grenzen meiner Liebesfähigkeit.

Es hat Jahre gedauert, bis die Leute heimisch wurden. Bis sie anfingen, auch miteinander besser umzugehen, bis es erste Gruppen der anonymen Alkoholiker gab, bis die Siedler sich organisierten und erste, noch zaghafte Nachbarschaftshilfe entstand.

Heute, fast 20 Jahre später, ist eine Generation herangewachsen von Kindern, die schon in der Siedlung geboren wurden. Die das Leben in der Obdachlosigkeit nicht mehr kennen lernen brauchten. Vielen aus dieser Generation ist die Villa Mercedes Heimat geworden. Diese neue Generation begreift, dass die Siedlung ein Gut ist, das man schützen und pflegen muss. Heute gibt es Gemeinschaftseinrichtungen, einen Kindergarten und eine kleine Poliklinik.

Wir suchten das Leben selbst

Verfolgung, Unterdrückung und Hunger: kein Ende in Sicht

Vorweihnachtliche Zeit, 1986

„Das Volk, das in Finsternis
und Todesschatten handelt,
schaut ein großes Licht:
Ein Kind ist uns geboren …
Die Herrschaft liegt auf seiner Schulter."
Isaias 9, 1–6.

Unsere lieben Freunde,

Während es in der Población stiller wird nach einer fürchterlichen Protestnacht und nur noch vereinzelte Schüsse fallen, denke ich nach, was die Botschaft der Heiligen Nacht unseren Leuten im Armenviertel bedeutet, in einer Zeit, in der ihr Leben, ihre Zukunft immer aussichtsloser geworden ist: Alle ihre gewaltlosen Proteste haben nur Menschenleben gefordert. Heute hat es wieder drei Tote gegeben und viele Verwundete, auch bei uns. Ihr Schrei nach Brot, Arbeit, Gerechtigkeit und Freiheit soll anscheinend endgültig unterdrückt werden.

Die Gesichter der Mütter und Väter unserer Kindertagesstätten tauchen vor mir auf und mit ihnen die Prozession des Leides und Elends, das sie mir in den vergangenen Tagen anvertraut haben. Auf ihre Frage, warum gerade ihre unschuldigen Kinder so viel durchmachen müssen, warum Gott diese schreckliche Not zulässt, warum er nur sie so straft, finde ich oft keine Antwort. Nur dass sie ihr Elend nicht als Strafe Gottes betrachten dürfen, weiß ich mit Sicherheit zu sagen. (…)

Das Schreckensregime der Militärjunta dauert nun schon über dreizehn Jahre, und es wird immer schwerer, nicht mutlos zu werden. Immer und immer wieder müssen wir neue Wege finden, uns umeinander zu kümmern und so die Kraft zum Weitermachen zu finden. Und auch ich muss immer wieder aufs Neue genau hinschauen:

Unaufhörlich redet Señora Isabel auf mich ein. Wir feiern das Jahresfest der Kindertagesstätte *Cristo joven*. Ich höre nur unwillig zu. Viel lieber will ich der Feier folgen. Plötzlich aber erscheinen vor meinem geistigen Auge gleichzeitig zwei Bilder: das Kind in Bethlehem und der Gekreuzigte. Unwillkürlich schaue ich wieder hin. Und diesmal sehe ich: Ich sehe das aufgedunsene, von Geschwüren bedeckte Gesicht der Señora Isabel. An ihren Kopf schmiegt sich ein bleiches Kindergesichtchen:

„*Madre*, ich will kein Geld. Ich will nur wissen: Hat Gott mich verlassen?“, höre ich sie in diesem Moment verzweifelt fragen.

Tief beschämt höre ich ihr jetzt aufmerksam zu.

„Enzo, mein Kleiner hier, ist vor einem Jahr von einer giftigen Spinne gebissen worden. Jetzt hat er Leukämie. Deshalb darf er nicht mehr in den Kindergarten.“ Señora Isabel erzählt auch von ihrem Mann, der Alkoholiker ist, und sie und die drei Kinder vor ein paar Jahren verlassen hat.

„Seitdem habe ich das Geld für mich und die Kinder verdient. Nun ist Enzo aber so krank, dass ich zu Hause bleiben muss. Ich habe schon unseren ganzen Hausrat verkauft. Jetzt habe ich nur noch ein Bett, Geschirr und einen Kocher.“

Es war der Moment gekommen, als Isabel nicht mehr die Rechnungen für die monatlichen Behandlungen von Enzo im Krankenhaus bezahlen konnte. Außerdem lag Marcelo, ihr zweiter Sohn, zehn Jahre alt, mit einer schweren Hepatitis im Krankenhaus. Da war sie mit ihrer Kraft so am Ende, dass sie versucht hat, sich umzubringen. Jetzt ist Isabel dunkelrot im Gesicht angelaufen – so sehr schämt sie sich. Heiße Tränen von uns beiden tropfen auf unsere Hände:

„Gott möge mir meine Feigheit verzeihen, *Madre.*“

„Isabel, du brauchst jetzt Kraft. Weißt du, in der Bibel heißt es: „kämpft weiter, ohne alle Hoffnung und Glauben“. (Römer 4,18)

Und ich weiß: Isabel darf nicht alleine sein in ihrem Kampf um das Leben. Wir alle sind aufgefordert, uns für das Leben einzusetzen, mit all unserer Kraft und unserem ganzen Herzen.

Nach der Feier spreche ich mit den Mitarbeitern der Tagesstätte. Und bald sehe ich, wie sie sich, mit Hilfe des Elternrates, um Señora Isabel kümmern. Isabel ist nicht mehr alleine, in der Solidarität der anderen wird ihr Gottes Liebe erfahrbar.

„Ich habe die Unterdrückung
meines Volkes gesehen und
seine Schreie gehört –
jetzt komme ich, es zu
befreien von seinem
Leid!“
Spricht Gott, der Herr, Ex. 3,7–8

Santiago im Advent 1987

Unsere lieben Freunde,

dieses Wort Gottes ist in diesem Jahr der Leitspruch zu Jesu Geburtsfest. Es drückt die ganze Not unsers Volkes aus, aber auch seine ganze Hoffung auf den Erlöser, den wir heute dringend brauchen, damit er kommt, uns zu befreien. Wir erwarten IHN ohne Schwert, Gewehr oder Militärlastwagen, die im letzten Jahrzehnt für uns zu Symbolen des Todes geworden sind und dauernd unser armes Volk bedrohen. Man weiß eigentlich nie, wann sie über uns herfallen. Manchmal scheint für kurze Zeit alles ruhig und friedlich zu sein, und dann ziehen plötzlich unvorstellbare Ungewitter auf, wie es uns anfangs Oktober passiert ist:

Wir hatten gerade den Morgengottesdienst in unserem Haus beendet, da stürzte jemand schreiend zur Tür herein: „Die Militärs kommen und sperren unsere Siedlung ab!" Ich mahnte zur Ruhe und Gelassenheit, frühstückte und ging zur Kapelle, wo wir uns seit September jeden Morgen um 9 Uhr mit den Leuten aus dem Armenviertel treffen, die an der „Mission" teilnehmen, bei der wir miteinander das Evangelium kennen lernen und nachdenken, was uns Jesus heute sagen will, denn Seine Botschaft ist die Wirklichkeit, in der wir leben. Wir hatten kaum mit dem Evangeliumsgespräch begonnen, als man mich dringend holte, um den Leuten beizustehen, die von den Militärs inzwischen festgenommen worden waren. Während ich mit dem Obersten wegen eines Verhafteten, der zur christlichen Gemeinde gehört, verhandelte, konnte ich beobachten, wie die Hütten vieler Familien durchsucht wurden. Auf die Frage nach dem Grund dieser Razzia antwortete man nur mit Achselzucken. Irgendjemand flüsterte mir heimlich zu: „Madre, beeil dich, auch du hast Besuch in deiner Hütte!" Die vier Männer vom Geheimdienst und der Polizei waren schon weg, als ich heimkam. In einer dreiviertelstündigen Hausdurchsuchung hatten sie nichts gefunden und nur eine große Unordnung hinterlassen.

Eine positive Erfahrung war hingegen, dass binnen einer Stunde der Deutsche Konsul Dieter Haller bei uns eintraf, was wie ein Lauffeuer durch das Armenviertel ging und die Leute ermutigte. Der Schrecken und die Demütigung jedoch hielt noch wochenlang an, besonders bei den Kindern und Jugendlichen.

Wir lebten in ständiger Bedrohung, mit immer neuen Demütigungen.

Wir fragten nicht danach, wie wir dem Leben einen Sinn geben könnten – wir suchten das Leben selbst. Aus dieser Suche erwuchsen uns große Aufgaben. Denn während man uns mit Füßen trat, ausbeutete und verfolgte, versuchten wir das Leben zu achten, zu hüten, zu schützen und zu lieben. Das Leben zu teilen und Leben zu geben. Dabei ging es uns immer um *mehr* Leben – um ein Leben in Fülle, wie Jesus es uns versprochen hatte. Wir versuchten, allen Dingen auf den Grund zu sehen – der Theologie, den Wissenschaften, der Technologie, der Politik und den Wirtschaftssystemen. Wir befragten sie nach ihrem Beitrag zum Leben, nach dem Lebensstrom, der immer dort fließt, wo Gottes lebendiger Geist wirkt. So lernten wir, immer dann auf großartige Dinge, kühne Pläne und schmeichelnde Träume zu verzichten, wenn sie nicht dahin zielten, der Gemeinschaft der Menschen eine größere Fülle an wirklichem Leben zu geben. Gleichzeitig spürten wir, dass wir mitverantwortlich für die ganze Schöpfung sind. Das erforderte von uns: bewusst leben.

Zu diesem bewussten Leben gehörte es für mich auch, nicht nur Menschen vor dem Regime zu schützen, also auf das Regime zu reagieren, – sondern mich auch selber an Aktionen gegen die Militärs und ihren Terror zu beteiligen.

Widerstand im Untergrund: *El movimiento Sebastián Acevedo*

Es war eine ökumenische Bewegung, der ich beitrat. Der Bischof war nicht sehr glücklich darüber – er wollte nicht, dass ich mich in Gefahr brachte: Es war eine Bewegung, deren Mitglieder oft festgenommen wurden.

„Du wirst in der *Fundación* gebraucht, Karoline, wir können nicht auf dich verzichten."

„Ich verspreche es dir. Ich werde dafür sorgen, dass ich nicht festgenommen werde." Und ich habe es auch immer geschafft, zu entkommen. Allerdings war es manchmal knapp.

Die Bewegung hatten wir nach Sebastián Acevedo, einem Arbeiter aus der Kleinstadt Coronel in der Nähe der Stadt Concepción, benannt. Von heute auf morgen waren seine beiden studierenden Kinder, ein Sohn und eine Tochter, vom Geheimdienst verschleppt worden. Niemand wusste, wo sie festgehalten wurden. Doch es war allen klar: Sie sind in Lebensgefahr. Acevedo war verzweifelt: An wen er sich auch wandte, niemand konnte ihm helfen, seine Kinder zu finden. Auch die Kirche nicht. Sie hat es versucht, erfolglos. Acevedo hat alles unternommen, was in seiner Macht stand, um die Öffentlichkeit auf das Verschwinden seiner Kinder aufmerksam zu machen. Er hatte berechtigte Angst: Wenn seine Kinder spurlos verschwanden, waren sie in allerhöchster Not, von Folter und Mord bedroht. Und dieses Schicksal wurde mit jeder Stunde, in der Acevedo seine Kinder nicht fand, immer wahrscheinlicher.

In seiner Verzweiflung kündigte Sebastián Acevedo schließlich an, sich öffentlich zu verbrennen: auf den Stufen der Kathedrale von Concepción, zu einer vorher festgelegten Uhrzeit. Als er mit dieser Drohung immer noch nichts erreichte, machte er sie wahr: auf den Stufen der Kathedrale, mitten in der Stadt am hellichten Tag, übergoss er sich mit Benzin und zündete sich an.

Diese Nachricht ging durch ganz Chile. Es war der Akt eines Einzelnen, aber er hat viele, viele Menschen in Chile zum Nachdenken gebracht: das war kein Irrer, kein Idiot. Das war ein Vater, der sich für seine Kinder opferte. Natürlich wurde er diskreditiert von der rechten Presse, der Presse der Diktatur, und als verrückt hingestellt. Aber dieser Akt der Selbstaufgabe hat auch die Kirche von Concepción erschüttert. Die Kirche in Santiago war viel engagierter – in einigen Provinzen sah es da ganz anders aus! Wie sehr sich eine Diözese gegen Pinochet und das Regime engagieren konnte, hing immer ganz davon ab, wie pinochetfreundlich der jeweilige Bischof war.

Noch am Abend sind beide Kinder Acevedos vom Geheimdienst freigelassen worden.

„Wir geben unserer Bewegung den Namen: Sebastían Acevedo.“ Es war Pepe Aldunate, ein Jesuitenpater, der dafür sorgte, dass Sebastián Acevedo wenigstens im Namen unserer Bewegung weiterlebte. Pater Pepe war damals Mitte 60. Er war ein leidenschaftlicher Kämpfer für Menschenrechte, ein sehr bekannter Moraltheologe mit einem Lehrstuhl an der katholischen Universität, und Ordensprovinzial der Jesuiten in Chile.

Er lebte die Gewaltlosigkeit wirklich bedingungslos.

Bei einer Demonstration der Bewegung hatte ich ihn im Arm: Er war körperlich nicht sehr stark, kaum größer als ich, und wirkte eher zerbrechlich. Und er bekam immer die meisten Prügel. Vielleicht hatte der Geheimdienst herausgefunden, dass er die Bewegung mit gegründet hatte. An diesem Tag wurde er an meinem Arm regelrecht verprügelt. Ich konnte fast nichts machen, um ihn zu schützen. Er bekam den ganzen Hass und die Brutalität ab.

Unser Ziel in dieser Bewegung war es, der Wahrheit wenigstens ein kleines Stückchen ans Licht zu verhelfen. Die gleichgeschaltete Presse verdrehte alles, und die Menschen hatten keine Chance zu erfahren, was wirklich passierte.

Rodrigo de Negri und Carmen Gloria Qintana, beide fast noch Kinder mit 18 und 19 Jahren, hatten nichts anderes getan, als gegen die Diktatur zu protestieren. Das Militär erwischte sie in aller Herrgottsfrühe. Sie wurden mit Benzin übergossen, angezündet, halbtot mit schrecklichen Verbrennungen auf ein Militärauto geladen und auf einem verlassenen Feldweg abgesetzt. Beide lebten noch. Wie Gespenster liefen sie nackt und mit ihren schrecklichen Wunden übers Feld. Ein Bauer hat sie erschreckt aufgenommen und ins Krankenhaus gebracht.

Während sie dort mit dem Tod rangen, war schon in den Zeitungen zu lesen, dass die jungen Leute mit Molotowbomben gespielt und ihr Unglück selbst verschuldet hätten.

Doch es gab Augenzeugen, es gab Menschen, die die beiden sehr gut kannten! Wie sollte die Wahrheit an die Öffentlichkeit gelangen? Wir beschlossen eine „Aktion“:

Auf der zentralen Hauptstraße Santiagos, auf der Alameda, organisierten wir einen großen Kreuzweg. Viele hundert Mitglieder der Bewegung haben sich beteiligt. Auf die großen Kreuze, die wir trugen, hatten wir geschrieben: *„Die Militärdiktatur hat diese beiden jungen Menschen verbrannt. Die Presse lügt.“* Alle Teilnehmer an dieser Demonstration waren bereit, sich für diese Aktion festnehmen zu lassen.

Der junge de Negri war erst seit kurzem im Land, er hatte mit seiner Mutter im Exil gelebt. Er starb an seinen Verbrennungen.

Carmen Glorias Leben stand monatelang auf Messers Schneide. Schließlich hat sie überlebt. Mit schrecklichen Wunden und Narben und nach unzähligen Operationen.

Bei der Demonstration anlässlich der Beerdigung von Rodrigo de Negri habe ich gesehen: Mit dem Wasserwerfer haben die Militärs genau auf unseren Jesuitenpater Pepe Adunate gezielt. Er stand da mit erhobenen Händen und die volle Wucht des Wassers prallte gegen ihn. Wir konnten nichts tun, als ihn hinterher – tropfnass wie er war – zu umarmen. Dann ging er weiter seinen Weg mit unglaublichem Einsatz und Mut.

Pater Pepe war zweifellos für mich persönlich – und auch für andere – eine enorme Ermutigung. Jemand zu sehen, der so fraglos sein Leben gegeben hätte!

Nur durch solche Aktionen konnten wir in der Öffentlichkeit ein Bewusstsein dafür schaffen, was wirklich passierte. Viele Schwestern, Mönche und Priester haben in Kutten und Habit daran teilgenommen. Oft gab es vor Festnahmen kein Entkommen, und eine Reihe unserer Mitglieder wurde verhaftet. Unsere Strategie war dann, dass sich möglichst viele anboten, auch festgenommen zu werden. Wir drängten in den Polizeibus: Je mehr verhaftet wurden, umso weniger konnte den Festgenommen passieren.

Manchmal warfen sich unsere jungen Leute vor die Polizeibusse oder die Tränengaswerfer und mussten dann weggetragen werden. Natürlich wurden sie verhaftet und oft in stinkenden Gewässern und Gasen gebadet. Oft hing, wenn ich jemanden nach einer solchen „Behandlung“ mit dem Auto aus dem Gefängnis abholte, noch wochenlang der Gestank der Chemikalien im Auto.

Wir nahmen nur Mitglieder in die Bewegung auf, die unser uneingeschränktes Vertrauen hatten. Niemals durfte sich jemand als zu uns gehörig zu erkennen geben. Wir haben häufig nur die Gesichter gekannt – jeder von uns hatte Kontaktpersonen. Wir waren wirklich straff durchorganisiert – und dennoch zeitweise vom Geheimdienst unterwandert!

Bevor wir an einen Treffpunkt kamen, an dem eine Aktion stattfinden sollte, sahen wir dann schon, dass hundert Meter weiter ein Polizeiauto wartete. Manche Aktion haben wir unmittelbar, bevor sie losgehen sollte, abgesagt. Es machte keinen Sinn, ins Messer zu laufen, nur kluge Handlungen konnten helfen.

Wir konnten meist nur Blitzaktionen machen – auch wenn der Geheimdienst nichts wusste, mussten wir immer damit rechnen, dass der „Apparat" blitzschnell funktionieren würde. Am Ende jeder Aktion haben wir das Lied vom *„pájaro enjaulado"*, vom eingekerkerten Vogel, gesungen und das Vaterunser gebetet. Schnell nahmen wir uns dazu alle an die Hand, drückten, warfen Flugblätter in die Höhe und versuchten dann so schnell wie möglich in der Menge oder zwischen angestauten Autos zu verschwinden. Am Ort der Aktion haben wir immer ein Transparent zurückgelassen, auf dem unsere Botschaften standen: *„Hier wird gefoltert"*, *„Die Zeitung ‚El Mercurio' schweigt zu den Folterungen"* oder *„Militärs haben Carmen Gloria und Rodrigo verbrannt"*. Durch Flugblätter versuchten wir erlogene Zeitungsberichte und falsche Informationen in den Medien aufzuklären. Wenn etwa ein Arbeiter verschwunden war und dann tot aufgefunden wurde, gab es immer schnell einen Bericht, was für ein schlimmer Krimineller er gewesen sei. In Wirklichkeit hat das Militär ihn, den Unschuldigen, verschleppt, gefoltert und getötet. Eine Aktion, unsere beste, konnten wir nur einmal durchführen: Die Alameda zur Hauptverkehrszeit, genau gegenüber der Franziskuskirche. Die ganze Stadt traf sich an dieser Stelle, das Leben pulsierte durch die Alameda, dem großen Prachtboulevard von Santiago, von Osten nach Westen und von Westen nach Osten. Sekundengenau blockierten Freunde, die nicht zur Bewegung gehörten, sondern nur um diesen Dienst gebeten worden waren, die Straßen genau hier: an San Antonio und Santa Rosa vor der Ampel. Nichts ging mehr. Wir legten den gesamten Verkehr lahm. Wir knieten auf der achtspurigen Alameda. Kein Auto konnte fahren. Und da San Antonio und Santa Rosa Einbahnstraßen waren, konnte auch keiner zurück. So haben wir sämtliche Autofahrer aufmerksam gemacht, ihnen Informationen gegeben und viele, viele Fußgänger informiert.

Ganz selten haben wir es geschafft, dass die Presse sich für uns interessierte – meistens hat nur der Geheimdienst die Aktionen fotografiert, um uns später identifizieren zu können.

Singen

Am 24. März 1980 ist Bischof Oscar Romero von Militärs in El Salvador ermordet worden, während er eine Messe las. Innerhalb der Kirche Lateinamerikas und für sie war er sehr, sehr wichtig: ein Leuchtturm für sein Volk und Vorbild für viele Bischöfe, die ich kannte. Er hatte viele Morddrohungen erhalten und sich dennoch nicht von seinem Weg abhalten lassen. Als er zum Bischof ernannt wurde, war er sehr konservativ. Oscar Romero war auf dem Land unter Großgrundbesitzern Bischof geworden. Dann wurde er Erzbischof von San Salvador. Durch seine Priester, die in San Salvador unter den Armen arbeiteten und verfolgt wurden, hat er das Elend der kleinen Leute und die Verfolgung im Land kennen gelernt. Einer seiner engsten Freunde ist ermordet worden. Diese Erfahrungen haben ihn verändert und ihn für eine neue Kirche arbeiten lassen: eine Kirche, die sich für die Armen einsetzt.

Die Ermordung von Oscar Romero hat uns alle schwer erschüttert. Wir haben daraufhin in Santiago eine Vereinigung aller christlichen Basisgemeinden der Armenviertel gegründet. Alle Mitglieder dieser Vereinigung, alle Schwestern, Priester und Laien, haben sich nach seinem Tod getroffen und beschlossen, am Karfreitag 1980 einen Kreuzweg zu machen: einen Schweigekreuzweg im Gedanken an Oscar Romero. Die Franziskaner erlaubten uns, uns an ihrer Kirche zu versammeln und von dort zum Zentralfriedhof zu ziehen. Kurz zuvor hatten uns Totengräber über die seit Jahren gesuchten Massengräber der Diktatur informiert. Viele Menschen wussten ja nicht, wo ihre Leute, die nach dem Putsch ermordet oder hingerichtet worden waren, beerdigt waren. Ein Friedhofswärter führte mich zu den Gräbern unserer ermordeten Geschwister; sie waren in einem vernachlässigten Teil des Friedhofes verscharrt worden. Dieser Ermordeten und Oscar Romeros wollten wir gedenken.

Alle brachten rote Nelken mit. Ich sollte den Kreuzweg leiten, den Weg zum Friedhof finden und voran gehen. Uns war klar: Sobald wir aus der Kirche herauskämen, würden Polizei und Geheimdienst sofort auf uns aufmerksam werden und irgendwie zu verhindern versuchen, den Kreuzweg zu gehen. Wir hatten mehrere Bischöfe und Vikare eingeladen, die auch wirklich kamen. Wir sind den Weg schweigend gegangen; nur das Lied *„El pueblo gime en un dolor, ven y salvanos“* („Das Volk stöhnt im Schmerz, komm und rette uns“) haben wir gesummt.

Lieder waren unsere Möglichkeit, die Sprachlosigkeit zu überwinden. Wenn wir redeten, mussten wir immer Angst haben. Aber wir brauchten auch eine Identität, einen Ausdruck für unsere Not wie auch für unsere Hoffnung. Wir hatten die alten Kirchenlieder und wir haben Gospelmelodien umgetextet: Wer Ohren hat zu hören, höre, was unter dem Volk passiert. Und wir hatten Spaß dabei, wir sangen die fröhlichen Melodien und wir spielten mit den Worten. Wir sangen *„demos gracias al señor, demos gracias …“*: „Lasst uns dem Herrn danken.“ Aber wenn man es singt, dann hört es sich an, wie *„democracia“* – und natürlich sangen wir eigentlich: Gib uns die Demokratie zurück!

Wir brauchten diesen gemeinsamen Ausdruck in der Not – sonst war es einfach zu schwierig, den Mut und die Hoffnung nicht aufzugeben.

Mein guter Hirte: Bischof Jorge Hourton

„Karoline, ich kann nicht mehr." Maruja hat die ganze Nacht nicht geschlafen, sie zittert am ganzen Körper, ihre Nerven liegen blank. Ein wenig hat sie sich seit der Verfolgung der letzten Nacht beruhigt – aber immer noch ist sie dem Zusammenbruch nahe. In der Nacht ist uns ein Mann vom Geheimdienst so dicht auf den Fersen gewesen, dass wir schon seine Pistole im Rücken zu spüren glaubten. Ich merke: Jetzt ist es genug, die Unterdrückung ist nicht mehr auszuhalten. Wir brauchen eine Auszeit, müssen uns an einem anderen Ort erholen oder zumindest zur Ruhe kommen.

Wie so oft, wenn ich Hilfe brauche, suche ich Zuflucht bei Bischof Jorge Hourton.

„Jorge, können wir ein paar Tage bei dir wohnen?", bitte ich.

„Aber natürlich." Mit offenen Armen nimmt uns Bischof Jorge auf. Aber auch in dieser Nacht kann ich nicht schlafen: Vom offenen Fenster aus sehe ich mehrere Autos des Geheimdienstes vor dem Haus des Bischofs stehen.

Am nächsten Morgen feiern wir drei zusammen die heilige Messe. Bischof Jorge hat tiefe, schwarze Ränder um die Augen.

„Verzeih, bei all deiner schweren Arbeit komme ich jetzt auch noch daher."

Bischof Jorge legt seinen Arm um meine Schultern, schaut mich an, lächelt und sagt: „Ich war noch nie so glücklich ein Hirte zu sein wie gerade jetzt."

Wie seit vielen Jahren schon stand er mir in allem, was passierte, zur Seite. Ob sie mein Auto angezündet oder meine Mitarbeiter verhaftet hatten – was auch immer. Er hat beim Geheimdienst interveniert, Menschen versteckt, unsere Arbeit geschützt und verteidigt.

Einmal die Woche kam er zu uns ins Elendsviertel, und wir feierten die Messe zusammen. Eines Tages sagte ich nach der Eucharistie zu ihm: „Sie haben heute Nacht zwei Mitarbeiter geholt. Die Kinder sind alleine zu Hause. Was können wir tun?"

„Wie kannst du mir das erst jetzt sagen? Also, wirklich Karoline! Komm, los, wir fahren zur Kaserne."

„Ich will mit dem Kommandeur sprechen." Bischof Jorges Stimme schallte über den Platz vor der Militärkaserne. „Leise, Bischof, leise." Maruja zog vergeblich an seinem Ärmel. Sie hatte Angst.

„Der Hauptmann ist nicht da", antwortete der Wachtposten.

„Gut, dann will ich den Kommandeur sprechen." Der Bischof ließ nicht locker und wurde auch kein bisschen leiser. Nach zwanzig Minuten hatte sich immer noch nichts getan.

„Ich werde hier nicht weggehen, bevor der Kommandeur nicht da ist." Fünf Minuten später kam der Kommandeur – und hörte den Bischof tatsächlich an.

„Es tut mir leid, aber ich weiß wirklich nicht, wo Ihre Leute hingebracht wurden." Der Kommandeur konnte nicht helfen, versuchte aber über einen anderen Bischof, Verbindungsmänner zu finden. Die Eltern der Kinder kamen nach fünf Tagen wieder frei.

Mit ihnen zusammen waren viele andere verhaftet worden. Von ihnen ist keiner mehr zurückgekommen.

Für mich war Bischof Jorge wirklich mein guter Hirte. Immer war er für mich da und immer schützte er mich. Manchmal, wenn er nach Rom musste, flog er auch nach Deutschland, um von unserer Arbeit zu erzählen. Mit den Jahren lernte er meine Familie und sogar Pietenfeld kennen.

Auch heute sind wir gute Freunde. Wieder. Der Streit um die Richtung und die Arbeit in der *Fundación*, der auf uns zukommen sollte, hatte uns mehrere Jahre getrennt.

Johannes Paul II.: Die Armen können nicht warten

Ende März 1987 war die Spannung im ganzen Volk zu spüren. Papst Johannes Paul II. hatte sich in Chile angekündigt, und sein Besuch wurde gleichermaßen sehnsüchtig wie ängstlich erwartet. Würde sein Besuch das Militär stärken – oder würde er den Armen zu mehr Gerechtigkeit verhelfen können? In anderen Ländern, in Polen oder auf den Philippinen, hatte sein Besuch durchaus etwas verändert …

Aber Chile hatte einen katholischen Diktator, der sein Katholischsein zu nutzen wusste und zur Schau stellte: Pinochet ging immer öffentlich zur Kommunion und ließ das im Fernsehen übertragen. Und der Diktator hatte in dieser Zeit starke Kirchenmänner hinter sich, etwa den heutigen Kardinalsdekan Angelo Sodano, der damals päpstlicher Nuntius in Chile war und 1991 unter Johannes Paul zum Kardinalsstaatssekretär, also gewissermaßen zum Außenminister des Vatikans, wurde. Das konservative Opus Dei war an der katholischen Universität sehr stark, saß in vielen wichtigen Schaltstellen der Regierung selbst und war auch kräftig in der Wirtschaft vertreten. Die Bischofskonferenz war nicht mehr so besetzt wie noch Ende der 1970er Jahre. Während die Bischofskonferenz wegen der Menschenrechtsverletzungen früher wirklich in der Opposition war und es häufig Konflikte zwischen dem Regime und den Bischöfen gegeben hatte, war die jetzige Bischofskonferenz dem Regime viel gewogener.

Der Papst wollte sich in Chile mit Menschen aus dem Armenviertel treffen – aber das Regime hatte ihn gebeten, in kein Armenviertel zu gehen. Stattdessen sollte es ein Treffen geben, bei dem die Armen zu ihm kommen sollten.

Mariano Puga, ein Arbeiterpriester und Freund, installierte die Bühne für dieses Treffen. Ich war verantwortlich für die Bühnengestaltung. Wir hatten uns überlegt: Wenn der Papst nicht zu uns kommen sollte – dann würden wir das Armenviertel zu ihm auf die Bühne bringen. Deshalb habe ich eine typische Holzhütte auf die Bühne gebaut, mit einem Waschtrog, habe Leinen für die Wäsche gespannt und Windeln und Wäsche aus dem Armenviertel daran gehängt. Den Sessel und das Kissen des Papstes hatten Leute aus dem Armenviertel gefertigt. Unsere Frauen aus den Werkstätten hatten ein großes Patchworkbild „Das Leben von Johannes Paul II." gestaltet. Das hängten wir am Bühnenaufgang auf.

Fünf Stunden brauchten wir vom Armenviertel, um zu Fuß zum Platz des Papsttreffens zu gelangen. Mitten in der Nacht standen wir auf. Wir freuten uns alle besonders auf diesen Besuch, weil Mario und Luisa aus unserer Basisgemeinde zum Papst würden sprechen können. Sie hatten beide ein Manuskript einreichen müssen, das dann „korrigiert" worden war. Mit niemandem hatten sie darüber gesprochen und sich auch untereinander nicht besprochen. Aber: Beide hatten sich vorgenommen, frei zum Papst zu sprechen. Also legten sie nach den ersten Sätzen das Manuskript weg, schauten den Papst an und sprachen direkt zu ihm. Der gesamte Papstbesuch wurde von beiden großen chilenischen Fernsehsendern übertragen. Und so geschah das, was das Regime mit aller Macht zu verhindern gesucht hatte: Die Armen sprachen direkt und unzensiert mit dem Papst, und alle Chilenen konnten zuhören.

Luisa und Mario erzählten einfach von unserem Alltag: Dass es zu wenig zu Essen für die Kinder gab, dass es fast unmöglich war, Arbeit zu finden, sie erzählten von Ausbeutung, Unfreiheit und Unterdrückung. Sie erzählten von den Freunden, die verschwunden, gefoltert und ermordet worden waren. Es war das allererste Mal, dass in der breiten Öffentlichkeit – und auch noch unzensiert – über die Ungerechtigkeit und die Gräuel des Regimes gesprochen wurde.

Papst Johannes Paul II. sprach Spanisch: Er verstand alles, was die beiden sagten, und hörte ihnen aufmerksam zu. Und sie erreichten sein Herz. Es war nicht das erste Mal, dass der Papst diese Worte sagte, aber in diesem historischen Moment wurden sie zu einem geflügelten Wort. Nachdem die beiden geendet hatten, sah er sie an und antwortete: „*Los pobres no pueden esperar*": „Die Armen können nicht warten."

Das hatte eine ganz unerwartete Wirkung. Hoffnung brach aus unter den Armen, die auf dem Platz versammelt waren, aber auch bei den Menschen, die in ganz Chile am Fernsehen zusahen. „*Los pobres no pueden esperar*", das wurde unzählige Male wiederholt.

Der Papstbesuch hinterließ in den Herzen der Menschen eine größere Sicherheit. Und das, obwohl es auch die andere Seite gab, die zu sehen uns allen wehtat: Johannes Paul II. hatte eine lange persönliche Unterredung mit Pinochet. Danach zeigte er sich auf dem Balkon des Staatsgebäudes. – Hinter ihm tauchte unvermittelt der Diktator auf, als wären sie beste Freunde.

Für Mario und Luisa begannen am Tag, nachdem der Papst Chile verlassen hatte, schreckliche Zeiten. Luisa stand wochenlang unter Bewachung und musste um ihr Leben bangen – obwohl wir in der Kirche versucht haben, ihr beizustehen. Mario wurde für einige Tage verschleppt und furchtbar zugerichtet: An ihm wurde einfach Rache genommen. Geschlagen, mit tiefen Wunden und schlimmen Verletzungen kam er zurück.

Ich kannte Mario aus der jahrelangen gemeinsamen Arbeit gut. Sein Mut erschütterte mich:

„*Madre,* mach dir um mich keine Sorgen. Ich bereue nichts. Ich glaube, dass es einfach mein Auftrag war, die Gunst dieser Stunde zu nutzen und die Wahrheit zu sagen. Wenn ich dafür einen hohen Preis bezahlen muss, dann gehört das eben dazu."

Der Kardinal und der Kaiser: Joseph Ratzinger und Heinrich II.

Welche Rolle der Papstbesuch für die Entwicklung Chiles hatte, das wird immer ein Stück Spekulation bleiben. Die Tatsache aber, dass anlässlich seines Besuches zum ersten Mal nach 14 Jahren Diktatur über Folter, Unterdrückung und Elend öffentlich gesprochen worden war, hat viel ausgelöst. Es gab keine freie Presse und das Regime verdrehte die Tatsachen, grundsätzlich. Für die Menschen war es nicht leicht, zu wissen, was sich wirklich im Land abspielte. Nun war die Wahrheit landesweit in zwei Fernsehkanälen unzensiert live gesendet worden – das hat viele, viele Menschen zum Nachdenken gebracht.

Bei allem Respekt vor dem Papst hat das den konservativen Kräften, auch den konservativen Kirchenkräften, nicht gefallen. Sie glaubten, der Papstbesuch habe die Opposition gestärkt. Das aber wollten sie beim Ausgang des bevorstehenden Plebiszits – bei dem die Chilenen darüber abstimmen sollten, ob die Militärs an der Macht bleiben oder gehen sollten – auf keinen Fall. Um eine Art Gegengewicht zu schaffen, luden konservative Kirchenkreise Joseph Kardinal Ratzinger vor der Volksabstimmung Mitte des Jahres 1988 ein.

Kardinal Ratzinger kam und äußerte den Wunsch, eine christliche Basisgemeinde in einem Armenviertel kennenzulernen.

„Schwester Karoline, sind Sie einverstanden wenn Kardinal Ratzinger zu Ihnen in Ihre Basisgemeinde kommt?“, fragte mich ein hoher Kirchenmann. „Der Kardinal möchte gerne mit Chilenen aus dem Armenviertel selber sprechen.“ –

„Der Kardinal ist in unserer Gemeinde *Jesus sol naciente* herzlich willkommen. 1974 haben wir diese Gemeinde gegründet und es gibt viele sehr mündige Laien, die in der Gemeinde mitarbeiten.“

Die kirchlichen Basisgemeinden wurden immer mit der so genannten „Theologie der Befreiung“ assoziiert: Einer Bewegung innerhalb der Theologie, die im Lateinamerika der 1970er, 1980er Jahre schnell Verbreitung fand und für die im Zentrum des christlichen Engagements, der Nachfolge Christi, die „Option für die Armen“ steht. „Option für die Armen“ meint nichts anderes, als die Welt vom Standpunkt, aus dem Blickwinkel der Armen anzuschauen. Ihre Perspektive einzunehmen und an ihrer Seite zu leben, um *mit* ihnen für mehr Gerechtigkeit zu kämpfen. Die Generalversammlung der lateinamerikanischen Bischöfe im kolumbianischen Medellín 1968 hatte das Elend und die Not der Armen zum ersten Mal als „strukturelle Ungerechtigkeit“ bezeichnet und die „strukturelle Gewalt“ festgestellt, denen die Armen ausgesetzt seien. Zur Überwindung dieser Strukturen und dieser Gewalt hatte die Konferenz Reformen, zum Beispiel Land- und Agrarreformen, gefordert. 1971 schrieb der peruanische Priester Gustavo Gutiérrez das Buch „Theologie der Befreiung" und gab damit der Bewegung die theoretische Basis. Oscar Romero, Leonardo Boff, Ernesto Cardenal oder auch der legendäre Erzbischof von Olinda und Recife, Hélder Pessoa Camara („Dom Helder"), sind einige der großen Namen, die für diese Bewegung stehen.

Seit den 1980er Jahren aber wurde die Theologie der Befreiung vom Vatikan, besonders von Johannes Paul II. und Joseph Kardinal Ratzinger, bekämpft. Der Hauptvorwurf: mit dem Evangelium könne und solle keine Politik betrieben werden. Außerdem war dem Vatikan die Nähe zu marxistischen Gedankengut verdächtig. Bei seiner Reise 1983 nach Nicaragua hatte Johannes Paul II. Ernesto Cardenal, den populären Priester, Poeten und damaligen Kulturminister der revolutionären Regierung Nicaraguas, öffentlich gemaßregelt: Cardenal hatte sich zur Begrüßung des Papstes hingekniet und wollte seinen Ring küssen. Johannes Paul II. aber entzog ihm die Hand und drohte ihm mit dem fuchtelnden Zeigefinger vor einer riesigen Menschenmenge und den Kameras der Weltöffentlichkeit.

Unsere Gemeinde war glücklich und fühlte sich geehrt über den angekündigten Besuch von Kardinal Ratzinger. Die Gemeindemitglieder freuten sich, ihre Glaubenserfahrungen mit dem Kardinal zu teilen und zu erzählen, wie die Kirche von der Basis her wächst und wie sie die gute Botschaft Jesu an die anderen Menschen im Armenviertel weitergibt.

Joseph Kardinal Ratzinger kam ins Armenviertel.

„Herr Kardinal: Wir möchten Ihnen dieses Wandbild schenken. Wir Frauen haben es für den Papst gemacht, als er nach Chile kam. Das Bild erzählt das Leben von Johannes Paul II. Jetzt möchten wir es gerne Ihnen geben."

Der Kardinal freute sich; wir führten ihn in unsere einfache Kapelle, die auch gleichzeitig Versammlungsraum war. Genau wie Johannes Paul II. konnte auch Kardinal Ratzinger ausgezeichnet

Spanisch. Er verstand sehr gut, was gesagt wurde, hörte aufmerksam zu und stellte Fragen. Die Gemeindemitglieder erzählten ihm unbefangen.

„Für uns, Kardinal, ist beides wichtig“ – es war Rosario, der den Mut hatte, als erster zu sprechen –: „der Dienst in der Kirche und der Dienst an den Menschen.“

„Das eine erwächst für mich aus dem anderen“, ergänzte Ignacio.

Der Dienst in der Kirche, in der Verkündigung der Frohbotschaft, in den Sakramenten, im Gebet, in der Liturgie, sei genauso wichtig wie der Dienst an den Menschen in Solidarität mit den Allerärmsten durch die Suppenküchen, durch die Kindertagesstätten, Polikliniken und Frauenwerkstätten. Die Menschen aus der Gemeinde erzählten, wie das eine aus dem anderen erwächst, wie untrennbar Gebet und Suppenküche, Bibellesen und soziales Engagement miteinander verbunden sind.

Indem die Menschen so von sich erzählten, kam sehr deutlich zum Ausdruck, wie auch eine kleine Basisgemeinde in der Gesellschaft etwas verändern kann.

Die Menschen redeten über alles – aber nicht über die Verfolgung und Unterdrückung. Ich spürte ihre Angst und Unsicherheit. Sie wussten natürlich, dass der Besuch des Kardinals auch einen politischen Hintergrund hatte. Dass ein Teil der Kirche hoffte, Ratzinger würde vor dem Plebiszit für Pinochet Partei ergreifen und klarstellen, dass es in Chile eine gute katholische Regierung mit einem guten katholischen Präsidenten gäbe!

Nach dieser menschlich so schönen Begegnung gingen wir alle in die überfüllte Pfarrkirche zur Eucharistiefeier. Der Kardinal hatte angeboten, eine Messe zu feiern.

Ich wusste gar nicht, welcher Text aus dem Evangelium an dem Tag an der Reihe war. Als er gelesen wurde, hielt ich unwillkürlich den Atem an: Welch eine Fügung! Es waren die wunderbaren Lukasworte: „Vater, ich preise dich, dass du den Kleinen und Unscheinbaren geoffenbart, was du den Weisen und den Mächtigen verborgen hast.“ Ich war so froh: Um mich herum sah ich, wie die Worte die Menschen direkt ansprachen – und sie sich aufrichteten. Sie waren ja schon so stolz und glücklich, dass ein „Mächtiger“ sie angehört hatte! Ich erwartete, dass der Kardinal sie – nach dieser wunderbaren Botschaft – ermutigen und trösten würde. Er würde sagen, dass die Menschen in den Armenvierteln ihren Platz nicht am Rande der Kirche hatten, wie sie selbst of meinten. Dass die fortwährende Demütigung, die sie erfuhren, in der Kirche wie auch in der Gesellschaft als „armes unwissendes Volk“ marginalisiert zu werden, Unrecht war. „Jetzt wird es endlich um *sie* gehen!“, frohlockte ich innerlich auf meinem Platz in der Kirchenbank und konnte mir nichts anderes vorstellen, als dass Kardinal Ratzinger jetzt über die Kleinen und Unscheinbaren predigen und den Menschen so ein Stück Würde zurückgeben würde. Zum Greifen nah war das, was Theologie der Befreiung meint, wenn sie von der Option für die Armen spricht. Wenn sie davon redet, dass wir versuchen, uns in die Füße der Armen zu stellen und uns bemühen, zu verstehen, wie die Welt sich aus dieser Perspektive anfühlt, wie sie aus dieser Perspektive ausschaut.

Und dann kam die Predigt.

„Heute ist das Fest des heiligen Kaisers Heinrich II. und seiner Frau Kunigunde.“ Ich zuckte wie unter einem Schlag zusammen: Warum sprach der Kardinal über einen deutschen Kaiser? Über einen Herrscher des „heiligen römischen Reiches deutscher Nation“? Keiner der *Pobladores* kannte den europäischen Kaiser aus dem Mittelalter. Natürlich nicht. Ich denke, nicht einmal die anwesenden Priester wussten, wer Heinrich II. war.

Noch schlimmer aber: Das spanische Wort für Kaiser ist *„emperador“*. In den Köpfen unserer Leute aber war der Diktator Pinochet in Chile der große *„emperador“*. Kardinal Ratzinger sprach so ausgezeichnet Spanisch – wusste er das nicht? Ich sah, wie die Menschen um mich herum entmutigt da saßen. Da war sie wieder: die Verbindung von Kirche und Diktatur. Und da spürte ich sie wieder: die Angst vor der Kirche.

Der Kardinal sprach über die Schwierigkeiten, die große Staatsmänner haben können: Dass auch für sie das Leben und der Weg zur Heiligkeit schwer ist, dass auch den Mächtigen viele Entscheidungen Kopfschmerzen bereiten. Heinrich II. habe unter großen Kopfschmerzen gelitten.

Ich verstand gar nichts. Was war mit dem Evangeliumstext? Warum ging er darauf nicht ein? Warum sprach er vor den Armen von den Sorgen der mächtigen Herrscher?

In diesem Moment nahm ich mir vor, dem Kardinal zu schreiben: Ich wollte ihm mitteilen, dass ich in seiner Predigt nicht die Botschaft Jesu vom Evangelium des Tages wiedergefunden hätte. Wie hätte er uns kleine Leute in unserem Glauben, in unserem Selbstwertgefühl und unserer Selbstachtung bestärken können, trotz aller Demütigungen als frohe Kinder Gottes zu leben! Obwohl Freunde mich dazu ermutigten, habe ich den Brief nie geschrieben.

Am nächsten Tag überraschte uns die Presse: Sie hatte den Kardinal bis auf den Flughafen begleitet. Auf die Frage, was ihn in Chile am meisten beeindruckt habe, antwortete er: „Die Begegnung mit den Armen."

Es hat mich sehr gefreut, dass die Menschen in unserer Gemeinde den Kardinal so berührt haben.

Scheitern und Rückzug

Oktober 1988. Die Opposition in Chile hatte sich im Vorfeld des Plebiszites den Regenbogen als Zeichen ihrer Bewegung gewählt. Und am 5.10.1988 leuchtete der Regenbogen hell. Neue, zaghafte Hoffnung verbreitete sich: Das chilenische Volk hatte bei der Volksabstimmung zu 53 % mit „No" gestimmt: 53 % der Chilenen wollten nicht länger von Augusto Pinochet regiert werden. Und während ich die Freude der Menschen über die Rückkehr der Demokratie teilte, war mein Herz zugleich schwer. Ich saß an meinem Tischchen, hörte die Stimmen und die Freude der Menschen in den Straßen – und schrieb einen lange, lange überfälligen Brief an meine deutschen Freunde:

„(…) Liebe Freunde, viele von Euch warten auf Nachricht, wie es mir persönlich geht, was mit der ‚Fundación Missio' los ist und warum ich so lange nichts von mir habe hören lassen. Ich bitte Euch alle, auf deren Geduld ich vertrauen musste, um Verständnis und Verzeihung, wenn ich jemanden damit überfordert habe. Als Erklärung nur in Demut das Geständnis, dass ich zunächst stumm vor Schmerz war, dann mehrere gestrandete Briefversuche beiseite legte, um einfach abzuwarten, bis sich die Ereignisse ein wenig abklären würden, vor allem weil es ja um interne Probleme ging, auf deren Privatheit wir mit unserer Institution ein Recht hatten."

Was war passiert, nach elf Jahren erfolgreicher Arbeit? Nach elf Jahren, die wir gemeinsam in der *Fundación Missio* gearbeitet hatten, gemeinsam die Jahre der Verfolgung durchgestanden hatten?

Schon in den Monaten vor dem Plebiszit hatte der politische Aufbruch begonnen. Ende 1987 entstand eine neue Dynamik: Viele Menschen organisierten sich blitzschnell wieder in ihren alten Parteien, und diese wiederum schlossen sich zusammen.

All die Jahre war es uns – sogar gut! – gelungen, dass Menschen zusammen arbeiteten, die die unterschiedlichsten politischen Hintergründen hatten. Ich war immer der Meinung, dass es gut für uns und für die Gesellschaft ist, wenn wir nicht alle die gleichen politischen Ansichten haben. Es gab nur eine Bedingung dabei: Während des Dienstes wurde keine Parteipolitik betrieben. Kein Arzt, kein Erzieher sollte während seines Dienstes für eine Partei oder eine Politik werben oder gar Kinder oder Jugendliche manipulieren. Nach Dienstschluss konnte jeder machen, was er wollte. Das galt und war auch nie in Frage gestellt worden. (Was viele auch nicht sahen: wären wir als Dienst nicht überparteilich geblieben – oder apolitisch, je nachdem wie man es sehen will – dann hätten wir niemals elf Jahre in der Diktatur überlebt. Trotz des Schutzes der Kirche wären wir sofort aufgelöst worden, hätte man versucht, uns „linke" Politik in der Arbeit nachzuweisen.)

Mit dem Näherrücken des Plebiszites aber wurde dieser geltende Konsens plötzlich in Frage gestellt: Da gab es eine Gruppe, die das Plebiszit als solches ablehnte. Sie argwöhnte, dass die Volksabstimmung manipuliert werde und forderte deshalb, dass Pinochet abtrete. Diese Forderung kam zuerst von der Kommunistischen Partei, schnell schloss sich die „Christliche Linke" an. Soweit gab es noch kein Problem, keinen Dissens. Der Konflikt fing in dem Moment an, als eine Gruppe von Mitarbeitern wollte, dass wir diese Forderung in unseren Diensten und während der Arbeitszeit vertraten. Bis dahin hatten wir Entscheidungen meistens harmonisch – und ich würde sagen: auch ziemlich demokratisch – gefällt. Was jetzt passierte, kam mir vor wie eine Eruption: Einige der Verantwortlichen aus den Bereichen Erziehung und Gesundheit, auch einige Leiter der Polikliniken wollten, dass wir als Institution Partei einnehmen sollten. Wir hatten heftige Auseinandersetzungen – der große Teil der Mitarbeiter wollte bei unserer bisherigen Linie bleiben: Dienst ist Dienst, und Parteipolitik findet nach dem Dienst statt.

Schnell stellte sich heraus, dass sich die Minderheit nicht fügte: Erzieher zogen in ihrer Dienstzeit mit ihren Schülern durch die Straßen mit Plakaten, auf denen *„Nein zum Plebiszit!"* oder *„Das Plebiszit ist ein Betrug"* stand, Ärzte belehrten Patienten, sich zu organisieren, statt sie zu behandeln … (die Patienten kamen dann zu mir und beschwerten sich, dass sie nicht behandelt würden). „Das ist unverantwortlich!", stellte ich die betroffenen Mitarbeiter zur Rede: „Ihr zieht uns in eine Politik mit hinein, die nicht unsere ist, nicht von allen vertreten wird. Das ist nicht die Arbeit unserer *Fundación,* das ist nicht unsere Aufgabe. Ihr könnt das außerhalb eurer Arbeitszeit machen, so viel ihr wollt und mit wem ihr wollt. Aber nicht mit den Kindern, für die wir verantwortlich sind. Nicht in einer Einrichtung, in der nicht alle die gleiche Meinung haben!"

Dennoch wiederholten sich die Vorfälle, obwohl wir darüber redeten und klar war, dass wir sie nicht dulden würden.

Dazu kam noch: über unsere verschiedenen Dienste erreichte man sicher 300 000 Menschen. Und so gab es auch Mitarbeiter, die versuchten, sich über die Arbeit bei uns eine gute Basis für ihre Parteipolitik zu schaffen: bekannt zu werden und für später schon mal Stimmen zu sammeln … Dafür erschien unser Dienst, der in die verschiedensten Bereiche rund um Santiago reichte, als sehr interessantes Arbeitsgebiet und gutes Sprungbrett. Zudem hatten die Mitarbeiter das Gefühl, all die Jahre soviel Einsatz geleistet zu haben! Sie fanden: Die Arbeit jetzt auf diese Art zu nutzen war das Mindeste, was ihnen für diesen Einsatz zustand.

Ich konnte die Sorgen dieser Mitarbeiter nachvollziehen, ja, sie waren berechtigt: Natürlich war es möglich, dass die Regierung das Plebiszit, das Pinochet selbst in die Verfassung gebracht hatte, manipulierte, um die eigene Pseudolegitimation zu verlängern. Die Gefahr war nicht nur groß, sie war überaus real. Wir waren alle besorgt! Aber jetzt brach in der Institution eine Art Fanatismus aus – ein Fanatismus, den ich nicht teilte und der gegen unsere Abmachungen war. Ich wiederum konnte nicht verstehen, dass die Mitarbeiter sich nicht an unsere Abmachungen halten wollten.

Ich sah diese Entwicklung – und konnte sie nicht stoppen. Schließlich beschlossen wir gemeinsam, dass Mitarbeiter, die ihren eigenen Weg gehen wollten, entlassen werden sollten. Wir sahen keinen anderen Ausweg mehr. „Wer weiter parteipolitische Arbeit während der Arbeitszeit macht – der geht." Ich hatte es klar und deutlich angekündigt – und machte die Ankündigung wahr. Die Entlassungen führten innerhalb der Institution natürlich zu einem enormen Konflikt. Die Entlassenen stellten sich als „politisch Verfolgte" dar. Das war am Anfang für mich völlig absurd (ich hatte nun wahrlich genug politisch Verfolgte vor dem Regime geschützt!), ich konnte diese Vorwürfe gar nicht ernst nehmen.

Schließlich eskalierte der Konflikt: Plötzlich schlug sich mein lieber Bischof Jorge Hourton auf die Seite der Entlassenen. Ich suchte das gemeinsame Gespräch mit ihm. Wir fanden keine gemeinsame Basis. Er verstand mein Anliegen nicht:

„Ich glaube, du siehst das alles zu eng, Karoline. So schlimm ist das doch gar nicht, wenn ein paar Transparente während der Dienstzeit durch die Straßen getragen werden." Das Problem wollte ihm nicht einleuchten: „Du bist zu empfindlich, Karoline – oder zu autoritär." Auch unter den Mitarbeitern war keine klare Linie mehr zu finden: Die einen waren dafür, die anderen dagegen.

Wieder suchte ich Rückhalt beim Bischof:

„Ich kann keine Institution leiten, wenn es keine klare Linie gibt. Du bist der Präsident, ich bin die Geschäftsführerin. Wenn ich nicht für Klarheit sorgen kann – dann tu du es." Aber der Bischof sah die Notwendigkeit dafür nicht. Es war ein langes Ringen miteinander. „Ich kann so nicht arbeiten. Wenn du keine Klarheit schaffen wirst – dann werde ich mich aus der Fundación zurückziehen. So geht es nicht weiter." – „Karoline, ich glaube dir nicht." Er meinte, es sei nur eine Drohung von mir. „Ich weiß, wie viel dir an jedem einzelnen Kindergarten liegt. Du hast für jedes Projekt soviel Einsatz geleistet. Du liebst die Menschen. Und das Geld aus Europa kommt, weil die Menschen dort *dir* vertrauen." Bis zuletzt hat Bischof Jorge geglaubt, ich würde nicht ernst machen.

Öffentlich machen – wie manche es in der Institution wollten – konnte und wollte ich den Konflikt nicht. Wenn ich den wahren Grund angab – Politik für die kommunistische Partei während der Dienstzeit –, dann brachte ich die ehemaligen Mitarbeiter noch zusätzlich in Gefahr. Für mich kam es darauf an, die ehemaligen Mitarbeiter in diesem Punkt zu schützen, um sie nicht an den Geheimdienst auszuliefern. Vergeblich bat ich um Hilfe bei einem Mitglied des Zentralkomitees der Kommunistischen Partei im Untergrund. Ich konnte nicht einmal meinen Freunden und meiner Familie berichten, was wirklich passierte; es war nicht möglich, den Konflikt in einem normalen Brief zu schildern:

Durch die allgegenwärtige Postzensur wären auch dadurch die ehemaligen Mitarbeiter in Gefahr geraten. Dass ich schwieg, wurde aber verständlicherweise zu meinen Lasten ausgelegt: Der Konflikt wurde immer größer und war immer weniger zu steuern.

Am 29. Juni 1988 bin ich aus der *Fundación Missio* ausgeschieden. Der Vorstand nahm meinen Rücktritt an und drückte seine Enttäuschung über mich aus. Doch Kardinal Juan Francisco Fresno, der letztlich für die Ernennung des Vorstandes und des Geschäftsführers zuständig war, zögerte. Nach mir sind aus demselben Grund alle anderen Vorstandsmitglieder bis auf einen und bis auf den Präsidenten ausgeschieden. Mit Hilfe des Generalvikars, Bischof Sergio Valech, konnten wir jedoch zwischen Bischof Jorge Hourton und mir eine pragmatische Lösung finden. Beide haben wir für fünf Monate unsere Ämter nicht ausgeübt. Diese Bitte nahm der Kardinal am 5. August in Form eines erzbischöflichen Dekretes an. Eine Ausnahme wurde vereinbart: Der Kardinal wollte, dass Mercedes Enchenique und ich das Obdachlosenprojekt in Renca weiterführen sollten. Für das Programm „Villa Mercedes“ haben wir später eine „Abnabelungsfrist“ bis zum 31. Mai 1990 ausgehandelt. Danach gehörte auch dieses Projekt nicht mehr zur *Fundación Missio.*

Dass ich aus der *Fundación* weggegangen bin, hat auch in Deutschland viele Menschen erschüttert. Wie sollte die Arbeit jetzt weiter gehen? Für die Menschen hier in Deutschland war ich die Repräsentantin vor Ort.

Der Kontaktgruppe, die seit 1979 in erster Linie Spenden für meine Arbeit sammelte, teilte ich mit, dass die Gelder weiter an die *Fundación* geleitet würden: Die Kindergärten und die Poliklinik mussten ja weiter unterhalten werden. Es gab aber auch Mitarbeiter, die mir meine Entscheidung sehr übel nahmen und fanden, ich hätte mit der Kirche weiter kämpfen müssen.

Für meine Familie war es ungeheuer schmerzlich. Bischof Hourton war mehrmals bei ihr zu Hause gewesen. Es war für sie schwer auszuhalten, dass ich einen Konflikt mit dem von ihnen geschätzten Freund und Bischof hatte. Und für alle war es schwierig, sich vorzustellen, wie die Arbeit vor Ort weitergehen sollte.

Die *Fundación* ist nie mehr auf die Füße gekommen: Der Erzbischof hat nach mir einen Laien als Leiter eingesetzt. Unter den schwierigen Umständen konnte der auch keine klare Linie schaffen. Als er sich nicht gegen die Mitarbeiter durchsetzen konnte, ist er gegangen. Der Bischof war immer noch sehr optimistisch und setzte einen weiteren Laien ein ... der Kampf ging noch Jahre lang weiter und führte zum Schluss dazu, dass die Kirche die Institution auflöste.

Drei Jahre später, als ich das Kapitel innerlich längst verarbeitet und beendet hatte, ist aus diesem Konflikt die schlimmste Zeit meines Lebens entstanden.

Schlimmer als in der Diktatur: die Macht der Medien

Kurz bevor sich dieses wahre Drama in meinem Leben ereignete, fiel mir ein Text von Anthony de Mello in die Hände. Seltsamerweise sprach der Text direkt in mein Herz. Heute weiß ich, dass es eine von Gottes Fügungen war:

„Ein junges Mädchen war schwanger. Den Namen des Vaters wollte sie nicht preisgeben. Als man sie prügelte, sagte sie: ‚Der Zen-Meister ist der Vater.' Alle Dorfbewohner waren entsetzt. Sie beschimpften den Zen-Meister und brachten das Kind zu ihm. Der Meister sagte nur: ‚Sehr gut, sehr gut.' Im Dorf suchte er eine Frau, die für das Kind sorgen sollte, und bezahlte sie dafür. Die Menschen hatten für den Meister nur noch Hohn, Verachtung und Spott übrig. Niemand wollte mehr sein Schüler sein.

Nach einem Jahr hielt die junge Mutter die Lügen nicht mehr aus. Sie gab den Namen des wirklichen Vaters preis. Alle liefen zum Zen-Meister, warfen sich vor ihm auf den Boden, entschuldigten sich und waren untröstlich. Der Meister sagte wieder: ‚Sehr gut, sehr gut.‘ Und tat das, was er schon das ganze Jahr getan hatte: er meditierte weiter.“*

Als ich dies las, war es sofort so, als sprächen die Worte direkt zu mir. Diese Worte über Verleumdung (und einen *weisen* Umgang damit!) brannten sich in mein Herz ein – so als ahnte das Herz schon: Diesen Text würde ich in meinem Leben noch dringend brauchen.

Ich lebte schon seit mehr als zwei Jahren in einem neuen Viertel: in Quinta Bella, wo ich mit Drogenabhängigen und Kriminellen gearbeitet und eine Basisgemeinde aufgebaut hatte. Als ich an einem Sonntagmorgen im Jahr 1991 in die Kirche kam, betrat direkt hinter mir ein Kamerateam den Raum und fing sofort an zu filmen. Die Messe begann im gleichen Moment, so dass ich den Pfarrer nicht fragen konnte, wer da filmte. Der Kameramann war aufdringlich und unangenehm: Als ich die Kommunion austeilte, kam die Kamera bis auf 30 Zentimeter an die Menschen heran. Alle waren irritiert und gestört.

„Was machen Sie hier?“ Direkt nach dem Gottesdienst standen die Kameraleute vor mir auf der Straße. „Ich mache hier meinen Dienst in der Siedlung. Aber wer sind Sie, was wollen Sie?“

„Wir machen einen Film für ‚RTL Explosiv‘ und wollen die Situation kennen lernen.“ Von RTL hatte ich noch nie etwas gehört. „Also gut, ich bin hier, um eine Gemeinde aufzubauen. Wir haben verschiedene Dienste für die Menschen hier …“

„Das interessiert uns alles nicht. Gibt es hier Armut?“

„Ja, natürlich.“

„Das sagen Sie so, wer weiß, ob es stimmt. Gibt es hier denn Arbeitslose?“

„Ja, mehr als 22 % bei den Erwachsenen und mehr als jeder Dritte bei den Jugendlichen.“

„Ach, das ist doch gar nichts. Da gibt es doch viel größere Armut.“

---

* Frei nach Anthony de Mello, Warum der Vogel singt, Freiburg 2005.

Die ganze Situation war peinlich und seltsam. Ich verstand überhaupt nicht, was die Männer von mir wollten.

Endlich konnte ich den Pfarrer befragen: „Hast du das Kamerateam zu mir geschickt? Was wollen die denn?“, fragte ich ihn aufgebracht. „Ich? Nein, ich dachte, du hättest ihnen eine Erlaubnis gegeben.“ Jetzt schauten wir uns noch ärgerlicher an. Was wurde hier gespielt?

In derselben Woche kamen sie wieder. Ich hatte Paul Frings gebeten, auch zu kommen, um einen Zeugen zu haben.

„Sie müssen uns antworten. Wir wissen, dass Sie uns wichtige Informationen vorenthalten, also antworten Sie uns!“ So viel zumindest hatte ich mittlerweile in Erfahrung gebracht: Die RTL-Leute arbeiteten an einem Bericht über die ehemalige Fundación Missio. Und irgendwie sollte es offenbar gegen die Kirche gehen. Die Kirche schaffte es auch, überhaupt keine Stellungnahme zu geben. „Was ist mit den Medikamenten, die Sie unterschlagen und dann haben vergammeln lassen?“ – „Nie sind Medikamente vergammelt.“ In der Diktatur mussten wir oft monatelang warten, um Medikamente und Ärztemuster aus dem Zoll zu holen. Manchmal waren sie dann abgelaufen und wir mussten sie eingraben. Das waren nun nicht gerade Unterschlagungen. „Und was ist mit der Ambulanz aus Bergisch-Gladbach, die mit Spendengeldern finanziert wurde und hier verrostet?“ – „So weit ich weiß, ist der Krankenwagen in den Händen des Erzbistums. Ich sage Ihnen doch: Ich habe mit der *Missio* schon seit Jahren nichts mehr zu tun.“ Später erfuhr ich, dass der Krankenwagen aus Deutschland noch nicht im Einsatz war. Bischof Hourton fehlte noch die staatliche Freigabe für das Fahrzeug.

Niemals zuvor war ich mit einer solchen Präpotenz, einer solchen Unverfrorenheit und Arroganz von Presseleuten behandelt worden. Als die Fernsehleute gingen, hatte ich so etwas wie eine Vision: Vor meinem geistigen Auge erschien ein fertiger, boshafter, unwahrer Film voller Verleumdungen. Ich „sah“ Nahaufnahmen, in denen ich die Kommunion austeilte, gegengeschnitten mit Bildern von vergrabenen Medikamenten und einer stillgelegten Ambulanz. Es war ein Albtraum.

Und es war, als würde ich in dem Moment auf alles vorbereitet, was im nächsten Jahr kommen würde: Ich „sah" auch die Reaktionen auf den Film. Vor allem aber „sah" ich, wie furchtbar meine Familie würde leiden müssen.

Und alles, was ich in dem Moment, in dieser Vision, sah und fühlte, ist genauso gekommen.

Als ich den drei RTL-Männern hinterher schaute, hatte ich noch einen anderen Impuls. Ich hatte in den letzten Jahren viel – und sehr erfolgreich – mit Kriminellen gearbeitet. Einige „meiner" Jungs hatten immer zu mir gesagt: „Karoline, es gibt wirklich böse Menschen. Wenn dir irgendwann mal einer wirklich etwas Böses will, dann erledigen wir das für dich. Wir werden nicht zulassen, dass dir etwas geschieht." Ich wusste natürlich, was sie meinten, und sagte dann immer: „Lasst bloß gut sein. Ich löse das dann auf meine Weise." Aber als ich den Fernsehleuten hinterher sah und all das Unheil kommen fühlte – da wünschte ich mir zum ersten Mal, ich könnte sagen: „Okay, Jungs, gebt denen einen Denkzettel, so dass sie nie wieder einen unwahren Film drehen …"

Natürlich tat ich das nicht. Erschrocken war ich über mich – auf solche Gedanken, so nah am Bösen, zu kommen. Das Unheil nahm seinen Lauf.

Ein ungeheurer Sturm brach los, direkt nachdem der Film ausgestrahlt worden war. Darin war dargestellt worden, ich würde Gelder veruntreuen und hätte die *Fundación* zerstört. Bei meiner Familie in Deutschland, bei meinen Freunden und auch bei mir klingelte sofort das Telefon. Für alle war es schlimm – am schlimmsten jedoch für meine Schwester Maria: Monatelang musste sie sich die hässlichsten Dinge am Telefon anhören. Es war für mich unfassbar, wie brutal Menschen werden können, die vermuten, dass ihr gespendetes Geld falsch ausgegeben wird. Meine Familie hat unsäglich gelitten. Das war das Schrecklichste für mich; sie hatte sich in Deutschland all die Jahre so unsagbar viel Mühe für uns gemacht: sich um die Spendenquittungen, das Finanzamt gekümmert … sie hatte so viel Arbeit, so viel Einsatz geleistet. Dabei hatte sie selber immer noch gespendet und nie auch nur eine Briefmarke nicht selber bezahlt.

Die Hilfswerke meldeten sich, natürlich, und verlangten Auskunft. Monatelang war ich mit Klarstellungen beschäftigt.

Mit sechs Anwälten beratschlagten wir, was zu tun sei, wie ich mich wehren könnte. Sie alle hätten mich umsonst vertreten. Verteidigen wollte ich mich nie: Es gab nichts zu verteidigen. Ich hatte kein Geld veruntreut. Ich war seit Jahren nicht mehr in der *Fundación Missio* verantwortlich. Ich hatte mit all dem nichts zu tun. Ich wollte mich nicht gegen irgendetwas verteidigen, was grundlos behauptet wurde. Aber meine Familie lag mir am Herzen. Wehren wollte ich mich, natürlich wollte ich mich wehren. Nur wie? Ich überlegte, Anklage wegen schwerer Verleumdung zu erheben und Schadenersatz zu fordern. Nach vielen, langen Beratungen sind wir zu dem Schluss gekommen, RTL nicht zu verklagen.

Tausende Menschen haben bei RTL angerufen und sich über diese verlogene Berichterstattung beschwert. Wenigstens das.

Noch jahrelang wurde ich in Deutschland auf allen Veranstaltungen, bei allen Begegnungen, auf diesen Film angesprochen. Ob bei großen Podien, kleineren Veranstaltungen oder privaten Treffen, ich wusste: Irgendwann würde unausweichlich dieses Thema kommen.

Welche Macht Medien haben können – und wie ohnmächtig man dann ist –, habe ich in diesen Jahren erfahren. Für mich war diese Erfahrung schlimmer als die Zeit der Diktatur: Das alles geschah in einer Demokratie, und trotzdem gab es keine Möglichkeit, sich zu wehren und die Dinge klarzustellen. Ich kam dabei völlig an meine Grenzen. Meine Familie dem Leiden so ausgesetzt zu sehen, war fast zuviel für mich. Und bei allem standen meine Mutter, meine Geschwister und ihre Familien sowie der große Kreis meiner Verwandten zu mir und unterstützten mich weiter großherzig.

Ich weiß nicht, was ich ohne den Text von Anthony de Mello gemacht hätte. Ich meditierte, ich betete, ich atmete diesen Text und hielt mich wie an einem Rettungsanker daran fest: „*Sehr gut, sehr gut.*“

Wieder Demokratie – die Menschen hungern nach Leben

Zermürbt von der Diktatur

Es hatte alles so gut, so hoffnungsvoll neu angefangen – nach dem Tag des Plebiszites 1988, an dem das Volk darüber abstimmen sollte, ob Pinochet im Amt bleiben sollte oder nicht. An diesem Oktobertag herrschte im ganzen Land ein schreckliches, beängstigendes Klima. Der Bevölkerung war noch mal aufs Eindringlichste eingetrichtert worden, was passieren würde, wenn wieder der Kommunismus käme. Die ganze Presse lag immer noch in den Händen der Diktatur – und natürlich förderte sie, dass das Plebiszit zu Gunsten von Pinochet, zugunsten seines Regimes, ausfallen würde. Das hätte bedeutet, dass die Militärdiktatur noch bis mindestens zum Jahr 2000 weiter gegangen wäre.

Umso wichtiger war dieser Tag für uns alle.

Ich fuhr mit einigen behinderten Menschen aus meiner Gemeinde zum Wahllokal. Es war gespenstisch: auf dem ganzen Weg dorthin überall Militär und Panzer. Es war ein ganz eigenartiges, sehr gemischtes Gefühl: Die kleine Hoffnung auf Freiheit und die große Furcht, dass doch nur wieder alles manipuliert werden, dass das Volk die Wahlen verlieren würde. Am Abend dieses Tages trafen wir uns in der Basisgemeinde *Jesus Sol Naciente* zum Beten. Währenddessen donnerten die Panzer an uns vorbei und zerstörten das kleine Denkmal, das wir für den Journalisten Jose Carrasco errichtet hatten, der an der Friedhofsmauer am Rande unserer Siedlung ein Jahr zuvor erschossen worden war. Noch einmal spürten wir unsere ganze Ohnmacht gegenüber der Diktatur. Stunden um Stunden vergingen. „Pinochet bleibt“, hieß es – dann wieder, dass das „No“, das Nein, zu Pinochet überwiege. Im Radio hören wir: „… die USA haben Informationen, dass es zu einem neuen Putsch käme, falls das Volk nicht für Pinochet stimmt".

Die Erlösung kam erst kurz vor Mitternacht: „Nein hat gesiegt." Uns allen ging es durch Mark und Bein. Anders als früher (und heute wieder, zum Beispiel als Michelle Batchelet im Januar 2006 die Stichwahl um die Präsidentschaft gewann), als die siegreiche Partei in der Stadt feierte, blieben in der Nacht alle zu Hause. Wir hatten Angst vor einem neuen Kampf: In der Tat, erfuhren wir später, hatte Pinochet einen neuen Putsch geplant. Wir jubelten dennoch – zu Hause. Am frühen Morgen beschimpfte Pinochet das Volk im Radio: „Wie Judas hat das undankbare Volk mich verraten."

Wir waren wieder frei.

Und doch war es nicht so, wie wir es uns all die Jahre erträumt hatten. Die Menschen waren frei, aber müde. Sie waren nicht mehr dieselben wie vor der Diktatur. Alles, was an Kreativität, an Eigenständigkeit da gewesen war, um sich etwa in Selbsthilfeorganisationen, wie einer Suppenküche oder einem Kindergarten, zu organisieren, schien plötzlich verschwunden. An Nachbarschaftsorganisationen war erst mal nicht zu denken. Wir mussten neue Strukturen finden.

Erst nach und nach wurde uns klar, dass zwar die Diktatur überwunden war. Aber das Militärregime hatte nicht nur die Demokratie durch eine Tyrannei ersetzt – es hatte auch ein völlig neues Wirtschaftssystem durchgesetzt. Die *Chicago Boys*, eine Gruppe von Wirtschaftswissenschaftlern, die vor allem die Ideen Milton Friedmans realisierte, hatte ganze Arbeit geleistet: Unter ihrer Leitung war die chilenische Wirtschaft nach neoliberalen Kriterien massiv umgestaltet worden. Die staatlichen Einrichtungen waren alle privatisiert worden. Einige wenige Familien waren dadurch ungeheuer reich geworden. Jetzt, in der Demokratie, änderte sich daran gar nichts: Alles blieb in ihren Händen. Das Volk hatte die politische Macht zurück – die wirtschaftliche aber blieb hauptsächlich in den Händen von Pinochetanhängern. Was wir auch noch nicht wussten: Die Spaltung des Volkes in Arm und Reich war damit bis heute zementiert!

Obwohl ich nach den desaströsen Erfahrungen mit der Fundacíon Missio nun wirklich nicht mehr vorhatte, wieder eine Institution zu gründen, würde uns unter diesen Umständen, da Nachbarschafts- und Selbsthilfe nicht funktionierten, nichts anderes übrigbleiben. Die *Fundación Cristo Vive* sollte entstehen. –

Erst einmal aber schlug ich mein Lager wieder in einem neuen Stadtteil von Santiago auf. Das konnte ich auch deshalb beruhigt tun, weil sich die Menschen in meinen bisherigen Gemeinden von mir emanzipiert hatten. Das wurde mir sehr deutlich um die Jahreswende 1987/1988.

Wir mögen es nicht, wenn du mit uns schimpfst

Wir hatten uns viel vorgenommen an diesem Tag der Einkehr. In der Basisgemeinde hatten wir uns versammelt, um auf das Jahr 1987 zurück und auf das nächste Jahr voraus zu schauen: Was war uns gelungen, was hättten wir besser machen können? Wir wollten als Gemeinde weiter wachsen: Wir wollten einander näher kommen und das Band der Gemeinschaft stärken. Alle 18 Menschen, die in der Gemeinde Verantwortung trugen, waren gekommen.

„Lasst uns doch so vorgehen, dass jeder zu jedem spricht. Dass jeder von uns jedem sagt, welche Eigenschaften an ihm gut und welche negativ sind“, schlug Marita vor. „Also ich möchte, dass wir uns auch das sagen, was uns Schwierigkeiten macht.“ Der Vorschlag wurde angenommen, und ich war sehr erstaunt, wie frank und frei die Mitglieder der Gemeinde miteinander umgingen. In welcher Offenheit sie sich auch die schwierigen Dinge sagten. Es herrschte eine warme, mitfühlende Atmosphäre: Immer wurde gefragt: „Wie geht es dir jetzt, wenn du das hörst?“ Allen war klar, wie schnell so etwas schief gehen kann, wie schnell jemand etwas Negatives, das über ihn gesagt wird, übel nehmen und die Arbeit vergiftet werden kann. Es wurde spät: Bei 18 Personen zieht sich so ein Prozess in die Länge. Ich sollte als letzte an die Reihe kommen.

Gabriel, der die Runde leitete, sagte: „Von Schwester Karoline kennen wir alle die positiven Seiten. Und wir haben es ihr schon so oft gesagt. Wir müssen bald Schluss machen. Also, ich schlage vor, dass wir ihr diesmal nur die Dinge sagen, die uns stören." Freude durchströmte mich bei diesen Worten: Wenn die Menschen das so vorschlugen, hieß es ja, dass sie mich auf einer Ebene sahen. Als eine der ihren ansahen – und nicht als eine ferne, über ihnen stehende Ordensschwester … Ich war gespannt wie ein Flitzebogen, was jetzt kommen würde:

„Also, eine Sache gibt es Karoline, die mich stört: Du hast so einen starken Charakter", fing Gloria an. Ich war verwundert und fragte mich: Was sie wohl meint mit einem „starken Charakter"? Als dann aber auch der zweite und dritte sagte, habe ich laut gefragt: „Könnt ihr mir das bitte erklären? Was meint ihr mit einem starken Charakter? Wenn man das in Deutschland zu jemandem sagt, dann ist das etwas sehr Positives. Was ist das Negative für Euch?"

„Wenn du mit einer Sache nicht einverstanden bist, oder ein Problem mit etwas hast – dann zeigt sich dein starker Charakter." Ich verstand immer noch nichts. „Was heißt das denn, wie reagiere ich denn, wenn ich mit etwas nicht einverstanden bin?"

„Also, zum Beispiel, als der Henry festgenommen worden war und wir für ihn gebetet haben. Da hast du am nächsten Tag ganz hart gesagt: ‚wer nicht einverstanden ist mit dem Gebet, der soll gar nicht erst kommen.' Du hast richtig mit uns geschimpft." – „Aber du wusstest gar nicht, dass die, die etwas Böses über Henry gesagt hatten, an diesem Abend gar nicht in der Gemeinde waren. Das haben sie doch außerhalb, nach dem Gebet, gesagt, und am nächsten Tag sind sie gar nicht mehr gekommen. Aber du hast mit uns allen geschimpft." – „Aber alle, die da waren, waren doch einverstanden! Du hast trotzdem mit uns allen geschimpft.

Vor allem hast du es so hart gesagt. Das machst du immer, wenn du ärgerlich bist."

Jetzt dämmerte mir etwas, das ich zwanzig Jahre lang nicht verstanden hatte. Immer mal wieder hatten die Menschen gesagt: „Du schimpfst mit uns." Oder: „Du bist ärgerlich." Oder: „Jetzt bist du wütend auf uns!" – „Aber nein", habe ich dann immer gesagt, „wir diskutieren das doch gerade nur!" Für mein Verständnis hatte ich einfach meine Meinung klipp und klar gesagt. Ich hatte nie begriffen, dass es um meine Stimme ging: Ich habe eine Stimme, die sie als hart und schneidend, als autoritär empfunden haben, wenn ich sagte, was ich dachte. Ich hatte nie verstanden, dass die Menschen sich dann ausgeschimpft fühlen! Zwanzig Jahre war ich nun schon im Land und hatte immer noch nicht begriffen, dass man in Chile seine Meinung anders ausdrückt als in Deutschland. Und niemand hatte die Möglichkeit gehabt, mir zu sagen, wie sehr das stört. Nicht einmal Maruja hatte es getan. Diese Kritik war sehr, sehr hilfreich für mich. An diesem Abend spürte ich, dass wir wirklich Geschwister geworden waren. Nur unter Geschwistern, nicht unter Ungleichen, spricht man solche Dinge an. Und ich wusste: Sobald es die politischen Umstände zulassen würden, sobald die Menschen den Schutz, den meine Anwesenheit ihnen vor Übergriffen gab, nicht mehr brauchten, würde ich umziehen.

Drogen, Taubendreck und Kriminalität

Calle Justicia Social – Straße der sozialen Gerechtigkeit – so hieß (und lautet bis heute) meine neue Adresse. Ein schöner „Zufall", eine wunderbare Adresse, für einen gespenstischen Ort.

Am 11. März 1989 zog ich in ein halb verfallenes Haus. Direkt gegenüber lag eine schreckliche Ruine, in der Drogenhändler hausten. Auf der Straße, überall: Drogendealer und Drogenabhängige. Ich kam nach Quinta Bella in Recoleta: Ein ehemaliges Arbeiterviertel von Santiago, das früher seine eigene Würde gehabt hatte, jetzt aber verarmt und heruntergekommen war. Von den ehemals hübschen Häusern standen oft nur die Fassaden. Dahinter hausten in dunklen Zimmern, fast wie in Löchern, viel zu viele Menschen …

„Was will diese Nonne hier? Seit über dreißig Jahren gibt es die Siedlung – und noch nie hat sich jemand für uns interessiert!" Die Menschen brachten mir Skepsis und Misstrauen entgegen.

Vor meiner Tür saßen fast immer jugendliche Straffällige, die meistens Unfug anstellten. Mit ihnen kam ich in Kontakt, wenn sie Hilfe brauchten. Wie Cristian. Er blutete und blutete aus dem Kopf – seine Kumpanen hatten ihm eine Flasche über den Schädel gehauen. Ich versorgte die riesige Wunde. Ich spürte seine Verzweiflung: So, mit diesem riesigen Verband, konnte er auf keinen Fall wieder unter Leute. Der Unterlegene war immer schlimm dran. Ich holte einen Kamm und versuchte die Haare vorsichtig über den Verband zu kämmen. Während ich so kämmte, fing Cristian fürchterlich zu weinen an.

„Ich bin total alleine, ich habe niemanden."

„Aber du wohnst doch bei deiner Großmutter."

„Ja, aber die ist nicht gut mit mir. Sie schimpft immer, weil ich auf bösen Wegen bin. Meine Oma ist aber trotzdem gut. Viel besser als meine Mutter. Die ist einfach weggegangen." Er fühlte sich völlig verlassen. Lange saßen wir noch zusammen, er erzählte, dass er von der Polizei gesucht würde und auch schon im Knast gewesen war. „Wenn man da einmal war, dann kann man nie mehr anders." Ich schaute ihn an: „Weißt du Cristian: Ihr seid alle noch so jung. Ihr könnt euch alle ändern. Du musst mit der Wunde vorsichtig sein, komm jeden Tag, damit ich nach ihr schauen kann."

Cristian kam jeden Tag, wir saßen und redeten und ich pflegte die Wunde. Bald brachte er auch seine Freunde mit.

Zu meiner großen Freude kam kurze Zeit später Gabriella, eine Rechtsanwältin, zu uns. Sie kam einmal die Woche zu mir ins Haus. Hier saß sie am Esstisch und die jungen, straffällig gewordenen Männer konnten in ihre Sprechstunde kommen. Zum ersten Mal bekamen sie eine ordentliche Verteidigung. Gabriella konnte viele Sachen aushandeln, die den jungen Leuten neue Chancen eröffneten: Dass jemand zum Beispiel nicht ins Gefängnis musste (von dem auch die Richter wussten, dass es die beste Schule für Kriminalität war). Wenn derjenige sich „stellte", konnte er im Viertel bleiben.

Gemeinsam nahmen wir auch die Ruine von gegenüber in Angriff: 35 Lastwagen mit Dreck und Schutt haben wir weggefahren, bevor wir überhaupt auf den Platz konnten. Der Platz war der Schandfleck des Viertels – Schauergeschichten über Menschen, die hier vermodert seien, kursierten. Drogenhändler hausten hier und planten ihre Überfälle.

Zu Weihnachten wollten wir auf dem Platz vor der Ruine zusammen feiern, was uns gelingen sollte.

Mitgeholfen hat auch Mauricio. Mauricio saß immer vor meiner Tür und ging keinen Zentimeter zur Seite – manchmal war es schwierig für mich, an ihm vorbei auf die Straße zu kommen. Er sah bullig aus und ich war mir nicht sicher, ob er nicht etwas gegen mich hatte. Ich grüßte ihn immer beim Raus- und Reingehen und nachdem ich seinen Namen herausgefunden hatte, grüßte ich ihn mit Namen. Als wir die Ruine endlich sauber hatten, wollte ich sie desinfizieren, besorgte Tonnen rohen Kalks. Als Mauricio zum ersten Mal den Kalk sah, kam er sofort auf mich zu: „Kann ich mitmachen? Ich möchte weißeln." Ich war platt – und in Verlegenheit, da ich noch nicht mal einen Pinsel hatte: Ich hatte kein Geld. Mauricio lieh sich irgendwo einen – und fing an. Es hatte etwas von einer unglaublichen Dringlichkeit – so als müsste er es tun. So als wäre die Arbeit wie eine innere Reinigung für ihn. Irgendwoher konnte ich wenigstens so viel Geld auftreiben, dass ich ihm etwas zu trinken und ein kleines Taschengeld geben konnte.

Die Jungs, die jetzt mit viel Akribie und Ausdauer malten, hatten das Viertel im Griff gehabt, den Menschen Angst gemacht und waren von ihnen verachtet worden. Als die Leute diese Jungs jetzt bei der Arbeit sahen, einer Arbeit, die dem Viertel zugute kam, da spalteten sich die *Pobladores* in zwei Gruppen.

Die Älteren, wie Valeria, waren glücklich: „*Madre,* was ist das schön. Diese Taugenichtse waren doch zu nichts nütze! Haben nur Schaden angerichtet und uns Schande gemacht. Aber jetzt, schauen Sie doch! Und sie tun auch noch etwas für uns alle. Die sind gerettet!" Die Älteren kamen vorbei, blieben stehen, redeten auf einmal mit den jungen Leuten und beglückwünschten mich. Sie entwickelten großelterliche Gefühle.

Aber die 30-, 35-Jährigen wurden wütend: „Wie kannst du dieses lausige Volk fördern? Wir sind ehrenwerte Arbeitslose, wir haben Kinder zu ernähren, uns nichts zu schulden kommen lassen. Wenn hier einer Arbeit verdient, dann sind wir es." Ihnen konnte ich nur sagen: „Ja, es gibt viel Arbeitslosigkeit. Und wenn ihr wollt, können wir gemeinsam überlegen, was man tun kann. Aber hier kann ich euch nur einladen, euch mit zu freuen, dass diese jungen Männer vielleicht auf einen anderen Weg gekommen sind."

Als die Ruine sauber war, war das für die Menschen wie ein Wunder. Wir bauten dahinter einen Spielplatz. Später haben wir mit Hilfe der Kontaktgruppe und der Familie Frings den Platz mit der Ruine gekauft und noch später eine Kirche dorthin gebaut: eine große Kirche aus Stein, Holz und Glas, an die unser Gemeindezentrum und ein Kinderhort angebaut wurden. Peso für Peso haben wir dafür gesammelt – und viel Unterstützung aus Deutschland bekommen: von Adveniat, dem Bistum Köln, einer evangelischen Gemeinde in Berlin und natürlich der Kontaktgruppe. Und an Pfingsten 1991 weihten wir die Kirche ein.

Eine Gemeinde mussten wir noch werden. Das war ein mühsamer Prozess. Die verschiedenen Gruppen, die Straffälligen und die, die sich für ehrenwert hielten, mussten zusammenwachsen. So war es ein weiteres Wunder, wie wir unsere Versammlungen und Gottesdienste beendeten. Von Anfang an reichten wir uns nach jeder Arbeit und jedem Gottesdienst die Hände, um das Vaterunser zu beten. Es kostete viel Überwindung, einem Dieb, einem Kriminellen, von dem die Leute ja wussten, was er getan hatte, wirklich die Hand zu geben. Die Spannung, die dabei entstand, war andererseits für die jungen Männer schwer auszuhalten. Wenn es ganz schwierig war, habe ich mich daneben oder dazwischen gestellt, damit erst einmal keine unmittelbare Berührung notwendig war.

Aber die Gemeinde hat diesen Prozess gemeistert: Heute ist sie geschwisterlich zusammengewachsen.

Alte Macht in neuen Schläuchen

Santiago mit schneegekrönter Kordilliere im Advent 2005

Liebe Freunde,

(...) Aus den Augen vieler unserer Kinder und Jugendlichen schaut heute nicht mehr der Hunger wie in früheren Zeiten – heute schauen Drogen heraus ... und verzweifelter Lebenshunger. Oft bin ich ratlos und traurig, denn der Kampf gegen die Drogen scheint fast aussichtslos und gleicht unserem Kampf gegen die Invasion der Wanzen in unserem Haus, die über Nacht in Massen bei uns eingewandert sind und derer wir nicht Herr werden, allem Einsatz zum Trotz.

(...) In diesen Tagen hatten wir Audienz beim Erziehungsminister Sergio Bitar, um ihm die Probleme der mindestens 100 000 jungen Leute in den Armenvierteln vorzuführen, die jährlich in Gefahr sind, in Drogen und Kriminalität abzustürzen. Bisher will das niemand sehen, obwohl ziemlich genaue Statistiken darüber informieren. Der Minister hat aufmerksam zugehört und sofort eine Kommission eingesetzt, um mit uns ein Pilotprojekt zu erarbeiten. Eine neue Hoffnung für uns?

Die Drogen bleiben bis heute, neben einer wirksamen Armutsbekämpfung, unser großes, vielleicht unser größtes Problem.

Überall auf der Straße, den Bürgersteigen, hinter den Zäunen auf den Grundstücken, liegen die Drogenpapierchen. Ganz offen wird gedealt. Jeder kann es sehen – aber die Polizei unternimmt nichts. Vor meiner Türe sitzen immer noch zu allen Tages- und Nachtzeiten junge Männer. Oft suchen sie Schutz vor der Polizei. Immer aber ziehen süßliche Rauchschwaden von der Treppe in unser Häuschen – manchmal so viel, dass in den unteren Räumen dicker Marihuananebel liegt.

Es gibt so wenige Perspektiven für diese jungen Männer: Gammeln und Drogen scheinen die einzigen zu sein.

Manchmal, wenn ich mehr Kontakt zu einigen von ihnen bekomme, dann vertrauen sie sich mir an: wie gerne sie aufhören möchten! Wie sehr sie sich ein anderes Leben wünschen! Wenn ich kann (und sie *wirklich* bereit sind!) vermittle ich sie in unser Drogen-Reha-Zentrum *Talita Kum* (Mädchen steh auf). Aber selbst wenn sie die Therapie durchhalten, heißt das noch lange nicht, dass sie wirklich aussteigen können. Die Drogenmafia arbeitet mit allen perfiden Methoden, die der Geheimdienst in der Diktatur angewandt hat: Wer einmal in die Mühlen der Mafia geraten ist, aus welchem Grund auch immer, kommt kaum noch heraus: Die Drogenbosse bedrohen die Familie – und das sind keine leeren Drohungen! Auszusteigen ist für manche wirklich fast unmöglich.

Die ganze Drogenproblematik mutet mich an wie ein riesiges Krebsgeschwür, das unbehindert wächst und wächst und die Gesellschaft immer weiter zerfrisst. Die Drogen sind Teil der Armut – einer Armut, die sich dauernd vermehrt.

Unsere Kinder

Zwei, drei Mal die Woche schläft Barbara bei uns. Sie schläft dann in einem winzig kleinen Zimmer, in das gerade ein Bett und ein Nachttischchen passen. Wenn ich vor dem Schlafengehen noch mal nach ihr schaue, muss ich an die Zeit denken, als an der gleichen Stelle noch Stockbetten für Daniela und Marisol standen.

Immer kamen Kinder zu uns: Mütter brachten sie uns, weil sie nicht wussten, wie sie noch ein hungriges Mäulchen satt bekommen sollten. Oder wir fanden sie: am Straßenrand, in versperrten Hütten, unter einem Bett in einem Pappkarton … eben überall dort, wo sie zurückgelassen wurden. Wir suchten eine neue Heimat für diese Kinder, neue Familien, Heimplätze, manche fanden eine Adoptivfamilie in Deutschland. Als ich einmal gar keine Familie für einen Jungen finden konnte, hat meine Schwester Maria ihn in ihre Familie aufgenommen. Aber es gab auch immer Kinder, die bei uns blieben, bis sie selbstständig geworden waren: Patricia und ihr Bruder Camillo zogen mit mir nach Recoleta. Wir hatten sie im Glauben, eine gute Lösung gefunden zu haben, in ein Heim gebracht – mussten aber später feststellen, unter welch schrecklichen, ja grausamen Bedingungen sie dort lebten. Wir holten sie zurück, aber da waren sie schon fast Jugendliche. Hortensie, David, Karen, Flor … für so viele Kinder sind Maruja und ich zur Mama geworden …

Zwei sind als kleine Mädchen gekommen und gewissermaßen für immer bei uns geblieben: Daniela und Marisol. So gut es ging, versuchten wir ihnen eine Familie zu sein: Einmal im Jahr fuhren wir in den Süden, wo ein befreundeter Priester uns eine kleine Wohnung zur Verfügung stellte, und machten zwei Wochen Urlaub: Wie haben die Kinder die Natur genossen! Über die Jahre sind die Kinder dort im Dorf wie Geschwister für sie geworden. Aber die Kinder und vor allem Daniela wollten, dass wir noch mehr zusammengehören.

Es war ein Mittwochnachmittag. Maruja war schon mit den beiden Mädchen nach Quinta Bella nachgekommen.

Daniela, sie war um die sieben Jahre alt, saß oben an ihrem winzigen Tischchen und machte ihre Hausaufgaben. Die Rechtsanwältin Gabriella saß unten am Tisch und vor der Tür standen die *Pobladores* und warteten geduldig, bis sie in Gabriellas Sprechstunde an die Reihe kamen. Als einer gerade das Haus verlassen hatte, flitzte Daniela die steile Treppe herunter, öffnete die

Tür und sagte zu den Wartenden: „Einen Moment, bitte." Sie trat vor an Gabriellas Tisch: „Können Kinder auch eine Beratung bekommen?" Gabriella war mehr als verblüfft: „Ja, wozu möchtest du denn beraten werden?" – „Was muss ich tun, um adoptiert zu werden?" Gabriella schaute sie verwirrt an: „Aber wer soll dich denn adoptieren?" – „Meine Mama!" – „Aber wer ist denn deine Mama?" – „Schwester Karoline natürlich." An dieser Stelle hat Gabriella mich dazu gerufen. Daniela war wild und geradezu verzweifelt entschlossen: „Ich will Carolina Mayer Hofbeck heißen, genau wie du!", sagte sie und blickte mich mit blitzenden Augen an. Es hat viel Mühe gekostet, Daniela klar zu machen, dass sie auch nach einer Adoption weiter Daniela heißen würde. Ihren Wunsch nach Adoption aber haben wir erfüllt. Heute lebt Daniela mit ihrem Mann, ihren Schwiegereltern und ihren drei kleinen Töchtern in unserer Nähe. Schwer war die Zeit als Jugendliche: Wir suchten einen Platz an einer Privatschule – und schließlich schaffte sie trotz ihres ersten Babys den Abschluss.

Marisol hat einen unglaublichen Blick für die Herzen der Menschen entwickelt. Sehr feinfühlig weiß sie, was die Menschen brauchen. Sie war erst ungefähr zehn Jahre alt, als sie einmal allein zu Hause war. Es klopfte an der Tür. Eine ältere Frau, völlig nervös, wollte mit mir reden, über Adoption, sagte sie. Da Marisol ihr schon einen Platz angeboten hatte, fing sie gleich an zu erzählen: „Ich habe ein Kleinkind aufgenommen. Es ist verlassen worden. Jetzt ist es fünf Jahre alt. Vor kurzem sind seine Verwandten gekommen. Ich habe Angst, dass sie mir das Kind wegnehmen." Marisol schaute sie an, überlegte und fragte dann zurück: „Werden Sie dem Kind sagen, dass es adoptiert ist?"

„Aber ja, natürlich."

„Und haben Sie es auch lieb?"

„Aber ja, deswegen bin ich ja so verzweifelt, es zu verlieren."

„Dann wird Ihnen niemand das Kind wegnehmen können", versicherte ihr Marisol und bestellte sie zu einem Gespräch mit mir am Abend.

Marisol ist von Maruja adoptiert worden. Auch sie hat früh ein Baby bekommen und hat heute eine Familie mit zwei Kindern. Marisol kommt aus einer Familie, in der fast alle ein Alkoholproblem haben. Ihre Mutter war Alkoholikerin; sie ist inzwischen gestorben. Die Schule war schwer für Marisol. Aber auch sie hat die Schule abgeschlossen und eine Ausbildung zur Kindergartenhelferin absolviert. Barbara, ihre kleine Tochter, ist heute acht Jahre alt. Wenn ich alte Photos anschaue: Barbara ist Marisol wie aus dem Gesicht geschnitten. Barbara ist hochintelligent, liest begierig und will alles genau erklärt bekommen. Mutter und Tochter haben es deswegen nicht immer leicht miteinander.

Niemals habe ich daran gezweifelt, dass es meine Berufung ist, bei und mit den Armen zu leben. Hier ist mein Platz. Als die Kinder heranwuchsen, habe ich mich aber manchmal gefragt, ob es für ihren Weg besser wäre, wenn wir weiter weg von Drogen und Kriminalität wohnen würden, von Jugendlichen, die keinen Sinn in der Schule sehen, die keine Perspektive haben …

Die Wege vieler, vieler Kinder verfolge ich aus kleinerer und größerer Entfernung. Auch mit vielen der Adoptiveltern in Deutschland bin ich bis heute im Gespräch. Manches der Kinder hat einige Umwege genommen – vor allem die Pubertät ist oft eine schwierige Zeit.

Wenn ich heute daran denke, dass man uns im Noviziat einbläute, keine kleinen Kinder auf den Arm zu nehmen (wahrscheinlich aus der Angst heraus, dass wir Muttergefühle entwickeln könnten)! Das Leben hat es anders gewollt: Wie vielen Kindern habe ich geholfen, auf die Welt zu kommen! Mit wie vielen Säuglingen, kleinen und großen Kindern, habe ich zusammen gelebt, bis sie ihren Weg ins Leben oder in eine Familie gefunden hatten!

Unser Weg befreit

Der neue Bischof mag keine Befreiungstheologen

Die Theologie der Befreiung ist in Lateinamerika entstanden – aber sie hat lange nicht alle Kirchenmänner auf diesem Kontinent überzeugt. Nachdem ich viele Jahre unter einem Bischof gearbeitet hatte, der die Sicht der Befreiungstheologen teilte, hat sich das Ende der 1980er Jahre geändert.

Es war nach meinem Ausscheiden aus der *Fundación Missio*. Ich suchte eine neue Aufgabe. Regionalbischof Antonio Moreno, der spätere Erzbischof von Concepción, schlug mir vor, nach Quinta Bella, einem Viertel in Recoleta, zu ziehen. In diese alte Arbeitersiedlung war die Kirche nie hineingekommen: Die Arbeiter waren immer sehr widerständig gewesen und in der Zeit der Diktatur war viel Verbitterung dazu gekommen; durch die Arbeitslosigkeit und die Verarmung war viel Kriminalität entstanden. Gewalt und Not waren sehr, sehr groß hier. Wegen der Gewalttätigkeit wollte sich niemand in dieses Viertel schicken lassen.

Bevor ich dieser Ernennung aber zustimmen konnte, wollte ich vom Bischof, den ich als sehr konservativ und als Gegner der Befreiungstheologen kannte, wissen: „Vertraust du mir?" – „Natürlich, sonst würde ich dich doch nicht ernennen wollen! Warum fragst du das?" – „*Du* weißt, dass ich zur Befreiungstheologie gehöre und *ich* weiß, dass du davon nichts hältst. Ich habe Sorge, dass du kein Vertrauen zu mir hast. Wie aber soll ich eine neue pastorale Aufgabe innerhalb deiner Region übernehmen, wie soll ich eine neue Gemeinde aufbauen und leiten, ohne dein Vertrauen?" – „Ich vertraue dir, weil ich mich über dich in deiner Gemeinde *Jesús Sol Naciente* erkundigt habe: Ich habe eine Gemeinde erlebt, die feiert, betet, die sich weiterbildet im Wort Gottes, die aktiv in der Liebe ist. Ich habe eine Gemeinde gesehen, die nicht über Theologie philosophiert, sondern, die wirklich die frohe Botschaft der Armen lebt. Wenn ich Zweifel habe – dann an deiner Form, die Liturgie zu feiern." Ich wusste, worauf er anspielte: Antonio Moreno hatte uns an einem Sonntag besucht und unsere Messfeier kennen gelernt. Die Gemeindevorsteher saßen bei uns hinter dem Altar. Auch an diesem Sonntag waren sie schon dort, als der Bischof in die Kirche einzog. Außerdem standen an diesem Tag vor dem Altar zwei riesige Suppentöpfe. Sie sollten gesegnet werden und anschließend in einer Prozession durchs Armenviertel zu einer neuen Suppenküche gebracht werden. Ich konnte sehen, wie fremd dem Bischof das war: Er stand nicht alleine am Altar. Er war nicht, wie sonst, Herr der Liturgie – auch die andern, alle haben bei der Liturgie mitgewirkt und auch noch so etwas Profanes wie Suppentöpfe in den heiligen Raum der Kirche gebracht!

Ich hätte ihm gerne dazu gesagt, dass die Liturgiefeier immer die Feier des Volkes ist. Aber wie sollte ich das tun? Der Bischof war der Theologe, er war sogar ein sehr geschätzter Universitätsprofessor für Altes Testament! Ich konnte ihn doch nicht über die Liturgie belehren! Ich konnte ihm nur erwidern: „Was du bei uns erlebt hast – *das* verstehe ich unter Pastoraltheologie." Immer noch verstand ich nicht, warum er der Befreiungstheologie so kritisch gegenüber stand. Und ich brauchte sein Vertrauen und genug Rückhalt für meine Art zu arbeiten. Deswegen musste ich noch mehr darüber erfahren, warum Antonio Moreno die Befreiungstheologie so ablehnte: „Was hast du gegen die Befreiungstheologen?" Er antwortete: „Einige von ihnen glauben nicht an die Göttlichkeit Christi. „Wer von ihnen?" – „Ich denke an Jon Sobrino." Da fragte ich ganz direkt: „Hast du seine Christologie gelesen?" Jetzt war der Bischof überaus verlegen. Dann holte er tief Luft: „Nein, ehrlich gesagt, das habe ich nicht getan." Einen Moment war ich sprachlos: Da urteilte er über eine ganze Richtung der Theologie und lehnte sie ab, ohne ihre wesentlichen Werke gelesen zu haben! In meine Erschütterung mischte sich Respekt. Es hatte menschliche Größe, das mir gegenüber zuzugeben.

Wir haben dann gut und vertrauensvoll zusammen gearbeitet.

Ich bin keine Sozialarbeiterin

Das Interesse an unserer Arbeit in den Basisgemeinden war immer groß.

Und: Irgendjemand von der Kirche hatte ihn zu mir geschickt: einen deutschen Theologieprofessor, der eine christliche Basisgemeinde kennen lernen und mit jemandem sprechen wollte, der dort arbeitet. Der Professor kam ins Armenviertel. Gleich im ersten Gespräch wollte er mir klar machen: „Schwester, es gibt keine Theologie der Befreiung, die kann es gar nicht geben. Wenn, dann müsste man eine Theologie der Versöhnung schreiben." – „Was ist denn eine Theologie der Versöhnung?", wollte ich von ihm wissen.

„Eine Theologie der Versöhnung findest du bei Paulus. Theologie muss immer universell gültig sein. Die Theologie der Befreiung ist das nicht."

„Aha. Und was heißt das: eine universell gültige Theologie? Sind wir dann nicht schnell bei „unserer" Theologie, der Theologie der westlichen Kultur, der „ersten" Welt? Denken Sie, *das* ist universell?" So fing unser Gespräch an. Ich merkte, dass wir so nicht zueinander finden würden: Weder ihm noch mir würde es etwas bringen, uns abstrakt über Konzepte der Theologie auseinander zu setzen. Ich sah nur die Möglichkeit, dass er Befreiungstheologie erlebt. Deshalb sagte ich: „Das Einzige, was ich Ihnen anbieten kann, ist, mit mir zu kommen und zu erleben, wie wir hier arbeiten, was wir unter Pastoralarbeit verstehen." Wir gingen zu unserer Kapelle. In diesem Armenviertel, das rund 15 000 Einwohner zählte, hatten wir 1974 mit der Arbeit begonnen. In der Kapelle konnte er sehen, dass es sehr gemeinschaftlich zuging: Wir saßen rund um den Altar, und hinter dem Altar sah er die Plätze der Gemeindevorsteher. Neben dem Sitz des Priesters hing ein Organigramm an der Wand: Darauf konnte er sehen, wie wir als Pfarrei zum Erzbistum und als kirchliche Basisgemeinde zur Pfarrei gehörten. Unser Pastoralrat mit 18 Mitgliedern war darauf abgebildet – und seine Zuständigkeiten für die verschiedenen Dienste innerhalb der Basisgemeinde wurden deutlich: Liturgie, Katechese, geschwisterliche Hilfe, Finanzen, Jugendarbeit, Krankendienst, Sakramentenvorbereitung und so weiter. Der Professor war sichtlich beeindruckt. Noch mehr darüber, dass unsere Kapelle auch für andere Versammlungen dienen konnte: für Gemeindeversammlungen, für die Anonymen Alkoholiker, für Behinderte … Gleich neben der Kapelle lag das Gesundheitszentrum. Nachdem er das gesehen hatte, ging ich mit ihm noch durch die Siedlung, um ihm auch den Kindergarten zu zeigen.

Wir sind noch keine hundert Meter gegangen, da sitzt vor einer Hütte eine Frau mit einem offenen Bein, auf dem ich weiß nicht wie viele Mücken herumtanzen. Ich sehe mit einem Blick, dass die Frau in Lebensgefahr schwebt und sofort Hilfe braucht. Ich entschuldige mich bei dem Professor und rede mit den Angehörigen: „Sie müssen die Frau auf der Stelle ins Gesundheitszentrum bringen!" – Und der Professor sieht das Elend in der Hütte, die Frau und ihr faulendes Bein.

Wir sind keine zweihundert Meter weitergegangen, da halten mich ein paar Männer auf. Es ist so gegen halb zehn Uhr morgens: „Wir kommen gerade aus dem Gefängnis und sind auf dem Weg zu dir. Heute Morgen sind zwei Männer eingeliefert worden. Sie haben uns gebeten, ihren Familien Bescheid zu sagen. Kannst du das übernehmen – wir haben Angst." Ich kenne Männer, sie sind aus politischen Gründen festgenommen worden. „Gut", sage ich, „im Moment habe ich noch Besuch, aber gleich danach werde ich es selber machen."

Wir gehen weiter zum Kindergarten *Naciente.* Noch bevor wir um die Ecke zum Kindergarten biegen, sehe ich Anita, eines unserer ehemaligen Kindergartenkinder, auf der Straße barfuß spielen. „Ja, sag mal, Anita! Wieso bist du nicht in der Schule?" – „Ich habe keine Schuhe" – „Aber wegen ein paar Schuhen wirst du doch nicht das ganze Schuljahr verlieren. Also, das ist doch unmöglich, dass du nicht in der Schule bist." – „Meine Mama hat kein Geld. Und ohne Schuhe schickt sie mich nicht in die Schule." Wieder drehe ich mich zu meinem Gast um und sage: „Entschuldigen Sie, aber diese Gelegenheit habe ich so schnell nicht wieder, das muss ich jetzt sofort klären. Ich rede kurz mit der Mutter." Wir kommen zur Hütte der Familie. Es ist Waschtag, die Mutter steht am Waschtrog. Der Vater arbeitslos. In der Hütte wohnt noch eine zweite Familie … und alle sind in einem sehr verwahrlosten Zustand. „Anita war drei Jahre in unserem Kindergarten, jetzt geht sie nicht zur Schule. Wenn sie nicht kommt, bleibt sie Analphabetin und euer Elend wird weiter gehen. Das geht doch nicht wegen ein paar Schuhen!", rede ich Anitas Mutter ins Gewissen. „Aber ich habe kein Geld für Schuhe." – „Ihr wart so viele Jahre bei uns im Kindergarten. Du weißt doch genau, dass du zu uns kommen kannst. Komm heute Nachmittag – wir finden Schuhe für Anita und ich rede mit der Schule, dass Anita wieder aufgenommen wird, damit sie nicht das ganze Jahr verliert." Die Mutter verspricht, am Nachmittag zu kommen.

Als das alles auf den Weg gebracht war, habe ich dem Professor den Kindergarten gezeigt. Mehr als 350 Kinder waren hier: vom Baby bis zu den Schulkindern. Ich stellte ihm auch die Kindergärtnerinnen vor, die ja alle aus dem Armenviertel kamen. Als seine Zeit zu Ende war, gingen wir zurück zu mir nach Hause, um uns zu verabschieden: „Ich sehe, Sie leisten einen ganz ausgezeichneten Dienst in verschiedenen sozialen Bereichen." Ach! – das war nun so gar nicht das, was ich lebte! Hatte er denn gar nicht verstanden, was ich ihm den ganzen Vormittag versucht hatte zu zeigen? Unhöflich platzte ich heraus: „Ich bin keine Sozialarbeiterin und auch keine Entwicklungshelferin! Dann wäre ich in einen anderen Verein gegangen!" Ich war so erzürnt: „Natürlich kann ich als Sozialarbeiterin die gleiche Arbeit machen. Aber wie heißt es: ‚Der Geist des Herrn hat mich gesalbt, den Armen Frohe Botschaft zu verkünden, die Unterdrückten zu befreien, die Hungrigen zu speisen.' Das ist der Urgrund der Theologie der Befreiung: Dass die Menschen die Güte und vor allem die Menschenfreundlichkeit Gottes sehen, hören, fühlen können. Aber diese Güte kann ich nur erfahrbar machen, konkret werden lassen, wenn ich selber in dieser Güte lebe. Wenn ich Gott zu meinem Zentrum mache und aus ihm lebe, wenn ich Jesus als meinen Meister erkenne und mir von ihm den Weg zeigen lasse – dann kann ich den Menschen, die Hunger haben, krank sind oder verfolgt werden, konkret helfen. Und zwar so helfen, dass sie selber durch meine Hilfe etwas von Gottes Güte erfahren. Dann können die Menschen hier spüren, dass sie zwar im tiefsten Elend leben und dass die Gesellschaft sie für Abschaum hält, dass Gottes Verheißung aber trotzdem auch für sie gilt: Auch sie sind Kinder Gottes, auch für sie wünscht Gott sich nichts sehnlicher, als dass sie glücklich sind und es ihnen gut geht. Wenn das für Sie Sozialarbeit ist – dann bitte. Für mich ist das Theologie der Befreiung, ein Weg mit Gott, der die Menschen frei macht. Alle Menschen, auch die Armen."

Nach diesem Ausbruch hat der Professor fast nichts mehr gesagt. Nur noch: „Das hat mich jetzt doch sehr beeindruckt." Ich war besorgt über meine heftige Reaktion. Aber bis zum heutigen Tag ist der Professor ein Freund geblieben, der unsere Arbeit unterstützt.

Was Theologie der Befreiung für mich wirklich bedeutet, habe ich nicht zuletzt begriffen, als sich dann doch noch einer meiner Herzenswünsche erfüllte.

Endlich in Indien: bei Mutter Teresa in Kalkutta

Seit ich das erste Mal von ihr gehört hatte, war mir Mutter Teresa ein leuchtendes Vorbild. Ich hatte ihren Weg die Jahre über verfolgt: Wie sie zunächst Lehrerin in einem Missionsorden in Indien wurde, und dann ihre Berufung auf den Straßen Kalkuttas für ein Leben unter den Armen gespürt hatte; die Erlaubnis bekam, vom Orden wegzugehen und doch als Nonne weiter zu leben. Ab 1948 ging sie in Kalkutta auf die Straße. Nur zwei Jahre später hat sie ihren eigenen Orden, die „Missionarinnen der Nächstenliebe", gegründet. Mich hat vor allem ihre Konsequenz beeindruckt, die Radikalität, mit der sie ihr Leben den Armen widmete, und ihre Liebe zu Jesus. Schon lange trugen wir uns als kleine *Comunidad de Jesús* mit dem Gedanken, uns Mutter Teresas Orden als eine kleine Zelle anzuschließen.

Da kam, wie ein Geschenk des Himmels, im Jahr 1978 eine Anfrage von der Kindernothilfe an mich: Ob ich mir vorstellen könnte, für die Kindernothilfe nach Indien zu fahren und dort ihre Arbeit zu fördern? Ja grundgütiger Himmel: – nichts konnte ich mir lieber vorstellen! Meine ganze, heiße Liebe für Indien entbrannte neu, mein inniger Wunsch, nach Indien und Asien zu gehen, wurde sofort wieder lebendig. Es gab allerdings ein großes Hindernis, ein großes Risiko, vor dem ich Angst hatte: Wenn ich freiwillig ausreiste aus Chile – würde die Militärregierung mich wieder einreisen lassen?

Ich ging das Risiko ein – und flog über Deutschland nach Indien. Es ging in diesen sechs Wochen darum, an Tagungen, Fortbildungen und Seminaren teilzunehmen und meine Erfahrungen in der Arbeit mit den Armen, den Kindern und den kirchlichen Gemeinden, mit den Mitarbeitern und kirchlichen Vertretern dort zu teilen. Anschließend sollte ich einen Bericht schreiben. Am Ende der Reise wollte ich für eine Woche in Kalkutta die Arbeit der „Missionarinnen der Nächstenliebe" von Mutter Teresa kennen lernen. Eingeladen von einem protestantischen Pfarrer, konnte ich in seinem Haus in der Nähe von Mutter Teresas Gründungskloster wohnen.

Auf dem Flug von Bombay zu dieser letzten Station meiner Reise, Kalkutta, sprach mich Onju, eine junge Deutschinderin, an. Sie hatte das Gespräch, in das mein Sitznachbar mich über Gott, die Welt und die Arbeit von Mutter Teresa verwickelt hatte, verfolgt: „Schwester, ich bringe Sie zu Mutter Teresa. Ich werde dafür sorgen, dass Sie eine Audienz bei ihr selber bekommen. Ich bin in eine Schule von Mutter Teresa gegangen und ich werde das für Sie arrangieren." Es war eine von Gottes vielen Fügungen: Diese junge Frau verschaffte mir tatsächlich eine persönliche Audienz bei Mutter Teresa.

In Kalkutta durfte ich an allen Aktivitäten der Schwestern, außer an ihren Mahlzeiten, teilnehmen.

Am ersten Morgen saß ich mit den Schwestern zusammen um fünf Uhr morgens bei 30° Grad Hitze in ihrer Kapelle beim Morgengebet. Ich gestehe an dieser Stelle, dass ich schockiert war: Da saßen diese indischen Schwestern und beteten in Englisch – Wort für Wort – unser Morgengebet! So, wie ich es all die Jahre im Kloster gebetet hatte – ein langes, langes Lippenwortgebet. So gar nicht konnte ich mir vorstellen, was das den Schwestern, die es dazu noch in einer fremden Sprache beteten, geben konnte. Ich fragte mich: „Wo bleibt denn dabei die Kultur, der Ausdruck ihrer eigenen Spiritualität und der Reichtum ihres religiösen Erbes? Wie kommen sie in Zwiesprache mit Gott?" Ich vermisste alles, was mir für meinen Glauben wichtig war. Ohne Zweifel: Ich hatte *meine* Bedürfnisse, meine eigenen Vorstellungen, auf Mutter Teresas Orden projiziert. Da saß ich nun mit meinen Projektionen und wartete auf die Abfahrt nach Caligate.

Zusammen mit den Schwestern fuhr ich auf einem Lastwagen zu dem berühmten Tempel der Göttin Kali, den die Stadtgemeinde von Kalkutta Mutter Teresa für ihre Arbeit mit den Sterbenden überlassen hatte. Von überall aus der Stadt wurden die Menschen, die sterbend auf der Straße aufgelesen wurden, mit Lastwagen dorthin gebracht. Was ich sah, war ein unvorstellbares Elend und ein Bild des Grauens.

Die Schwestern und Helferinnen kümmerten sich um Kranke und Sterbende. Ich wurde nicht sehr gebraucht. Man wies mir vier Patienten zu. Nebenbei beobachtete ich, was sich in der riesigen Tempelhalle alles abspielte. Ich staunte über die großartigen Fertigkeiten einiger Schwestern beim Spritzen von Medikamenten, Sonden- und Tropfanlegen, vermisste aber oft mehr Zuwendung oder liebevolle Gesten bei ihnen und meinte – so schien es mir – eine bestimmte Härte bei der Behandlung der Leute festzustellen. Aber ich war mir auch bewusst, dass ich in einer anderen Welt war, die ich zu wenig kannte.

Am Mittag auf dem Weg zurück, wie auch auf der Hinfahrt, gab es auf dem Lastwagen immer ein Kichern, manchmal ein kräftiges Lachen der Schwestern, wenn wir fast alle beim schnellen Anhalten vor einer Straßenkreuzung aufeinander fielen. Ich fand das lustig, aber eine der leitenden Schwestern begann blitzschnell mit dem Rosenkranzgebet. Es gab so gut wie keine Möglichkeit des persönlichen Austausches für die Schwestern untereinander.

Nachmittags ging ich dann in die Kinderheime. Jahre zuvor hatte ich den Artikel einer jungen Volontärin über Mutter Teresa und ihre Arbeit in einem Kinderheim gelesen. Niemals hatte ich das Bild und das Gefühl von Geborgenheit vergessen, dass beim Lesen in mir entstanden war: Die junge Frau erzählte, dass sich Schwestern der Kinder annehmen, die besondere Zuwendung brauchen. Diese dürfen sogar beim Abendgebet zu ihren Füßen sitzen, um danach liebevoll ins Bett gebracht zu werden. Mit diesem romantischen Bild kam ich zu einer Stunde glühender Hitze in Kalkutta in einen überheizten Raum. In ihren Gitterbettchen schliefen, saßen oder schrieen die Kinder. Die indischen Kinderpflegerinnen waren nicht erfreut über mein Erscheinen. Sie waren müde, einige hatten sich zum Schlafen unter die Kinderbetten gelegt. Es musste für die Frauen schwer sein, auf die Kinder einzugehen. Ich dachte an unsere Kindertagesstätten in Chile, was da noch alles zu tun war, um den Kindern die Liebe, Pflege und Erziehung zu geben, die sie brauchten!

Onju hatte Wort gehalten: Mit ihr zusammen hatte ich in dieser Woche die Gelegenheit, Mutter Teresa persönlich zu treffen. Sie kam von einer Reise aus Bombay zurück – die islamische Gewerkschaft hatte Mutter Teresa gebeten, dort ein neues Heim zu eröffnen. Sehr müde war sie bei unserem Gespräch. Müde, und doch wach und zugewandt. Ich spürte ihr großes Herz voller Liebe, mit dem sie mir zuhörte. Ich erzählte von unserer Arbeit in Chile und von unseren Überlegungen, uns mit ihr zu vernetzen. Aufmerksam hörte sie zu – und mir klingt bis heute ihr „so good, so good" im Ohr.

Mir haben die Tage in Kalkutta gezeigt, dass wir in unserer kleinen *Comunidad de Jesús* nicht in den Orden von Mutter Teresa passen. Die Theologie der Befreiung hat uns zu den Wurzeln des Elends und der Ungerechtigkeit geführt. Uns geht es darum, die Ungerechtigkeit politischer und wirtschaftlicher Strukturen zu verändern.

Die Sendung und die Arbeit der Missionarin der Nächstenliebe sind anders und dennoch von unschätzbaren Wert. Die Ärmsten unserer Welt benötigen ihren Beistand in ihren existenziellen materiellen Bedürfnissen. Die Welt braucht das Zeugnis der Liebe der Schwestern von Mutter Teresa. Gottes Wege sind unergründlich und es gibt viele Wege, seine Liebe zu leben!

Soweit mein kleines Sein reicht

Eigentlich ist es ganz einfach: In der Essenz wollen wir mit der Theologie der Befreiung in den christlichen Basisgemeinden Strukturen schaffen, die es den Menschen ermöglichen, den Weg zu gehen, den Jesus uns gezeigt hat. In diesen Gemeinschaften können die Menschen miteinander wachsen und sich entwickeln. Was heißt das konkret? Für mich heißt das: auf Jesus schauen und von ihm lernen. Jesus hat keine neue Religion geschaffen und er wollte keine neue Religion gründen. Jesus wollte den Menschen einen neuen Zugang, einen neuen Weg zu Gott zeigen. Es ist ein Weg der persönlichen und gemeinschaftlichen Umkehr. Ein Weg, der keine Ungerechtigkeiten, keinen Hunger, keine Unterdrückung zulässt.

Die Theologie der Befreiung hat sich etwas Unerhörtes getraut. Sie hat sich getraut, die Frage zu stellen: Was hat das Christentum den Völkern Lateinamerikas eigentlich gebracht? Und die noch unerhörtere Antwort lautete: Die Christen haben diesen Völkern strukturelle Unterdrückung und Ausbeutung gebracht. Die Theologie der Befreiung hat den Finger in die Wunde eines kapitalistischen Christentums gelegt, das sich mit den Mächtigen verbündet hat. Dagegen hat die Theologie der Befreiung eine Gesellschaftsanalyse gesetzt: Woher kommen Ungerechtigkeit und Unterdrückung in der Welt? Welche Strukturen lassen diese Unterdrückung zu? Eine Schlussfolgerung: Wir als Kirche können Unterdrückung von Menschen zulassen, fördern, unterstützen, noch schlimmer: die Kirche kann sogar selbst unterdrücken. In der Analyse der Theologie der Befreiung fängt diese Unterdrückung durch die Kirche da an, wo die Kirche als Machtstruktur gleichwertig neben der weltlichen Hierarchie installiert oder installieren lässt. In dieser Sichtweise hat das Christentum zu dem Zeitpunkt seine Sprengkraft, seine Befreiungskraft verloren, als Kaiser Konstantin es zur Staatsreligion machte und damit die Christenverfolgung beendete.

Bei Jesus gibt es keine Rechtfertigung für strukturelle Unterdrückung. Auch keine Struktur in Anlehnung an weltliche Hierarchien. Seine Jünger haben kleine Gemeinschaften gegründet: Hier waren diejenigen Gemeindevorsteher, die von Gottes Geist erfüllt waren und das Vorbild von Jesus am besten ausdrücken, am besten leben, am besten weiter tragen konnten.

Dieses Modell versuchen wir in unseren Basisgemeinden zu

leben: kleine Gemeinschaften, so klein, dass sich alle kennen und sich austauschen können. Über ihr politisches, ihr soziales, ihr kulturelles, ihr persönliches Leben. Immer wieder gemeinsam schauen: Was heißt Jesu Nachfolge in ganz konkreten Fragen? „Wie erziehe ich meine Kinder in Liebe?" oder „Wie komme ich mit dem bösen Nachbarn klar?" gehört genauso dazu wie sich für gerechte Löhne einzusetzen, der kranken Mutter beizustehen oder sich gegen brutale Staatsgewalt zu wehren. Nichts, was zum Leben gehört, ist ausgeschlossen, alles ist wichtig. Versteht man die Jesusnachfolge so, dann ändert man sein Verhalten in jeder Hinsicht: persönlich wie gesellschaftlich, sozial und politisch. Aus diesem anderen Verhalten wird Freiheit und Gerechtigkeit! Das eine ist vom anderen nie zu trennen. Die Basisgemeinden sind die Zelle, das Übungsfeld für diese Befreiungsarbeit: Hier können die Menschen sich gegenseitig ermutigen, korrigieren, unterstützen. Die Gemeinden müssen groß genug sein, damit diese gegenseitige Unterstützung möglich ist – und klein genug, damit sich alle persönlich kennen.

Einen ganz zentralen Punkt auf diesem Weg versuche ich zu leben und zu lehren: Es geht um die Nachfolge Jesu. Es geht darum, sich an ihm zu orientieren. Aber es geht nie darum, ein Abklatsch von Jesus zu werden. Es geht mir heute überhaupt nicht mehr um das, was ich als Kind und Jugendliche unter dem Begriff der „*imitatio*", der Nachahmung Jesu, beigebracht bekommen oder verstanden habe. Damals habe ich gemeint, ich müsste meine Eigenheit vergessen und ihm alles nachmachen, eine Art Kopie von ihm werden. Heute versuche ich den Menschen zu zeigen, auf Jesus zu schauen und zu verstehen, dass *jeder Einzelne* von uns auch den Traum Gottes in seinem Herzen verwirklichen kann! Jesus war einmalig als Mensch. Er hat in seiner Zeit, in seiner Form, in seiner einzigartigen Persönlichkeit, das weitergegeben, was er von Gott erfahren, was er selbst erlebt hat in seiner innersten Verbindung mit Gott. Er hat ja immer gesagt: Ich und der Vater sind eins. Wenn er uns zu seinen Jüngern und Jüngerinnen macht, dann weiß ich als Karoline: Gott hat mich so geschaffen, wie ich bin. Meine Verwirklichung ist, in dieser Einheit mit Gott als Karoline leben, die von Jesus lernt. Aber ich lebe mit meinen Eigenheiten, mit meiner Berufung und Sendung, in meiner geschichtlichen Situation, an diesem Ort, in dieser Gesellschaft, in dieser historischen Stunde: Ich will Christin werden, „ein anderer Christus“, wie Paulus sagte.

In meinem So-wie-ich-bin, versuche ich das, was von der Fülle Gottes in mein kleines Wesen hineinpasst, zu leben und dies den anderen weiterzugeben.

Soweit mein kleines Sein reicht.

Freundschaft reicht in alle sozialen Schichten und über den großen Teich

Eine neue Stiftung: die *Fundación Cristo Vive*

Seit meinem Umzug nach Quinta Bella 1989 hatte ich zwei große Arbeitsfelder. Das eine Feld war der oben beschriebene Aufbau einer Gemeinde in diesem Arbeiterviertel.

Das andere Arbeitsfeld hatte ich nicht vorgesehen, und ich wollte es eigentlich auch nicht. Nach den Erfahrungen mit der *Fundación Missio* hatte ich vor, nur noch in überschaubaren Selbsthilfestrukturen zu arbeiten. Das war der Plan – das Leben hat es anders gewollt. Nach dem Ende der Diktatur waren viele Menschen vom ständigen Misstrauen untereinander, den Ängsten und den Repressionen so erschöpft, dass an Selbsthilfe erst einmal gar nicht zu denken war. Gleichzeitig drängten mich viele Freunde und freiwillige Mitarbeiter, unserer Arbeit wieder ein Dach zu geben. Ich sah schließlich ein, dass diese Form zu dieser Zeit sinnvoller war.

Und so gründeten wir Mitte 1990 eine neue Stiftung, die *Fundación Cristo Vive* (Christus lebt). Heute arbeiten in der *Fundación Cristo Vive* mehr als 350 Festangestellte und freiwillige Mitarbeiter. In fünf Kindertagesstätten werden über 690 Kinder betreut. In zwei Berufschulen erhalten jährlich rund 810 mittellose junge Leute eine Ausbildung in einem Handwerk oder einem anderen Beruf. Im Reha-Zentrum für Drogenabhängige sind 60 Patienten in Behandlung. Um die 30 geistig und körperlich behinderten Jugendliche kommen ins Tagesheim *Dios con Nosotros* (Gott ist mit uns). Sogar mein allergrößter Herzenstraum hat sich erfüllt: In zwei Gesundheitszentren bekommen über 24 000 eingeschriebene Patienten eine ganzheitliche, den modernsten Kriterien genügende, kostenlose ambulante medizinische Betreuung. Die Menschen aus den Armenvierteln bekommen tatsächlich die gleiche Medizin wie die Menschen in den Reichenvierteln – wer hätte das vor 35 Jahren gedacht?

Möglich ist das nur, weil zum einen der chilenische Staat nach vielen, langen Kämpfen und hartem Ringen zugesagt hat, 90 % der Kosten zu tragen. Und wir kämpfen weiter, bis der Staat 100 % übernehmen wird. Allerdings werden auch die Zusagen nicht regelmäßig eingehalten. Das bringt uns immer wieder an den Rand des Ruins. Andererseits haben wir all die Jahre die Solidarität unserer Freunde in Europa erfahren, die uns außer bei Baukosten auch mit den laufenden Kosten unterstützt haben. Ich habe mich immer als Brückenbauerin verstanden: zwischen Volk und Politikern, zwischen den verschiedenen Kirchen, Rassen, Ländern, Kontinenten, zwischen Nord und Süd.

Vor allem aber zwischen Arm und Reich.

Freundschaften: Netze, die tragen

Mein Leben ist voll von Begegnungen. Am Anfang hatte ich die Vorstellung, mit den Armen zu leben. Gewissermaßen „in ihrem Leben unterzugehen". Von dort aus wollte ich mit ihnen zusammen mein Leben aufbauen und den Ausgangspunkt für ihre Integration in die Gesellschaft finden. Aber im Laufe der Jahre habe ich festgestellt, dass die Integration nur dann gelang, wenn es Kontakte, Begegnungen mit anderen sozialen Schichten, ja anderen Kulturen gab.

Schon bald hatte ich Kontakte in die chilenische Oberschicht, in die Welt der Reichen und Schönen. Angefangen hat es mit der Begegnung mit Mercedes Encheñique, die Tía Pin genannt wurde. Tía Pin hatte ja in den Suppenküchen unermüdlich mitgearbeitet und später das Grundstück für die Obdachlosensiedlung in Renca geschenkt.

In Tía Pins Haus gingen alle ein uns aus, die in der chilenischen Gesellschaft Rang und Namen hatten. Tía Pin und ihr Mann Sergio Larrain hatten Kontakt zu den größten Künstlern des Landes: Dazu gehörten Pablo Neruda, der große chilenische Dichter und Literaturnobelpreisträger, Claudio Arrau, der chilenische Pianist, und der surrealistische Maler Roberto Matta. Zu Hause bei Tía Pin habe ich Domingo Santa Maria getroffen, den Mitbegründer einer großen chilenischen Bank, und Mario Perez de Arce, den berühmten nationalen Preisträger für Architektur. Tía Pin brachte mich mit all den Menschen zusammen, mit denen sie verkehrte, um auch sie zu motivieren, sich den Armen zu nähern. Nie, wenn sie mich jemandem vorstellte, war es meine Absicht, auf die Tränendrüse zu drücken oder gar Schuldgefühle zu vermitteln. Ich habe eher versucht, eine Botschafterin der Armen zu sein: Vorurteile abzubauen (das größte Hindernis ist vielleicht bis heute die Angst, dass die Armen den Reichen alles wegnehmen wollen) und Vertrauen zu schaffen. Ich habe versucht einzuladen, das Leben der Armen kennen zu lernen und das Schöne in ihrem Leben zu entdecken: die Geschwisterlichkeit, die Solidarität. Ich habe erzählt, wie glücklich mich mein Leben mit den Armen macht. Wer mitarbeiten wollte, dem konnte ich ein breit gefächertes Angebot machen: Ärzte, Psychologen, Lehrer, Handwerker, Rechtsanwälte sind willkommen, uns eine Stunde in der Woche oder im Monat zu schenken, um einen Menschen zu operieren oder einen Menschen juristisch zu vertreten. Oder um Mittel für unsere Arbeit zur Verfügung zu stellen: Baumaterial oder Medikamente, natürlich auch Lebensmittel. Aus diesen Begegnungen entstanden manchmal Freundschaften oder Bekanntschaften, manchmal blieb es bei gegenseitigem Respekt.

Die Menschen, die mitarbeiteten, hatten oft segensreiche Ideen: Ein Architekt hatte eines der ersten neuartigen Kaufhäuser in Providencia, dem Viertel der großen Einkaufszentren Santiagos, gebaut: eine Art Schneckenhaus, in dem man keine Treppen zu steigen braucht. Mehr als 15 Jahre lang hat er unseren Frauen dort umsonst einen Laden zur Verfügung gestellt, so dass sie ihre Waren direkt im Reichenvierteln anbieten konnten.

Mit der Zeit entstanden aus dem Engagement wunderbare Erfahrungen des Miteinanders – aus diesen wiederum oft persönliche Freundschaften zwischen den Armen und Menschen aus anderen Schichten. Ich habe erlebt, wie Unternehmer zu unseren Leuten kamen, um sich Rat zu holen, wenn sie ein Problem mit einem bestimmten Arbeiter hatten: Hier konnten sie sich einfinden in die Mentalität der Armen. Ich habe aber auch gesehen, wie unsere Leute gewachsen sind, um auch solchen Freunden ihre Meinung zu sagen, ihre Kritik zu äußern oder ihnen gar ihre Gefühle zu offenbaren. Gerade ihre Gefühle zeigen sie oft nicht, aus ihrem sehr eigenen Machtverständnis heraus. Ich lasse den anderen nicht wissen, was ich denke, wer ich bin – das ist ihre Standesschranke.

Heute kommen oft Freunde wie Pola und Arturo Dominguez, Maruja Boizard und Anita Maria Richard aus den Reichenvierteln in unsere Sonntagsmesse ins Armenviertel. Da kann man spüren, dass eine wirkliche Geschwisterlichkeit wächst. Ein Segen, der bis heute alles andere als selbstverständlich ist: Es gibt immer noch Taxifahrer, die sich weigern, Gäste zu uns zu bringen! Neben diesen Beziehungen in die chilenische Oberschicht gab es auch Verbindungen zu Deutschen, die in Chile lebten:

Da waren die Kontakte zu den vielen engagierten Lehrern in Chile, die über Hilde Haberkorn ihre Kreise zogen.

Daneben verbindet mich eine besondere Freundschaft mit Inge und Paul Frings. Paul Frings versuchte immer, Mitarbeiter bei den Vereinten Nationen auf unsere Arbeit aufmerksam zu machen, und hatte Kontakt zu diplomatischen Kreisen und natürlich zur deutschen Botschaft. Die Franziskusnachfolge, das Engagement für die Armen, war sein Herzensanliegen. Darin war er sehr geprägt von seinem Onkel, dem Kölner Kardinal Josef Frings, der ja die großen Hilfswerke Adveniat und Misereor gegründet hat. Paul Frings hatte Verbindungen zu den Hilfswerken und dem Erzbistum Köln. Familie Frings hat immer zu mir gestanden und so eine Brücke gebaut nach Deutschland, auch als meine Arbeit und Person in der schwierigen Zeit der Diktatur von vielen Menschen angezweifelt wurde. Weniger Erfolg hatte Familie Frings mit ihrem Anliegen bei den deutschen Unternehmern in Chile – da war es sehr schwierig, Vorurteile abzubauen. Umso mehr haben sie bei deutschen Freunden für mich geworben und oft bin ich Freundin ihrer Freunde geworden.

So oder ähnlich sind aus Freundschaften Netzwerke entstanden. Ein anderes Beispiel: Über Pater Übelmesser, Missionsprokurator der Jesuiten in Nürnberg, sind viele Kontakte zu Jesuiten, zu seinem Nachfolger Peter Balleis, zu Edith Petersen, meiner heutigen Mitschwester, aber auch zu Pater Bernhard, dem Gründer des Komitees „Ärzte für die Dritte Welt", entstanden.

Auch mein großer Kreis von Freundinnen aus der Internatszeit ist wieder lebendig geworden. Irgendwann hatten sie mich in Chile ausfindig gemacht. Da ging sicher eine Saat der Steyler auf: Eine Saat des Idealismus, die Saat, an andere und an die große Welt zu denken. Annemarie Hofer zum Beispiel, die ich aus dem Internat kannte, hatte mich 1973 nach Göttingen eingeladen, um von der Arbeit zu erzählen. Daraus ist eine Freundschaftsgruppe mit zwanzig Göttinger Studenten geworden, die 1974 eine Selbstbesteuerungsaktion begannen: Manche haben uns die ganze Studienzeit 10 % des Bafögs geschickt, und später manchmal bis zur Hälfte ihres Gehaltes. Ich erinnere mich noch heute, dass ich in meinem Holzhüttchen im Winter 1974 Post von einer Studentin, Johanna Winkelmann, bekam. Dick eingemummelt in alles, was ich hatte, saß ich mit einer Kerze und las: *„Liebe Karoline, nachdem du bei uns warst, habe ich beschlossen, meinen Reichtum mit Chile zu teilen: Ich schicke dir jeden Monat 35 Mark."* Das musste ich zweimal lesen, bis ich begriff: Mit „Reichtum" meinte sie ihre 350 Mark Bafög – und davon gab sie uns 35 Mark!! Mit mehreren aus dieser Gruppe bin ich bis heute verbunden. Sie haben selber kleine Gruppen gegründet, in Berlin, Brakel, Göttingen, Aachen oder wo auch immer: die Saat geht weiter.

So haben sich über die Jahre viele Netze gewoben, gesponnen, aus den Freundschaftsbanden zwischen uns. Dass aber so viele Menschen sich über viele Jahre hinweg so dauerhaft mit unserer Arbeit verbunden haben, liegt – glaube ich – daran, dass wir Menschen, alle, denselben Traum teilen, der mich aus Oberbayern in die Slums von Santiago gebracht hat. Dieser tiefe Traum ist die Liebe. Die Liebe, die im Herzen ist, weiter zu geben. Ich glaube, dass jeder Mensch in sich diesen Traum trägt. Wenn Menschen einen Ort finden, wo sie ihre Liebe leben können – dann tun sie es, sofort und ausdauernd. In unseren Projekten können viele Menschen einen Platz für ihre Liebe finden. So kommen sie – und bleiben oft für immer.

Die *Fundación Cristo Vive* wäre so, wie sie heute ist, undenkbar ohne das Engagement chilenischer und europäischer Freiwilliger.

Teilen und reicher werden

Eine Form, Solidarität zu leben, ist, seine Arbeitskraft für andere einzubringen. Jedes Jahr tun das über 30 Freiwillige, junge Menschen aus Deutschland. Sie kommen, setzten ein Jahr ihres Lebens ein und arbeiten überall mit, wo sie gebraucht werden. Angefangen hat es 1979 mit der jungen Pfarrerstochter Rachel Koller, die den Sprung über den großen Teich ins Armenviertel gewagt hat.

Und die Freiwilligen werden gebraucht! Alleine in den Kindergärten: Der chilenische Staat zahlt für 30 Kinder nur eine Hilfskindergärtnerin und für 60 Kinder nur eine (!) Erzieherin. Das ist gerade für unsere traumatisierten Kinder viel zu wenig – da ist die Zuwendung der jungen deutschen Männer und Frauen ein Segen.

Solidarität ist für uns die politische Form der Liebe. In der Solidarität können wir Not lindern, Menschen im Elend beistehen, helfen, ein Leben zu ändern oder gar zu retten. Aber wirkliche Solidarität bedeutet dann eben auch, dass ich bei diesem Dienst selbst auch reicher werde, dass ich Sinn finde, dass ich wachse. Einer, der das am eigenen Leib erlebt hat, ist Jorge Fernandez.

Jorge Fernandez ist mit 53 Jahren zu uns gekommen. Als wir uns kennen lernten, war er der Geschäftsführer eines großen Familienunternehmens in Santiago. Er fing an, sich für unseren Dienst zu interessieren. Nach relativ wenigen Monaten hat er sich entschlossen, die Geschäftsführung seiner Firma niederzulegen und ganz bei uns einzusteigen. Seine ganze Erfahrung aus zehn Jahren Staatsanwaltschaftsarbeit, seine Ausbildung als Rechtsanwalt, sein ganzes Wissen über Unternehmensleitung hat er in unsere Arbeit eingebracht. Er hatte ein Auto und konnte mich so monatelang bei meiner Arbeit in den Armenvierteln, aber auch außerhalb, begleiten. Er half mir vor allem, die Vorlagen und Protokolle für die Vorstandssitzungen der neu gegründeten kleinen *Fundación Cristo Vive* zu schreiben. Bald habe ich ihm die Bauleitung der Berufsschule überlassen – eine wunderbare Entlastung für mich. Elf Jahre lang hat Jorge Fernandez die Geschäftsführung der *Fundación Cristo Vive* inne gehabt – bis er schwer krank wurde. Heute steht er mir als treuer Begleiter zur Seite. Eine seiner Initiativen war unser Drogen Reha-Zentrum *Talita Kum*. Jorge Fernandez freut sich über jeden Drogenabhängigen, der es schafft, von den Drogen loszukommen, als wäre es sein eigenes Kind.

In den letzten Jahren hat der Wirtschaftsingenieur Fernando Massad seine Stelle übernommen. Fernando hat als Manager bei einem internationalen Konzern gearbeitet und gut verdient. Aber er hat dabei keinen Sinn für sein Leben gefunden.

Chile vergisst seine Armen immer noch

„Aus der Umfrage der CASEN 2003 wissen wir von 800 000 Menschen im Elend und 2 100 000 Armen. Das ist eine offene blutende Wunde für uns alle, denn arm zu sein bedeutet nicht nur, nicht ge-

nug zu essen zu haben oder wirtschaftliche Mittel zu entbehren: Arm zu sein bedeutet auch das Fehlen von Selbstachtung, Hoffnung und Selbstvertrauen. Es bedeutet ausgeschlossen zu sein, verdammt zu schmutziger oder gering geschätzter Arbeit und sich vielleicht sogar von Gott bestraft fühlen." Diese Worte habe ich in einem Vortrag im Herbst 2005 gesagt, – vor der heutigen Präsidentin Chiles, Michelle Bachelet.

Seitdem Salvador Allende Anfang der 1970er Jahre in unserer Kindertagesstätte war, haben alle demokratischen Präsidenten Chiles unsere Arbeit besucht.

So hat der erste Präsident nach der Militärdiktatur, Patricio Aylwin Azocar, im April 1993 zur Eröffnung unserer Berufsfachschule *Cristo Vive* gesagt:

„*Wahrlich bin ich sehr beeindruckt! (...) Sr. Karoline, Ihre Worte waren für mich sehr weise und sie haben den Finger auf Wirklichkeiten gelegt, von denen wir alle ein relatives Bewusstsein haben, die unser Land aber als solches noch nicht in ihrer Größe und mit all ihren Konsequenzen in Angriff nimmt. Über das Problem der vier oder fünf Millionen Armen, über die Benachteiligung einer breiten Bevölkerungsschicht unseres Vaterlandes und über die Konsequenzen hinaus fühlen sich die Jugendlichen orientierungslos, mit wenig Perspektiven und sehen keine Zukunft. Die Schule lehrt das Allernötigste, bildet aber nicht für das Leben aus.*" Wohl wahr, was Aylwin hier sagt. Aber was hat der chilenische Staat, was hat die chilenische Gesellschaft in den sechzehn Jahren seit Ende der Militärdiktatur für Lehren daraus gezogen? Es ist nicht so, als hätte es seitdem gar keine Fortschritte gegeben. Aber wenn ein Fünftel der Chilenen in Armut lebt (ich persönlich glaube, dass sogar 30–35 % der Chilenen keine ausreichende Lebensgrundlage haben), dann ist das einfach immer noch ein Skandal! Ein Skandal: weil nichts gemacht wird in einem Land, in dem es heute so großen Reichtum gibt. Wir haben eine blühende Wirtschaft und immense natürliche Reichtümer und Ressourcen. Wenn ich mich immer wieder an die Präsidenten, die Minister, die Entscheidungsträger von Chile wende, dann deshalb, weil ich zutiefst von *einer* Sache überzeugt bin. Im Vortrag vor Michelle Bachelet habe ich es so ausgedrückt: „*Die besten Fachleute des Landes – und vielleicht sogar aus anderen Ländern unserer globalisierten Welt – werden benötigt, um mit größter Effizienz Lösungen für die Überwindung von Armut und Elend zu finden. Damit die Armut nicht vererbt wird, ist es notwendig, großherzig und zielstrebig in die Armen zu investieren, nicht in der geizigen Weise, wie das bisher geschehen ist.*" Als ich das sagte, war Michelle Batchelet noch Präsidentschaftskandidatin. Jetzt, wo sie Präsidentin dieses Landes ist, ist meine Hoffnung groß, dass sich wirklich etwas bewegen könnte.

Bis heute wollen die Chilenen die Armut möglichst leicht und ohne große Opfer überwinden. Für mich bedeutet Armut überwinden, dass die ganze Gesellschaft bereit ist, die Situation zu erkennen, in der unsere Mitbürger leben. Wenn man eine Krankheit diagnostiziert in der Gesellschaft, dann muss man ganz genau analysieren, was die Ursachen sind. Und entsprechend handeln!

Immer wieder macht der Staat uns Zusagen. Und immer wieder können wir uns nicht auf diese Zusagen verlassen. Der Staat zahlt sowieso nur 70 % der Kosten unserer Einrichtungen – und die noch nicht einmal verlässlich!

Es ist – vor allem für unsere Mitarbeiter – eine sehr belastende Situation. Nie wissen wir, ob wir die Löhne zahlen können – immer hängt alles an einem seidenen Faden. Ich weiß nicht, warum das so ist – aber mir scheint, dass Chile seine Armen immer noch vergessen will.

Weil Chile seine Armen immer noch nicht sehen will, brauchen wir für unsere Arbeit mit den Kindern, den Eltern, den Kranken, den Drogenkranken und den Behinderten die Solidarität der Menschen in Europa. Zum Glück habe ich die wichtigste Lektion zum Thema Geld und Spenden schon gleich das erste Mal erhalten, als ich unter allen Umständen, koste es, *was* es wolle, Geld brauchte.

Ich brauche 400 Mark

Mein Leben lang hat mich diese Erfahrung begleitet: 1971, ganz am Anfang meiner Arbeit in den Armenvierteln, bat mich eine evangelische Familie, sie zu besuchen. In der ärmlichen Hütte schüttete mir die Mutter der Familie ihr Herz aus: „Schwester, wir wissen nicht mehr ein noch aus. Wir haben sieben Kinder, mein Mann ist seit Monaten krank, und wir können schon seit einiger Zeit die Raten nicht mehr bezahlen. Jetzt soll unser Häuschen zwangsversteigert werden. Ich kann einfach nicht mehr. Wo sollen wir denn da hin? Was soll aus den Kindern werden, wenn wir auf der Straße leben?“ Die ganze Familie war am Ende ihrer Kräfte. Der Katholizismus war damals eine Art Staatsreligion. Die wenigen evangelischen Christen lebten sehr isoliert. Es war unter ihnen sehr verpönt, sich an eine katholische Schwester zu wenden. Mir war die Dringlichkeit der Situation und die Not der Familie überdeutlich. Weil ich sah, dass es überhaupt keinen Ausweg gab, fühlte ich die Kraft, in meinem Kloster um das Geld zu bitten. Es sollte auch nur geliehen sein: Die Familie hatte mir versprochen, alles zurück zu zahlen. Es brauchte nur noch etwas Zeit: Der Familienvater war schon fast wieder gesund und er hatte ja vor seiner Krankheit genug verdient, um die Familie zu ernähren.

Ich ging zur Prokuratorin.

„Schwester Paulina, wenn man einmal anfängt, Geld zu leihen, wird es immer schwieriger, andern gegenüber Nein zu sagen. Am Ende werden die Leute bei Ihnen Schlange stehen.“ Die Schwester hatte viele Jahre Erfahrung, das wusste ich. „Ich verstehe, was Sie sagen, aber dieser Fall ist wirklich anders.“ – „Sie sind noch so unerfahren. Dass denkt man am Anfang immer. Es ist einfach unverantwortlich, solch ein Zeichen zu setzten. Das können Sie noch nicht beurteilen.“ – „Das mag sein, aber ich brauche das Geld. Unbedingt. Ich sehe alles ein, was Sie sagen. Aber ich brauche für diese Familie das Geld.“ Die Prokuratorin blieb hart, und ich spürte, dass ich keine Chance hatte. Was sollte ich tun?

Ich *musste* an das Geld kommen. „Ich weiß, dass das, was Sie sagen, stimmt. Aber ich brauche diese 400 Mark. Und ich denke an meine Mutter. Wenn sie das wüsste! Postwendend würde sie mir das Geld schicken. Niemals würde sie verstehen, dass wir einer Familie mit sieben Kindern in Not nicht helfen." Was ich da sagte, war ungehörig, ich wusste es. Aber die Schwester war so betroffen, dass sie zum Schrank ging und mir soviel Escudos gab, wie ich für die Familie brauchte. Ich war überglücklich und dankte ihr von Herzen.

Als ich ihr Büro verließ, folgte mir die Prokuratorin, wahrscheinlich, um mit der Provinzoberin zu sprechen, deren Zimmer nebenan war. In dem Moment, als ich in den Flur trat, kam die Oberin aus ihrem Zimmer, sah mich an und sagte: „Ach, Schwester Paulina! Ich habe hier einen schönen, dicken Brief von ihrer Mutter. Wissen Sie was, den gebe ich ihnen gleich." Sie ging zurück in ihr Zimmer, holte den Brief und überreichte ihn mir noch ungeöffnet – zu der Zeit hatten wir noch Briefzensur im Orden. Ich war so aufgeregt, dass ich den Brief gleich vor den beiden Schwestern aufriss – was man üblicherweise auch auf keinen Fall tut! Aus dem Umschlag fielen mir, in schwarzes Kohlepapier eingewickelt, vier Einhundertmarkscheine entgegen. Sprachlos überreichte ich der Prokuratorin sofort das Geld.

Und ich wusste ein für alle mal: Niemals werde ich mich um Geld sorgen müssen! Ich würde darum kämpfen, ja, das schon: Wenn es darum ging, jemandem zu helfen! Ich würde alles daran setzen, und kämpfen. Aber mir Sorgen machen, das war ganz und gar überflüssig.

Die Prokuratorin wollte das Geld der Familie nicht zurück haben. Diese hat das ganze Geld denoch gewissenhaft zurückgezahlt. Das war das erste Geld zu meiner Verfügung, um Menschen in Not helfen zu können.

Eigenartigerweise habe ich diese Geschichte danach sofort vergessen. Mir war zwar immer im Bewusstsein, dass ich mich nicht um Geld zu sorgen brauche. Aber den Auslöser für dieses

Bewusstsein, den hatte ich vergessen. Bis ich 1978 in Manching, der Ort an dem meine Schwester Maria lebt, im Mütterkreis der Pfarrei Dias von meiner Arbeit zeigte.

„Wie bekommen Sie nur die Mittel für Ihre Arbeit zusammen?“, fragte eine Frau. In dem Moment fiel mir die Episode mit dem Brief meiner Mutter wieder ein und ich erzählte sie. Dabei war mir gar nicht bewusst, dass meine Mutter direkt neben mir saß und mit großen Augen zuhörte. „Ja – das weiß ich noch!“, rief sie aus, als ich geendet hatte. „Damals war es ja verboten, euch direkt Geld zu schicken. Aber ich hatte auf einmal so ein Stechen im Herz und ich musste dir dieses Geld schicken. Auch wenn es eigentlich verboten war.“

Für meine Mutter und für mich war es eine ganz wunderbare Erfahrung – und für die 60, 70 Frauen war es eine schöne, ungeplante Überraschung.

Ich habe später noch viele ähnliche Situationen erlebt, große und kleine. Sie sind eine innere Stärkung ohnegleichen. Dann kann man sagen: Ja, ich kann vertrauen. Es hat immer einen Sinn. Auch unsere momentane Situation in der Stiftung, in der uns immer wieder die Gelder fehlen. Natürlich kenne ich den Sinn jetzt nicht, aber ich weiß, dass es unsere Aufgabe ist, durchzuhalten. Die Situation durchzutragen. Unser Geschäftsführer Fernando Massad sagt oft: „Das ist unerträglich, Karoline, ich kann das nicht aushalten.“ Gegen Ende des Monats geht es Fernando manchmal sehr schlecht. „Ich habe nicht deinen Glauben. Ich muss mich auf deinen Glauben verlassen.“ Ich versuche immer, ihm klar zu machen, dass er nicht alleine ist: „Ich weiß, wie schwer das ist, Fernando. Es geht darum, dass wir jetzt alle zusammen halten, dass wir durchhalten. Aber es geht auch darum, dass wir diesen schwierigen Augenblick gut leben. Diese Situation darf uns nicht zu viele Kräfte rauben.“

Solche Situationen würde ich niemals künstlich produzieren. Aber wenn sie sich einstellen, sind sie eine gute Lebensschule: Es ist eine so gute Gelegenheit, um etwas ganz, ganz tiefes im Glauben zu lernen: Wir sind nicht alleine mit diesem Willen, dass den Menschen geholfen wird! Wenn wir lernen zu vertrauen, erfahren wir zugleich: Das, was wir tun, geschieht wirklich, weil es notwendig ist für die Menschen. Eine solche Situation bis zum Ende durch gestanden zu haben, vertieft unser Vertrauen. Man weiß dann: Es wird wieder anders, es hat einen Sinn, auch wenn ich ihn jetzt nicht sehe. Wir sind nicht alleine, in unserem Bemühen – Gott lässt uns niemals im Stich.

Chiles arme Geschwister in Lateinamerika: *Cristo Vive* in Bolivien und Peru

Irgendwann möchte ich ganz dorthin gehen. Irgendwann, wenn die Zeit reif ist, möchte ich ganz in Bolivien leben – im Armenhaus von Lateinamerika.

Schon seit vielen Jahren spüre ich den Ruf, weiter zu ziehen innerhalb Lateinamerikas, dorthin, wo die Armut und die Not noch viel größer sind.

Hier in Chile rümpfen viele Menschen die Nase über die große Armut in Bolivien oder auch in Peru. „Die sind doch selber schuld. Wenn wir das hier in Chile schaffen – dann muss es doch auch in Bolivien gehen, wenn die sich richtig anstrengen. Soviel Armut gibt es doch gar nicht, wenn man versucht, etwas dagegen zu tun." Wenn ich solche Aussagen hören, kann ich schon mal richtig wütend oder auch traurig werden: „Es stimmt, hier in Chile ist viel passiert – es muss aber auch noch viel passieren. Dass in Bolivien die Armut größer ist, ist nun wirklich überhaupt kein Grund, sich als etwas Besseres zu fühlen. Im Gegenteil, die Solidarität, die ihr als Chilenen erfahren habt, gebührt genauso den Bolivianern. Wir sind *alle* Geschwister." Ich versuche so gut es geht, gegen diese hochmütige, herablassende Haltung anzureden – aber sie ist weit verbreitet.

Mitte der 1990er Jahre fügte es sich, dass langjährige Freundinnen von mir kurz vor der Pensionierung standen und noch einmal über eine ganz neue Aufgabe im Leben nachdachten. Mit Dr. Annemarie Hofer hatte ich schon zusammen in Steyl das Internat besucht. Sie war während des Noviziates aus dem Kloster weggegangen, aber wir hatten den Kontakt immer gehalten. Schon Anfang der 1970er Jahre holte sie mich nach Göttingen, wo ich vor Studenten über unsere Arbeit berichtete.

Und auch mit Edith Petersen, heute Schwester Edith Petersen, verbindet mich eine lange Geschichte und Freundschaft. Gemeinsam haben wir dann nach Wegen gesucht, zusammen zu arbeiten. Die Antwort auf dieses Suchen ist heute unser Dienst in Bolivien.

Im Herbst 2004 mache ich mich mit Annemarie Hofer früh morgens in die Berge auf. Wir wollen in La Cumbre das neue Gemeindezentrum einweihen. Annemarie mit ihren damals 70 Jahren sitzt am Steuer. Und während wir auf 4000 Meter Höhe hochfahren, schaue ich auf ihre Zeit in Bolivien zurück: „Annemarie, ist das nicht unglaublich, was alles entstanden ist, was du in neun Jahren alles bewegt hast. Da ist das Gesundheitszentrum von Bella Vista, wo die Menschen medizinisch versorgt werden. Hundert Kinder aus den entlegensten Bergdörfern wohnen im Schülerwohnheim Luise und können so zur Schule gehen. Es gibt das Haus *Arca de Noe,* das Ausbildungszentrum. Jährlich können zehn Frauen hier lernen, um Lehrerin, Buchhalterin, Krankenpflegerin oder Erzieherin zu werden. Du hast medizinische Betreuung für Bergdörfer organisiert, zu der das Gesundheitszentrum *La Cumbre* gehört. Und jetzt kommt auch noch das Gemeindehaus für Versammlungen der *Campesinos* und für zukünftige Gesundheitsmonitoren dazu." Annemarie schweigt. Und dann sagt sie plötzlich: „Den Seinen gibt es der Herr im Schlaf. Ich wusste gar nicht, dass ich von den Seinen bin ..."

Gesundheit und Ausbildung: Das ist der Bereich, den Annemarie in Bolivien aufgebaut hat und übernehmen sollte.

Den Bereich der Arbeit mit Strafgefangenen, Behinderten und

Urwaldbewohnern hat Schwester Edith gegründet. Seit 1996 hat sie ein so starkes Arbeitsteam um sich versammelt, dass rund 650 Gefangenen, oft auch ihre Familien, in verschiedenen Gefängnissen betreut werden können. Persönliche Zuwendung, Essen, Kleidung, ärztliche Versorgung, Decken ... einfach alles ist notwendig, um die für uns unvorstellbaren elendigen Zustände der Menschen, die hier eingekerkert sind, abzumildern. Ediths erfinderischer Liebe und blühender Phantasie kann kaum jemand von der Gendarmerie widerstehen. So gab es schnell in beiden Anstalten nicht nur fröhliche Sonntagsgottesdienste, sondern auch Kulturveranstaltungen und Theater mit Beteiligung der Gefangenen.

Heute gibt es medizinische, psychologische, zahnärztliche und juristische Unterstützung für Hunderte von Gefangenen. Und wenn die Häftlinge entlassen sind, geht die Arbeit weiter: Die Mitarbeiter suchen mit den Haftentlassenen nach neuen Wegen für ihr Leben, für Arbeit und Integration.

Zusammen mit staatlichen Instanzen kämpfen die Mitarbeiter um strukturelle Verbesserungen der Situation der Strafgefangenen.

Schwester Edith hat aber auch Strukturen geschaffen, in denen Urwaldbewohner eine Ausbildung machen können, und sie arbeitet in einer Behindertenorganisation mit.

Für den dritten Pfeiler der Arbeit der *Cristo Vive* in Bolivien ist Schwester Nancy verantwortlich. Sie ist eine einheimische Mitschwester, die selber aus der Unterschicht kommt und die Situation der Menschen genau kennt. In ihren Händen liegen die Gemeindearbeit und die Kinderbetreuung. Da gibt es den Kindergarten *Mosoj Muju* (neuer Samen), ein Kulturzentrum, das neu erbaute Berufsschulzentrum *Sayarinaypaj* in Bella Vista. Mittellose Frauen und Männer aus verschiedenen Dörfern werden bei der Ausbildung unterstützt.

Ich weiß, viele der Menschen, die mich in Deutschland und anderswo unterstützen, denken, wir sollten uns in der Arbeit beschränken, mehr konzentrieren.

Aber lässt sich Liebe aufhalten?

In Chile lernten die beiden Peruanerinnen Ana Maria Galiano und Cristina Cancha, zwei junge Universitätskrankenschwestern, unsere Arbeit kennen. In ihren freien Stunden arbeiteten sie ehrenamtlich in unserem Gesundheitszentrum. Bald fanden sie in unserer Basisgemeinde eine menschliche und geistliche Heimat. Irgendwann fassten sie sich ein Herz und baten mich um ein Gespräch:

„Karoline, du weißt, wie gerne wir hier sind. Und wie wunderbar wir die Arbeit finden." Ana Maria sprach für beide: „Aber bei uns zu Hause ist die Not so groß. Wir fühlen, dass wir diese Arbeit in unserem Land machen müssen, dass wir unseren Leuten helfen müssen. Und dazu brauchen wir dich. Wirst du uns helfen? Gehst du zusammen mit uns nach Peru?" Ich saß da, und viel ging mir durch den Kopf: Peru. Wie sollten wir das auch noch schaffen? Die Arbeit in Bolivien musste in gute, solide, nachhaltige Bahnen kommen. Da wurde ich gebraucht, um den Aufbau der Arbeit zu begleiten – in Chile aber auch. Fast jedes Jahr reise ich nach Deutschland. Ich hätte gerne gesagt: „Ihr Lieben, wir dürfen unsere Kräfte nicht falsch einschätzen, wenn wir eine neue Arbeit anfangen, müssen wir die alte und die neue Arbeit auch leisten und meistern können." Aber als ich ihnen in die Augen schaute und die Sehnsucht sah, ihren Landsleuten zu helfen, als ich ihre Liebe, ihre brennenden Herzen fühlte – da sagte ich: „Gut, lasst uns zusammen schauen, was möglich ist." Um mit eigenen Augen die Not zu sehen und so besser beurteilen zu können, wie man Hilfe organisieren könnte, haben wir uns, zusammen mit Maruja, im August 2003 auf den Weg in Ana Marias und Cristinas Heimat gemacht.

Cusco, Peru, 6. September 2003

Liebe Freunde,

es ist ein Traum – und er ist Realität: Heute wurde die „Fundación Cristo Vive Peru" geboren. Könnt Ihr Euch vorstellen, dass nach langen Tagen voller Arbeit bis spät in die Nacht und nach langen intensiven Gesprächen mit den zukünftigen freien Mitarbeitern die Satzung bewilligt und die Einsetzungsurkunde im Büro der Notarin Antonieta Ocampo D. im Zentrum der Stadt der Inkas an diesem Samstag um 20 Uhr 45 unterschrieben wurde?

Zusammen mit Maruja und unseren peruanischen Freundinnen Ana María Galiano und Cristina Cancha sind wir am Samstag eine Woche zuvor angekommen, um zu sehen und nachzuforschen, wie wir den Armen dieser Welt dienen könnten. Am Flughafen warteten ihre Eltern und Geschwister mit Blumen in Begleitung einer Gruppe „neuer Freunde", die uns „nach Hause" brachten: Av. Antisuyo K-5, „Urbanización Los Incas" – heute Sitz der „Fundación Cristo Vive Perú".

In den vergangenen Tagen trafen wir uns mit einer beachtlichen Zahl von Personen aller sozialen Schichten, und wir haben uns vorgenommen, „nicht nur unsere Unterschiede zu akzeptieren, sondern auch an ihnen Gefallen zu finden."

Die meisten von ihnen sind bereit, an unserem neuen Abenteuer teilzunehmen: „Die Option für die Armen". Es hat uns nicht viel Mühe bereitet, die Vorstandschaft zu formieren: Wir sind fünf Gründer und haben fünf andere Leitungsmitglieder ernannt, eine „Geschäftsführerin", eine Beraterin und eine „Patin". Wer könnte letztere sein? Ich denke, Ihr habt es schon erraten – natürlich Maruja! Im Moment wird die Arbeit „ad honorem" – freiwillig – geleistet.

Dem peruanischem Recht entsprechend muss Kapital und ein Grundstück oder ein Gebäude vorhanden sein, um eine Fundación zu schaffen. Als wir – glücklich darüber, Großes erreicht zu haben – versuchten, die von uns vollendete Satzung am 4. September einzureichen, wurden wir gebremst, indem man uns mitteilte, dass es keine Möglichkeit gäbe, das Gesetz zu umgehen.

Das „Kapital" (US $ 650,–), das wir mit großer Mühe zusammengetragen hatten, reichte nicht aus. Während wir nachts beim Besprechen über unsere Situation im Haus waren, geschah das Wunder: Der Hausvater Don Policarpo bot uns, einmütig mit seiner Ehefrau und seinen vier Kindern, ein Grundstück in einem Tal in der Nähe von Cusco an. Am darauf folgenden Tag machte Don Policarpo die Schenkung beim Notar offiziell, und wir konnten fortfahren mit un-

serer Legalisierung der Stiftung, unterstützt durch einige Mitarbeiter des Büros. Diese begannen, sich für den Dienst der neuen „Fundación" zu begeistern und versprachen ihre freiwillige Mitarbeit für die Zukunft.

Nun stehen Euch allen die Tore offen, mehr zu erfahren und zu unterstützen …

Die Bedürfnisse sind zahlreich: Das Aktionsfeld wird groß sein. Um mit der Arbeit trotzdem zu beginnen, dachten wir daran, unseren Dienst-Schwerpunkt auf drei Gebiete zu legen:

Ein Haus für mittellose Frauen, die unter Gewalt leiden, Vernachlässigung oder Missbrauch.

Beratung für inhaftierte Bauern, die keine angemessene Verteidigung bekommen.

Unterstützung durch Kleinstkredite für Handwerker, die um ihr Überleben kämpfen.

Wir waren sehr überrascht, dass sich sofort freiwillige Mitarbeiter für alle drei Bereiche fanden.

Seht her! Das Abenteuer beginnt!

Eure Karoline.

Seit diesem Tag ist die *Cristo Vive* in Peru beständig gewachsen. Als ich im August 2005 mit dem Bus von Bolivien nach Cusco fuhr, war meine Freude über das, was ich in Cusco vorfand, groß. Die Zahl der Frauen, die zu uns kam und um Rat und Hilfe bat, war in diesem Jahr bereits auf 70 gewachsen, so dass die Räumlichkeiten in der Pfarrei *Triunfo* nicht mehr ausreichten und wir uns gemietete Räume suchen mussten. Gefunden haben wir sie in einem günstig gelegenen Hinterhof im Stadtzentrum.

Für die Zukunft hoffen wir einen eigenen Ort für diese Anlaufstelle der Frauen zu finden, der auch offizieller Sitz der Fundación sein könnte.

Eines der Teams arbeitet mit der Dorfgemeinde *Yunkaypata.* Hier geht es um Beistand für die Sanierung der schlecht gebauten oder baufälligen Familienhäuser und der stinkenden Abwässer. Es gibt auch ein bescheidenes Angebot für einfache Solarkocher und Solarduschen. Vielleicht schaffen wir es bald, die Menschen auch beim Anbau ihrer Felder für bessere Erträge beraten zu können.

Auch das dritte Projekt bei den Kleinbauern *Campesinos de los Huertos* wächst: Sie kämpfen um die Bewässerung ihrer Felder und um Trinkwasser.

Ein Samenkorn des Reiches Gottes: *Cristo Vive* in Europa

Irgendwann kam die Internationale Stiftung *Humanum* auf mich zu: Diese Stiftung war nach dem zweiten vatikanischen Konzil von christlichen Sozialwissenschaftlern und Unternehmern gegründet worden. Fördern will sie Personen, Institutionen und Projekte, die im Sinne der katholischen Soziallehre arbeiten, und sie verleiht dazu den Kardinal-Bea-Preis. Die Unternehmerfamilie Annalies und Erwin Müller, die uns öfter tatkräftig beigestanden hatte und Mitglied der Stiftung war, teilte mir mit: „Schwester Karoline, wir wollen Ihnen den Kardinal-Bea-Preis verleihen." Natürlich freute mich das, aber ich fand es nicht richtig, dass „ich" geehrt wurde. Ich alleine kann überhaupt nichts bewegen. Deswegen sagte ich: „Die Anfrage ehrt mich, aber ich komme nur, wenn wir alle ausgezeichnet werden, nur, wenn ich Mitarbeiter aus Chile mitbringen und meine Freunde und Unterstützer einladen kann." Die Veranstalter sagten sofort zu. Als sie dann meine Listen bekamen, haben sie ziemlich geschluckt – aber dennoch zugestimmt. (Sie konnten jetzt ja auch schlecht anders.) Zu fünft sind wir dann im Mai 2001 nach Deutschland geflogen, und im Maternushaus in Köln haben wir uns alle getroffen: 500 Freundinnen und Freunde waren da – es war ein Fest des Wiedersehens, des Sich-Wiederfindens –, und es war für mich ganz wunderbar, alle diese Menschen von beiden Seiten des großen Teiches an einem Ort versammelt zu sehen.

Als Jorge Fernandez, einer meiner engsten Mitarbeiter und

langjähriger Geschäftsführer der *Cristo Vive* in Chile, vom Podium aus ins Publikum schaute, war er tief bewegt. Er sah und fühlte zum ersten Mal in dieser Deutlichkeit, dass es die *Fundación Cristo Vive* nicht nur in Chile und Bolivien gibt. Zwar heißt sie in Europa nicht so – und es gibt auch keine offizielle Institution –, aber er sah, dass die *Cristo Vive* auch in Europa lebt!

Jorge Fernandez hat dann den Vorschlag gemacht, dass wir uns alle vernetzen. Wie es der Zufall oder die Fügung wollte, hatten Karl Heinz Stanzick und Bärbel und Fritjof Mätzold vom Freundeskreis Hannover schon vor Köln an ein jährliches Treffen aller Unterstützer, zum Austausch und zur stärkeren Vernetzung, gedacht. Jorge Fernandez' Vorschlag fiel auf schon bereiteten Boden. 2002, bei einem Treffen mit etwa 90 Teilnehmern in Duderstadt, haben wir dann beschlossen, eine Dachorganisation in Europa zu gründen – *Cristo Vive e.V.* Bald darauf, am 28. September, wurde der Verein wirklich eingetragen – heute hat er schon über 500 Mitglieder. Was mich ganz besonders freut: Schon in Köln waren viele junge Menschen mit dabei – und die *Cristo Vive Europa* entwickelt sich immer mehr auch zu einer Anlaufstelle für die jungen Freiwilligen, die ein Jahr mit uns verbracht haben und nach Europa zurückkehrten. Die jungen Mitglieder integrieren sich gut in den Verein – und engagieren sich zum Beispiel in der Auswahl der neuen Freiwilligen, die zu uns kommen wollen. Schon wieder habe ich einen Traum – und wer weiß, vielleicht wird der ja auch noch Wirklichkeit: Ich träume von einer *Cristo Vive Europa Joven*, einer *Cristo Vive Europa* der jungen Leute.

Europaweit entsteht ein Netzwerk, das sich die Partnerschaft mit Lateinamerika „auf Augenhöhe" zum Ziel gesetzt hat. Für mich ist *Cristo Vive Europa e.V.* ein Samenkorn des Reiches Gottes unter uns, das wir miteinander säen und das die Sprengkraft des Lebens, der Liebe in sich trägt.

Ich bin Chilenin

Am 2. Oktober 2001 klingelt bei mir zu Hause in Quinta Bella das Telefon. Es ist der Präsident des chilenischen Senates, Andrés Zalvídar, persönlich. Er überrascht mich: „Verzeihen Sie, wenn ich Sie störe, aber ich wollte es Ihnen so gerne selber sagen! Schwester Karoline, ich freue mich, Ihnen etwas mitteilen zu können: unser Parlament hat einstimmig ein Gesetz erlassen, das Ihnen die chilenische Staatsbürgerschaft gibt. Die deutsche Staatsbürgerschaft können Sie behalten." Ich kann es nicht fassen – und habe mich sehr, sehr gefreut: Darüber, dass es für die Chilenen wichtig ist, so wichtig, dass es einen einstimmigen Parlamentsbeschluss gibt! Und dann darüber, dass die Staatsbürgerschaft an keinerlei Bedingungen geknüpft ist. Damals, unter Salvador Allende, gab es schon einmal eine Anfrage an mich. Aber das Angebot, Chilenin zu werden, war damals daran gebunden, dass ich in Allendes Partei eintrat. Und das kam überhaupt gar nicht in Frage. Aber jetzt, so, heute: Das ist mir eine einzige, große Freude.

Und so feierten wir zusammen ein großes Freudenfest mit fast 1000 Freunden: den Mitarbeitern aus 33 Jahren Arbeit, Parlamentariern, Befreiungstheologen, dem deutschen Botschafter, und ich hatte die wunderbare Gelegenheit, allen miteinander eine Überraschung zu verkünden: „Nun ist unsere Arbeit hier in Chile schon über 30 Jahre alt. Wir sind miteinander erwachsen geworden. Erwachsen genug, dass die *Cristo Vive* aufbrechen kann zu neuen Ufern: Wie ihr wisst, sind wir schon einige Jahre in Bolivien, jetzt lade ich euch ein, mit uns zu kommen nach Peru und dort unsere Arbeit fortzusetzen."

Wir haben dann zusammen mit dem Senatspräsidenten, allen Mitarbeitern und vielen Freunden aus aller Welt, zu einem großen Ökumenischen Dankgottesdienst eingeladen. Nun bin ich waschechte Chilenin ... hätte mir das jemand gesagt, als ich noch ein kleines Mädchen war und im katholischen Bayern von der Mission in Indien träumte!

Der Sinn meines Lebens ist es, die Liebe zu leben

Im Grunde kann ich gar nicht anders leben, als ich es tue. Der einzige Sinn meines Lebens, das Einzige, was in mir selbst Sinn macht, ist, wenn ich die Liebe lebe. Die Liebe hat irgendwo einen tiefen Urgrund in mir. Ich nenne diesen Urgrund Gott, die Quelle, aus der die Liebe kommt.

Diese Liebe in mir ist unheimlich erfinderisch. Ich weiß, dass ich immer nur einen kleinen Beitrag leisten kann. Der Mensch, jeder Mensch, braucht sehr viel mehr als das, was ich mit einem kleinen Anstoß, einer kleinen Portion Liebe geben kann. Ich bin einfach einer dieser Beiträge, die Menschen dazu verhelfen, dass ihr Leben etwas würdiger wird oder dass sie das Notwendigste, das Lebensnotwendigste bekommen: zum Essen, zum Trinken, zur Bildung … eben zu dem, was sie gerade brauchen. Es ist meine innere Berufung, die Liebe weiter zu tragen – und die Liebe kommt von Gott.

Die nächste ganz starke Erfahrung für mich: Ich kann Menschen in vielen Dingen helfen. Aber was ihnen am Ende am meisten hilft, ist, wenn sie mit mir auf den Grund *meiner* Motivation tauchen, wenn sie mit mir diese Energie spüren, diese Kraft, die die Liebe ist. Da können die Menschen einhaken und daraus entwickeln sich oft Dinge, die sie nicht tun würden, hätten sie die Liebe nicht gefühlt.

Das wunderbare bei der Liebe ist ja: Wenn ich liebe, brauche ich mich überhaupt nicht darum zu sorgen, ob ich geliebt werde. Viele Menschen sind auf der Suche nach Liebe, danach, geliebt zu werden. Das macht nicht glücklich. Glück stellt sich ganz mühelos ein wenn wir lieben.

Heute muss ich darüber lachen, aber wie viel habe ich aus meiner Liebe zu Jesus getan! Wie viele von uns, in meiner Generation, sind so erzogen worden, so eingeführt worden in das Verhältnis zu Jesus oder zu Gott: Wir sollten aus Liebe zu Jesus oder aus Liebe zu Gott Opfer bringen, einem anderen Menschen etwas Liebes tun, einem anderen Menschen verzeihen – alles immer aus Liebe zu Jesus! Jahrelang habe ich das selbst so gelebt. Es amüsiert mich heute, wenn ich daran denke, dass ich durch bestimmte Opfer, durch bestimmte Gesten und Verzichte, Jesus eine Freude machen wollte. So habe ich es gelehrt bekommen und so habe ich es auch aufgenommen. Jetzt ist dieses Denken ganz aus meinem Leben verschwunden. Niemals mehr könnte ich heute in unserer Gemeinde jemandem sagen, dass er etwas aus Liebe zu Gott tun sollte. Das ist nicht in meiner Botschaft enthalten, nicht in der frohen Botschaft. Heute besteht meine Beziehung zu Gott aus unendlichem Vertrauen. Mein Leben ist in ihm, Gott ist meine ganze Liebe, ich brauche überhaupt keine Verdienste zu „schaffen". Ich brauche nichts zu tun, damit er mich liebt. Niemand braucht etwas zu tun, dass Gott ihn liebt. Dieser Gott liebt uns alle bereits bedingungslos. Manchmal würde ich am liebsten sagen: Vergesst alles, was man euch über Gott beigebracht hat: das Bravseinmüssen, das Gutes-tun-müssen. Niemand braucht sich anzustrengen, um von Gott geliebt zu werden!

Wichtig, gar elementar, finde ich für jeden Menschen etwas anderes! Wichtig finde ich, dass jeder lernt: Wie kann *ich* in Beziehung zu Gott treten? Wie kann ich ihn finden, wie kann ich in mich hineingehen, wo ist er in mir? Wo ist dieser Gott? Wo ist sein Himmel? Wenn es *dann* ums Handeln geht, ganz konkret, wie ich lebe und wie ich in Beziehung trete zu anderen und auch zu mir selbst – dann ist natürlich mein Leben voll von Dingen, die notwendig sind zu tun.

Ich weiß zum Beispiel, dass ich eine bestimmte Disziplin brauche. Aber nicht aus Liebe zu Gott, ich brauche sie für mich, für meine Lebensstruktur. Ich verzichte auf Dinge, deren Verzicht mir gut tut. Und wenn ich mal nicht verzichte, dann brauche ich mir auch keine Sorgen zu machen, dann sage ich in Freiheit: ich verzichte jetzt nicht, ich möchte das jetzt genießen. In Gott finde ich mich in meiner ganzen Freiheit. Einer Freiheit, in die ich hineinwachse. Eine Freiheit, die nicht aufgezwungen, nicht von außen gesteuert ist. Dieser Gott kommt nicht von außen, dieser Gott ist in meinem allertiefsten Wesen: Von da kommt auch die Freiheit. Ich könnte nicht stoisch verzichten, weil ich das muss, sondern ich brauche für den Verzicht einen Sinn, der konkret mit mir etwas zu tun hat. Dieser Sinn hat für mich mit Leben zu tun – und Leben ist Liebe. Ohne Liebe könnte ich ihn mir gar nicht vorstellen, für mich nicht und nicht für das, was ich mir für die Menschheit wünsche als innerster Wert, als höchsten Sinn. Wenn Jesus vom Reich Gottes spricht und ich oft sage, lasst uns am Reich Gottes bauen, dann heißt das für mich: Lasst uns mitarbeiten auf dieser Welt, dass Strukturen geschaffen werden, in denen alle Menschen möglichst glücklich und zufrieden werden, dass alle Menschen in Frieden leben können. Strukturen, in denen Leben nicht zerstört wird, sondern erhalten und gepflegt wird. Liebe lässt keine Zerstörung zu.

Ich habe durch tausende von Menschen immer wieder Gesten, Formen entdeckt, immer wieder von anderen gelernt, wie ich mehr Liebe leben kann, wie ich näher rankomme. Wie ich mehr an mir arbeiten kann, durch geistliche Gespräche, durch Beiträge von anderen, durch Meditation, durch Anstöße von konkreten Menschen, Freunden, Bekannten, von allen Seiten her, durch die Wissenschaft. Unzählige Begegnungen mit vielen Menschen, haben in mir etwas angestoßen, um in dieser Bewegung der Liebe weiterleben zu können, um immer mehr Liebe leben zu können.

Ich bin immer auf der Suche: Ich suche die Liebe wie die Sonne, um Energie aufzuladen und weitergeben zu können. Um Teil zu sein der einen großen Energie: Gott.

Epilog

Sebastian, sieben Jahre, ist mit seiner Familie und anderen Gästen aus Deutschland zu Besuch in Santiago. Er lernt die Berufsschule kennen und ich erkläre ihm, dass wir das Haus bauen konnten, weil viele Menschen in Europa unsere Arbeit unterstützen. Nach dem Rundgang durch die Schule kommt ein Mitarbeiter des Gesundheitszentrums in meinem Büro vorbei und bringt mir vier bunte, große Kisten mit Legosteinen für die Kindergärten. Eine überlasse ich Sebastian, solange er bei uns bleibt, zum Spielen.

Nach dem Besuch der Schule klettert Sebastian mit mir in unseren weißen VW Bus. „Ist das dein Auto?“ – „Nein, das habe ich von Pater Peter Riedel für meine Arbeit geschenkt bekommen. Ich fahre nur damit.“ – „Ja, was bekommst du denn alles geschenkt? Häuser! Legos! Autos!“ – „Das“, schaltet sich eine Begleitung ein, „das ist Karolines Geheimnis, dass sie soviel geschenkt bekommt.“ – „Und was ist dein Geheimnis, Karoline?“ Sebastian lässt nicht locker. „Das Geheimnis?“ Ich konzentriere mich auf den Stadtverkehr von Santiago und suche nach einer Antwort: „Das Geheimnis ist immer die Liebe.“